本研究得到国家自然科学基金（项目批准号：71962014）、中央高校基本科研业务费专项资金、中国政法大学科研创新项目（项目批准号：23ZFG79002）的资助与支持。

金　虹◎著

消费者量化自我意识对参与行为的影响研究

THE IMPACT OF
CONSUMER QUANTIFIED-SELF
CONSCIOUSNESS ON
PARTICIPATION BEHAVIOR

经济管理出版社
ECONOMY & MANAGEMENT PUBLISHING HOUSE

图书在版编目（CIP）数据

消费者量化自我意识对参与行为的影响研究/金虹著．—北京：经济管理出版社，2023.12
ISBN 978-7-5096-9263-9

Ⅰ.①消… Ⅱ.①金… Ⅲ.①消费者行为论 Ⅳ.①F713.55

中国国家版本馆 CIP 数据核字（2023）第 179722 号

组稿编辑：申桂萍
责任编辑：申桂萍
助理编辑：张　艺
责任印制：许　艳
责任校对：蔡晓臻

出版发行：经济管理出版社
　　　　　（北京市海淀区北蜂窝 8 号中雅大厦 A 座 11 层　100038）
网　　址：www.E-mp.com.cn
电　　话：（010）51915602
印　　刷：北京市海淀区唐家岭福利印刷厂
经　　销：新华书店
开　　本：720mm×1000mm/16
印　　张：14.25
字　　数：280 千字
版　　次：2023 年 12 月第 1 版　　2023 年 12 月第 1 次印刷
书　　号：ISBN 978-7-5096-9263-9
定　　价：78.00 元

前　　言

　　智能设备和技术的兴起以及人们对自身健康的关注，驱动着量化自我时代的到来，消费者开始使用量化自我产品收集和分析身体、心理、环境和社会的数据，以满足自我提升的需要。消费者的参与行为模式也随着移动社会化网络的发展和量化自我活动的普及发生了深刻变革。现有文献对量化自我意识与消费者参与行为之间的作用机制尚未进行深入研究，本书基于自我概念理论，通过质性方法和量化研究探究了量化自我意识对消费者参与行为的影响机制，分析了人格特质和圈子特征的作用机制。

　　首先，利用扎根理论创造性地探究了量化自我意识的概念及其维度，为后续研究奠定了基础；其次通过实证分析探索了移动社会化网络的情境下影响消费者的参与行为以及持续使用意愿的因素，将量化自我意识和消费者参与行为紧密联系起来；再次，基于自我概念理论进一步厘清了量化自我意识产生作用的前因后果，通过实证研究明晰了其发生机制和影响因素；最后，为了确保研究的完整性和普适性，本书从两个层面分别研究了基于个人层面的人格特质和基于群体层面的圈子特征在量化自我活动中对消费者参与行为的影响，并且细化了人格特质和圈子特征的维度，发现各维度对具备量化自我意识的个体的参与行为又有不同的作用，以此补充了研究视角，构建了完整的框架。此外，基于个人和群体视角，本书还发掘了其他因素作为补充，如技术、社会层面因素和性别、个体因素等在量化自我活动中对消费者参与行为的影响。

　　本书的研究内容结合移动社会化网络的特点，从消费者"量化自我意识"的角度来进行探索性实证研究，充分探究并深度挖掘了消费者量化自我意识对其移动社会化网络参与行为的影响机理与路径。这不仅是对相关文献研究的有益补充，也为企业进一步深入了解消费者并制定相应策略提供了一定的理论基础与管理启示。

　　在此，特别感谢我的几位研究生的帮助，他们是晏家月、彭颖、何楚君、廖娟、张钰洁、郭雯婧、王万峰、朱燕青、化鹏、叶志崇、余晨子，他们参与了本书第二章、第三章及第六章的撰写、修改与补充。本书在撰写过程中也得到了众多企业界和学界人士的支持，在此表示诚挚的谢意！本书的出版还要感谢中国政法大学商学院及经济管理出版社的大力支持与帮助。同时，真挚地感谢父母家人对我的支持与鼓励，您们的关爱让我坚持努力奋进、不断前行！

本书内容为国家自然科学基金项目（项目批准号：71962014）、中央高校基本科研业务费专项资金资助项目、中国政法大学科研创新项目（项目批准号：23ZFG79002）的研究成果，感谢国家自然科学基金委、中国政法大学给予的支持。

由于笔者及团队成员研究水平有限，书中内容如有不足之处，恳请各位读者谅解并批评指正。

金虹

2023 年 8 月于研究室中

目　　录

第一章 绪论

第一节 研究背景

中国互联网络信息中心 2022 年 8 月发布的第 50 次《中国互联网络发展状况统计报告》显示，截至 2022 年 6 月，中国手机网民规模已达到 10.51 亿，互联网普及率达 74.4%。以手机为中心的智能设备，成为"万物互联"的基础，移动互联网服务场景不断丰富、移动终端规模加速提升、移动数据量持续扩大，为移动互联网产业创造了更大的价值挖掘空间。

在这种大数据、移动设备等技术飞速发展的环境下，消费"平台"的科技化和数据化正逐渐改变着人们的生活方式，越来越多的人开始使用智能可穿戴设备或社交应用功能来监测自我活动，收集、分享自我信息和数据。量化自我时代正悄然来临（Haddadi et al.，2015；Etkin，2016），这也预示了消费者全面运用数据方式认知自我的开始，如微信朋友圈每日步行数排名、网易云音乐深夜听歌次数、支付宝每月消费账单、美团跟踪每日饮食、小米手机提示娱乐与学习时长、Kindle 阅读击败用户量等。从每天的行走步数到每晚的睡眠时间，从年度消费报告到移动网络使用时间和规律，人们比过去几年接触并收集到了更加丰富的量化数据信息（Azar，2014），并通过对自我行为的量化来了解自我、测量自我，从而由现实中的自我进入理想中的自我。量化自我运动从最初的小众行为已然成为今天的大众实践（Crawford et al.，2015；Hamari et al.，2018）。这也反映了人们正在逐渐接受定量测量和自我追踪的液态消费环境，同时这一环境也为消费者量化自我行为和意识的形成起到了极大的推动作用。

现在当我们谈及量化自我时，它不再仅仅是指糖尿病人通过每天测量血糖以控制病情，而已然转变为普通人的生活方式，使人们不断主动地或被动地追踪自我信息。量化自我就像是一面映射自我的镜子，它能够促进自我意识、自我了解和自我进步（Wolf，2010），进而提高自我购买决策效能（Fernandez-Luque et al.，2017）。就个体层面而言，量化自我是消费者追踪测量其参与活动或行为状态等相关数据的过程（Guo，2016），也是消费者经由追踪测量所获数据管控自我的过程（Li et al.，2010）。

但随着移动互联网与社交网络的快速发展，量化自我不再局限于个体层面，而是通过虚拟网络平台，消费者可以将量化自我数据进行分享，同时还可获知他人的量化数据。第三方网络平台对消费者与网络圈子好友的量化排名，表明量化自我正在向群体层面进行转化，消费者将移动应用与智能可穿戴设备中产生的量化数据在社交网络中展示、分享（Kersten et al.，2016），这种群体化的量化自我给消费者带来了新的体验与乐趣。不少企业与移动应用在推出量化自我设备的同时，也在同步组建移动网络量化自我社区，线上线下互通互联，为消费者在量化自我时创造出良好的环境。拥有相同兴趣或相同量化目标的消费者可以参与移动网络社区中的量化自我活动，互相交流、积极展示并分享量化自我数据与经验，共享量化目标，并获得一系列社会性价值（Xiang and Fesenmaier，2017；Lupton，2014；Kersten et al.，2016；Crawford et al.，2015）。

无论是从个体层面还是从群体层面来说，这种追求健康与行为优化的意愿都使消费者的量化自我意识不断提高（Guo，2016），量化自我意识反过来又对消费者参与行为发挥重要的指导作用（Kumar and Venkateshwarlu，2017），具体表现为量化数据在移动社交网络上的分享拉近了消费者自身与他人的距离，维持增强了自身的人际关系，消费者在获得这种隐性社会价值的同时，也能够提升现实的自我并实现更为理想化的自己。消费者量化自我的意识越高，越容易进行各种互动、体验、共享、评论等，并促使消费者更加积极地参与到企业的各种社交网络营销活动中。

除了用于监测消费者身体活动水平的 Fitbit、Apple Watch 等可穿戴设备外，一批常用的手机应用也推出了其用户年终数据总结报告，如微信运动、美团、虾米音乐、航旅纵横、知乎、豆瓣等。这些数据渗透到消费者生活的方方面面，吸引了消费者的广泛关注，也让越来越多的消费者参与到对自我的量化中来，使消费者与企业的关系和互动变得更为密切。消费者积极参与产品和服务创造，一方面，企业通过数据对消费者进行精准营销，可促进消费者进一步优化消费决策；另一方面，移动网络通过建立用户快速访问搜索记录引擎，以及网络平台信息定位的可记录性工具，使企业可以观察到移动社会网络中的用户使用记录与信息条,从而有可能介入并引导营销信息的扩散。但消费者所产生的大量数据信息,也给企业带来更大的挑战,如何吸引更多的消费者参与自己的营销活动,有效提高消费者参与的积极性是企业需重点考虑的因素之一。

那么,在这种移动互联网环境下,消费者量化自我意识是什么?它的内在机制是什么?它会受哪些因素的影响?量化自我意识会通过何种路径、如何影响并使消费者更多地参与到企业活动中来?是否量化自我意识越强,消费者越会参与其中?消费者的量化自我意识又如何促进其参与量化社交网络及其他营销活动呢?此外,在这个过程中,移动社会化网络中圈子的不同特征起到何种影响作用?消费者不同的人格特质又会起到何种影响作用?消费者线上与线下参与行为到底有何不同?如何有效利用消费者参与行为模式来为企业营销活动提供服务呢?

显然这些问题需要置于网络营销和消费者行为学领域才能够得到深入探讨。消费者量化自我属于新兴概念,虽然引起了学术界与企业的普遍关注,但相关研究非常欠缺,尤其是从社交网络群体层面开展的量化自我意识研究更为鲜见,而消费者参与行为多集中于产品开发与服务行业,且多从现实生活视角来进行解读和探讨,这也为本书留下了研究空间。

因此,本书力图解决上述问题,拟借鉴自我概念理论,对量化自我意识与参与行为展开系统深入的研究与解释,并重点考虑移动社会化网络中的圈子特征与消费者人格特质这两个重要战略因素。因为移动社交圈子和网络社区对消费者参与企业活动的氛围有着重要影响(Shirky,2008),而个人特质在个体意识及群体行为层面也存在着重要的作用(Kvasova,2015;Crawford et al.,2015)。所以,将社交网络圈子和人格特质纳入本书进行研究具有较强的必要性和可行性。

具体而言,本书将借鉴自我概念理论,通过研究移动社会网络中的消费者量化自我意识和参与行为模式,并考虑移动社会化网络中的圈子特征和人格特质的影响作用,来帮助企业更好地认识人们自我量化意识的内涵与内在机制,从而科学合理地引导消费者通过量化自我达成理想中的自己,成功推广社交网络营销活动,从而吸引更多消费者参与其中。同时,本书中的研究也可以帮助企业深刻理解移动社会化网络环境下消费者的量化自我意识和参与行为模式,为企业管理并使用消费者的相应数据信息提供理论和实证基础。无论是从研究视角还是从研究内容来看,本书均有一定的创新性与开拓性,其理论价值和现实意义是明显的。

第二节　研究问题

学术界关于消费者量化自我意识的研究处于起步阶段，没有形成系统的理论框架，也没有涉及其对移动社会化网络环境中的消费者参与行为的影响路径，以及网络圈子特征和消费者人格特质的作用机制。

具体而言，在消费者量化自我意识研究方面，现有研究较少，且主要探讨在教育、医疗及健康方面的量化自我"是什么""如何评价"等问题，从移动社会化网络环境中的消费者角度来探索量化自我意识的影响以及量化自我的具体测量维度方面的研究则非常匮乏。同时，在消费者参与行为方面，现有研究主要集中于新产品开发、服务恢复等领域，虽然有少量对网购消费者参与社区服务的研究，但是这些研究主要集中于对网络参与行为的理解上，对多维度参与行为的系统框架则没有深入地分析，缺少对移动社会化网络环境中消费者参与行为内涵与构架的理解。另外，在当下的信息数据时代，消费者量化自我意识与参与行为两个问题的整合方面不仅缺少一些有分量的研究，而且缺乏对多层次的调节变量的考量分析，如群体层面的网络圈子与个体层面的人格特质在其中产生的影响，这在移动互联网信息传播与精准营销飞速发展的今天，显然是不合时宜的。

为更好地理解处于移动社会化网络中的消费者量化自我意识对参与行为的影响，本书将量化自我意识与参与行为这两个研究领域的问题结合在一起进行研究，这就形成了如图1-1所示的研究现状和待研究问题：在移动网络环境下，应当如何理解消费者的量化自我意识方能使其有效地转化为消费者的量化自我活动，进而使消费者增加社会网络营销的参与行为，从而提高企业对消费者数据的利用，增强营销绩效。为此，本书拟引入自我概念理论（Self-concept Theory）来探究以下这些问题：移动社会化网络中消费者量化自我意识的属性与测量、圈子特征与人格特质的调节作用、消费者是如何受到量化自我意识的影响，以及探究这种影响会给企业营销活动中的消费者参与行为带来什么样的变化。

自我概念理论认为，消费者会通过对自我感知而形成现实自我、理想自我、社会自我及理想社会自我（Sirgy，1982，1985），这为本书提供了几点启示：首先，在现实自我与理想自我研究中，现实自我是个体对目前自身状态的感知，理

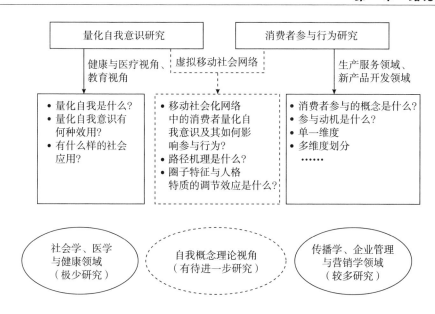

图 1-1 研究现状和待研究问题

想自我是个体所期望的某种状态，即希望自己成为什么样的人。消费者正是因为感知到现实自我与理想自我的差距，为了弥补这一差距，才选择进行量化自我以优化自我行为，从而向理想自我靠近以达到理想自我这一目标。其次，自我概念包含现实社会自我与理想社会自我两种类型，现实社会自我是指个体在他人眼中的真实状态或形象，理想社会自我是个体期望他人如何看待自己。他人对自我的看法以及消费者想在他人眼中形成的形象也是消费者参与群体层面量化自我的动机之一。通过参与群体层面的量化自我行为，消费者能够展现一种积极、健康的正面形象并获得社群认同（Lupton，2014；Crawford et al.，2015），从而缩小现实社会自我与理想社会自我的差距。这两种类型可以对环境因素进行整合，从而深刻地揭示移动社会化网络环境下量化自我意识对参与行为的内在影响机制。

此外，"移动社会化网络环境"与"量化自我意识"这两个新名称的加入将会使消费者参与行为产生差异化的影响，这就需要考量移动社会化网络环境下量化自我意识的测量、参与行为的构成，以及不同圈子特征和人格特质的调节效应。因此，独立构建"移动社会化网络环境下的消费者量化自我意识与参与行为"研究框架，在学术上具有独特的探索价值与研究意义。

第三节　研究框架

为解决上述研究问题，基于自我概念理论（Sirgy，1982），本书提出了如图 1-2 所示的理论研究框架。该框架的基本逻辑是在移动社会化网络环境中，消费者的自我了解、自我评价、自我提升、消费者个体属性（年龄、学历、性别、收入）等因素会促进消费者量化自我意识的形成，而消费者的这种量化自我意识会影响其参与企业的量化活动和其他营销活动。在整个过程中消费者量化自我意识将会对参与行为的信息共享、责任行为和人际互动三个维度产生不同作用机制，其中不同圈子特征和人格特质变量将会起到不同的调节作用与权变效应。

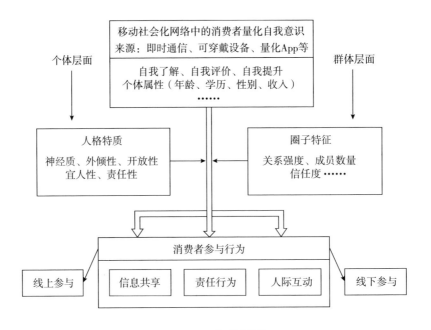

图 1-2　理论研究框架

本书将对该理论框架进行网络跟踪分析与实证检验。此外，鉴于"消费者量化自我意识如何影响参与行为"尚未被系统探讨研究这一事实，本书将会同时启动探索性研究以分析其中圈子特征与人格特质的调节作用，并开发其他重要的中介或调节变量，以期深入地揭示量化自我意识对消费者参与行为的作用机制，呈现消费者网络量化数据的利用思路与管理启示，使企业正确认识并利用移动社会化网络中的消费者参与行为。

此外，在研究过程中，本书将图 1-2 中的"消费者参与行为"分解为"线上参与"和"线下参与"，试图比较分析消费者的量化自我意识会对消费者"线上"参与营销活动和"线下"参与营销活动产生哪些不同影响，哪种影响更强。这些问题的解答对企业制定相应的营销策略具有非常重要的意义。

第四节　研究方法

本书将采用质化研究与量化研究相结合的方式展开，拟采用的方法主要有文献研究法、扎根理论法、实证研究法和案例分析法等。

一、质化研究方法

首先，通过文献研究、深度访谈、专家访问和案例分析的方法，搜索国内外有关移动互联网、消费者量化自我意识、消费者参与行为、圈子和人格特质等领域的相关文献，探究本书的理论研究框架和量化自我意识及其影响因素。其次，采用开放式与半结构化相结合的方式，对企业及消费者进行深入访谈，了解消费者量化自我意识与参与企业线上线下量化活动及其他营销活动的具体行为表现，以及该过程中相应圈子特征、人格特质的影响效应。最后，使用扎根理论提炼作用机制并构建影响模型。本书将通过案例调查、扎根访谈收集资料并进行逐级编码、开发构念量表，对于中介变量，则通过扎根理论等质化研究方法进行补充或修正，通过网上问卷调查进行检验。

二、实证研究

为检验项目及开发的测量量表、概念模型与假设，本书将针对消费者收集大样本数据与海量网络数据进行实证分析。

（1）量表的开发。消费者量化自我意识：现有的研究中没有相应消费者量化自我意识的量表，本书将参考现有文献和理论，结合深度访谈、实验问卷和专家咨询来概括并提炼出变量的含义和属性。量表的生成将严格按照规范程序来进行逐级编码与开发，切实保障量表的信度和效度，为实现整体研究的高效度提供保障。

消费者参与行为：本书在研究中借鉴 Ennew 和 Binks（1999）的做法，将消费者参与划分为信息共享（Information Sharing）、责任行为（Responsible Behavior）、人际互动（Personal Interaction）三个维度，但是由于本书所采用的移动网络情境下消费者参与行为的量表在现有文献中没有找到，因此在开发过程中，本书将参考与以往文献中较为接近的概念与量表（如虚拟网络服务和新产品开发研究中所使用的测量量表）来对其重新界定与开发，具体方法同上。

圈子特征：本书参考 Jar-Der 和 Meng-Yu（2015）、Jin 等（2015）关于圈子测量与维度的文献，根据本书的研究内容对圈子较为明显的特征——关系强度、成员数量、信任度等的问项进行内容上的情境适应性修改。本书将量表具体分为关系强度、成员数量、信任度三个方面，同时考虑并分析圈子的其他特征。

人格特质：本书的研究框架中使用学界普遍认可的 McCrae 和 Costa（1987，1997）提出的大五人格模型，主要包括神经质（Neuroticism）、外倾性（Extroversion）、开放性（Openness）、宜人性（Agreeableness）、责任性（Conscientiousness），同时参考 Soubelet 和 Salthouse（2011）、Tett 等（1991）、Cabrera 等（2006）的概念与测量量表，并进行问项的适应性修改。

其他控制变量：在研究过程中，笔者拟考虑移动社会化网络环境下的消费者性别、年龄、收入水平、上网时长、企业线上线下活动参与程度等控制变量进行分析。

（2）样本的选取。本书探究的是移动社会化网络应用中的消费者量化自我意识及其对消费者量化自我活动和消费者企业营销活动参与行为带来的影响，参与行为可能会涉及线上与线下两种不同的作用来源，本书在研究中借鉴了已有的研究经验。首先，本书的样本选择对象初步定为有优势接受量化自我意识的在校大学生（时间优势和创新优势）和中青年职员（网络经验优势和收入优势），这也便于样本的管理和跟踪控制，并且手机移动网民大多为年轻人，大多也都有自己的兴趣群、朋友圈、学习群等各种网络资本，有提升自我的意识，更符合研究对象的要求。其次，在质化研究中，为避免不同地区的文化差异与观念差异所带来的影响，本书采取多样本来源的方法，尽可能地选取不同地区的消费者作为样本进行研究。

量化自我应用的选择：量化消费将成为大数据时代的一种新的趋势，并带来全新的庞大商业市场。如 Fitbit、Apple Watch 等可穿戴设备能够监测消费者身体状况；团购类、旅游出行类、健康类 App 等细分领域应用在不同程度上也能对其消费者进行量化。在 2017 年中国 App 活跃用户量排行榜中，排名前三的微信、QQ、支付宝均推出了量化自我的程序。本书将根据移动社会化网络情境，考虑上述量化 App 用户使用数据及 App 活跃用户量排行榜排名来选择量化应用，重点是能将量化数据用于实时信息分享、用户互动的即时通信类应用，如微信、QQ、支付宝等。

（3）数据分析。本书采用消费者访谈形式（包括深度访谈与焦点小组座谈相结合），利用网络数据记录和跟踪软件，跟踪和获取相关数据资料，建立数据库以整理海量数据，并通过网上问卷调查，进行探索性研究，对数据进行实证分析。

此外，本书还利用移动社会化网络应用建立虚拟圈子平台，组织自愿实验者（以大学生和中青年职员为主）进行分析，通过跟踪分析调查实验者的反应，以获取数据。在研究过程中，本书通过调查问卷内容确定问卷调查方式，由此来设计相关变量的测量工具并实证检验变量之间的关系，使用 SPSS、AMOS 等统计软件进行实证分析。

第五节　研究内容

一、移动社会化网络环境中消费者量化自我意识的属性与测量

目前，学术界关于量化自我的研究非常匮乏，仅有少量研究集中于医疗、运动、教育等领域。鲜有研究从消费者角度对量化自我意识进行深入探讨与分析，学术界尚未对移动社会化网络中消费者量化自我意识的具体构成及测量量表进行深入研究。因此，本书将充分考虑移动社会化网络环境的复杂性，通过理论探索、案例分析、扎根理论方法识别出该情境下消费者量化自我意识的特征，并概括其基本属性与含义，提炼出量化自我意识的构成要素与特殊属性，在此基础上对量化自我意识进行测量研究，开发出移动社会化网络环境下消费者量化自我意识的测量量表。同时，本书还将检验自我了解、自我评价、自我提升、消费者个体属性（年龄、学历、性别、收入）等因素是否会影响消费者的量化自我意识，以及是否存在其他影响因素。

二、消费者量化自我意识对参与行为的影响过程与作用机理

本部分的研究从两个方面展开：首先，确定移动社会化网络环境下消费者参与行为的差异化构成；其次，探究消费者量化自我意识经由何种路径对参与行为

的不同维度产生不同的作用。

（1）确定消费者参与行为的差异化构成。在消费者参与行为的研究中，不同学者的研究方向不同，对消费者参与行为的含义和维度划分也有不同的认识，但是 Ennew 和 Binks（1999）对消费者参与行为的三维度划分得到了学术界的广泛认可并使用。信息共享是指双方相互分享信息以确保满足各自的需求；责任行为是指消费者与服务提供者在参与过程中都处在一种责任和义务的关系中，在这个关系中，消费者对活动、监控等也负有责任；人际互动是指参与各方之间的相互影响与互动。

以往关于消费者参与行为的相关研究大多集中于新产品开发和生产服务领域中，尽管现在虚拟网络中的消费者参与被越来越多的学者关注和研究，但是移动社会化网络环境下的消费者参与既不同于生产服务企业，也不同于其他虚拟网络，不能运用现有消费者参与理论来直接解释移动网络环境下的消费者参与行为。

另外，随着互联网技术的发展，消费者参与的形式也越来越多样化，消费者可以随时随地在线参与企业的各种营销活动，并自由互动、发表评论，也可以通过线上信息的获取，参与各种线下实体店的活动。因此，本书将会同时比较分析消费者线上参与和线下参与两者的不同效果。

综上所述，在这部分的研究中，本书将借鉴 Ennew 和 Binks（1999）的划分方法，基于消费者参与行为的三个维度（信息共享、责任行为、人际互动），尝试探索消费者参与行为在移动社会化网络情境中的特殊属性，确定其具体构成要素与测量指标，通过探索性与验证性因子分析等方法研究消费者参与行为的要素，并开发出相应的量表。

（2）探究消费者量化自我意识对参与行为的影响路径与过程。自我概念理论是理解消费者行为动机的重要理论之一，自我概念不仅包含人们看待自己的方式，而且包含人们关于自己是怎样的和希望自己是怎样的认识。自我概念理论认为，消费者存在现实自我和理想自我、现实社会自我和理想社会自我等不同类型（Sirgy，1982，1985）。量化自我有助于消费者优化自我行为（Crawford et al.，2015），消费者正是因为感知到现实自我与理想自我的差距，为了弥补这一差距，才选择进行量化自我以优化自我行为，从而向理想自我靠近以达到理想自我这一目标。因此，该部分拟借鉴自我概念理论，检验移动社会化网络环境下量化自我意识对参与行为不同维度的影响路径与作用机理，并揭示其内在影响机制。

量化自我意识对信息共享的影响：消费者的量化自我意识对消费者行为具有重要影响（Kumar and Venkateshwarlu，2017），消费者的量化自我意识越高，越有可能参与到量化自我社区或移动社交网络中（Xiang and Fesenmaier，2017）。自我概念理论认为，人的社会自我包括现实社会自我与理想社会自我两个部分，消费者为了缩小现实社会自我与理想社会自我的差距以达到理想社会自我的目标，因而会调整自身行为以提升自己在他人心目中的形象（Sirgy，1982，1985）。在量化自我社区或移动社交网络中，他人对消费者的看法与消费者自身想要给予他人的印象会存在一定差距，因此消费者会做出一系列行为去弥补这种差距。

信息共享可能是消费者达到理想社会自我目标的方式之一。消费者的信息分享行为能够为其带来一系列社会性价值（Chen，2017），信息分享有助于提升消费者在社群或移动社交网络中的地位与形象（Lupton，2014；Crawford et al.，2015），并获得更多的社会资本（Berger，2014），从而有利于消费者实现理想社会自我。

量化自我意识对责任行为的影响：消费者在量化自我社区或移动社交网络中往往会表现出责任行为。消费者通过量化自我意识的产生进而达到更为理想的自我。他们将自己想象成社区的管理者或是企业的一员，与企业积极合作共同打造良性社区以促进社区的健康发展（Algesheimer et al.，2005；Black and Veloutsou，2017）。已有研究发现，这种责任行为不仅能够给企业带来价值，还会给消费者自身带来一系列社会性价值（黄嘉涛，2017）。消费者的责任行为会提高其在社区中的权威性，责任性越高，消费者在社区中的正面形象越好（Black and Veloutsou，2017；Zhang et al.，2017），则越有利于消费者向理想社会自我靠近。

量化自我意识对人际互动的影响：人际互动是消费者在量化自我社区与移动社交网络中最基本的参与行为之一（Nambisan and Watt，2011）。有学者指出，消费者通过与他人进行互动，以增强与他人的联系从而获得社会认同。同时，人际互动也能够提升消费者在他人心目中的形象，改善与他人之间的人际关系（Nambisan and Watt，2011；黄敏学等，2015）。这有利于消费者缩小现实社会自我与理想社会自我的差距以达到理想社会自我的目标。

三、圈子特征的调节效应研究

本部分的研究从不同圈子特征（关系强度、成员数量、信任度等）的角度出发，探讨在中国移动社会网络情境下，圈子特征在消费者量化自我意识对消费者参与行为的影响过程中的调节作用。

（1）探究圈子关系强度的调节作用。关系强度是指移动社交网络圈子中人与人之间社会关系的紧密程度，可分为强关系和弱关系（Granovetter，1973）。关系强度的不同会导致人们对信息的分享意愿存在显著差异。强关系下更容易出现知识共享、口碑分享等深度交互行为（Zhang et al.，2014）；而弱关系下更适合求职信息、技术咨询等新信息、新机会的传播和流通。与弱关系型圈子相比，一方面，强关系型圈子感情更加亲密，互动性更强，能够有效减少在危机时期背叛和伤害他人的可能性（罗家德，2012）。另一方面，圈子的关系强度会显著影响成员对该圈子所产生的认同感和归属感，在网络圈子凝聚力较强时，圈子内成员会产生"内群体偏好"（阎云翔，2006）。因此，圈子关系强度在消费者量化自我意识影响参与行为的过程中起到一定的调节作用。

（2）探究圈子成员数量的调节作用。成员数量指网络圈子内部的人员数量。移动社交网络中圈子的成员数量会影响社交质量和信息传播效果。邓巴对社交网络成员数量的最优值进行了研究，提出了"邓巴数字"，即著名的"150定律"，它是指人类由于受到大脑新皮层大小的限制，认知极限允许人类拥有稳定社会网络的人数大约为150人，这个定律常用于人力资源管理与移动社交网络成员数量的管理中。邓巴数字的存在一定程度上说明了移动社交网络给用户提供了联系的可能，但却未必能够促进用户间的交流，拉近用户间的距离。要想维持一定质量的社交关系，盲目扩大圈子成员数量将会减弱在线社区圈子的影响力，导致圈子无法通过规范作用提高消费者量化自我意识，进而阻碍消费者信息共享、人际互动及责任行为。这意味着圈子成员并非越多越好，为了发挥圈子的重要影响，应对在线社区人员数量进行一定程度的控制。

（3）探究圈子内部信任度的调节作用。圈子的信任度是指移动社交网络圈中的成员从心理上对该网络圈所产生的信任感。圈子是可以用人情交换来积累社会资本、发展自我的社会关系网络（罗家德，2012）。人情交换作为一种社会交换，具有交换范围广、资源多、时间长等特点。在持续的社会交换中，人际信任网络逐步拓展，将以"人脉"为自我中心的信任网络不断延伸至血缘以外的圈子（Jar-Der and Meng-Yu，2015）。同样地，网络圈子作为社会交换的表现场所，通常以交换双方的善意、信任等品格为基础（Tierney and Farmer，2002），在移动社会化网络中，人们更易出于社会交换的动机对网络圈子产生信任。Krackhardt（1992）指出，强关系能建立特殊信任的原因在于：通过提高分享冗余信息的概率、有效增加互动的机会，互动各方能增加情感交流，减少了一个人伤害强连带中其他成员或在危机时期背叛的可能性。所以当圈子的信任度较高时，消费者更易受到圈子成员的影响，强化自己的量化自我意识，并积极参与圈子组织的各种活动。

四、人格特质的调节效应研究

本部分的研究从消费者人格特质的角度出发，探讨在中国移动社会网络情境下，消费者量化自我意识对消费者参与行为的影响过程中人格特质的调节作用。

目前，学术界对个性还未形成统一明确的定义，它可以理解为个人全部特质组成的综合体，也被称作个性特征。McCrae 和 Costa（1987，1997）所提出的大五人格模型是目前学术界普遍认可的，人格是影响个体认知能力的重要因素，不同人格特质认知能力的差异性将导致个体对量化自我形成不同的认知，进而影响其参与行为（赵宇晗和余林，2014）。

神经质（Neuroticism）是指个体情绪稳定和冲动控制的程度，反映了一个人经历消极情绪状态的倾向（Ross et al.，2009）。量化自我是个体对自身生理、行为或周边环境等数据信息自我追踪的过程（Melanie，2013）。在这一过程中，高神经质个体会更加关注个人隐私信息的安全问题，时刻担心自身数据的泄露，从而避免参与企业的量化活动。而对于低神经质人格来说，他们对量化行为可能涉及的自身数据的披露并不敏感，因此可能不会考虑到量化自我所带来的隐私风险。

外倾性（Extroversion）分为外倾性和内倾性。外倾性人格的个体善于交际，具有较高的活力及自信水平，更加外向乐观（Peeters et al.，2006）。与内倾性人格特质相比，外倾性人格特质更易驱动成员的知识分享行为（周志民等，2014），这类人格特质更愿意与他人进行互动并彼此分享经验（Mount and Barrick，1998）。

开放性（Openness）反映了个体的求知欲、创造力、好奇心和对多样性的偏好程度。好奇心在社会化情境下对消费者的情感和认知过程会产生积极影响，驱动消费者购买决策的制定和购买意向的产生（高琳等，2017）。量化自我作为互联网技术下的一种新型运动方式，为个体认知自我、探索自我提供了全新的方式。对于新事物充满好奇和敢于冒险挑战的开放性个体尝试量化自我的意识更强，并会更愿意参与企业的量化活动。相反，低开放性个体更倾向于保守、内向，不会积极主动地参加各种活动（Costa and McCraea，1992）。

宜人性（Agreeableness）是衡量个体是否值得信任或乐于助人的指标。目前已有数百万用户正在使用社交媒体、移动技术和可穿戴设备对他们日常生活的各个方面进行跟踪、检测，量化自我已经成为当下的一种趋势（李东进，2016）。在这种情境下，高宜人性个体在与他人交往的过程中能够更真实地表达自我（McCrae and Costa，1987），也更愿意向他人分享自身知识（Jadin et al.，2013），从而促使其愿意更多地参与企业量化活动。

责任性（Conscientiousness）代表了个体自律、尽职尽责、追求成就的水平。量化自我作为一个探索自我的过程（Swana，2009），需要个体亲身进行体验才能获得对量化自我的认知。一方面，由于高责任性人格个体更加自律，他们更有可能通过参与量化自我从而帮助其重塑自我知识、改善自我行为（Crawford et al.，2015；Ruckenstein and Pantzar，2017）。另一方面，具有较强责任心和社会意识的高责任性个体会发挥其在群体中的领导者及组织者的角色作用，进而鼓励其他成员也积极参与到企业的量化活动与其他营销活动中。

五、改善移动社会化网络环境下消费者量化自我意识和参与行为的应对策略与管理启示

本书结合实证研究结果，系统地提出了关于改善消费者量化自我意识与参与行为的具体改进策略、管理逻辑与启示。一是本书的研究结果启示企业应正确认识消费者的量化自我意识，并提出有效的引导策略；二是提出了消费者参与的具体内涵，并提出了提高消费者线上与线下参与行为的不同应对策略；三是发现量化自我意识影响消费者量化自我活动以及消费者参与企业营销活动的有效路径，有针对性地提出了应对策略；四是发现了网络圈子特征与消费者人格特质对消费者参与行为的影响维度，并针对圈子特征与人格特质的调节作用提出了应对策略，以更好地增强消费者的量化自我意识。

此外，本书在研究的过程中将进一步研究影响消费者量化自我意识和参与行为的其他调节因素，如区域文化差异、消费者契合度、价值创造等。这些都是非常有价值的研究，本书将会进行延伸探讨，以扩大并深化对该研究的认识。

第六节　研究意义

量化自我意识在消费者行为领域的研究处于起步阶段，尚未有学者探究消费者量化自我与社交网络参与行为之间的关系。以往对量化自我的研究，大多从医学健康、教育领域探讨量化自我的特点，但也仅限于理论层面，实证性研究极为匮乏。国内仅有个别学者探究了个体消费层面的量化自我，而从社交网络圈子的群体层面开展的量化自我意识研究极为匮乏。本书将在自我概念理论背景下，深入探讨消费者量化自我意识的内涵、属性和测量，并结合移动社交网络圈子的特征和人格特质，实证研究移动社会网络环境下，消费者量化自我意识对其网络参与行为的整个过程所产生的影响以及相应的影响机制，这将有可能丰富自我概念理论和量化自我意识在消费者行为领域方面的研究。

以往消费者参与行为方面的研究主要集中在生产与服务行业、新产品开发等领域，而对社交网络情境下的消费者参与行为研究较少。如今社交网络已然成为企业开展营销活动的必争之地，越来越多的企业开始在社交网络上发布内容，开展营销活动，如何有效地引导消费者积极参与社交网络营销活动是企业面临的核心问题之一。近年来，关于消费者参与的研究逐渐从传统环境向虚拟环境拓展，但是环境背景不同，消费者参与的动机和程度均有所不同，鲜有研究对移动社会网络环境下的多维度消费者参与行为进行深入探索与实证检验，特别是缺少针对移动社交网络圈子特征、人格特质的调节效应的研究。同时，随着消费环境的改变，消费者参与行为会呈现出一些新的特征，因此，消费者参与的影响因素还有待进一步挖掘，如目前可穿戴技术引发的量化自我意识、液态消费的渗入等都需要进一步探讨。本书将有可能丰富移动社会化网络环境中消费者参与行为方面的研究。

目前国内外学者对于圈子的研究主要是从社会学、传播学和公共管理学角度来探讨现实生活中的圈子（罗家德等，2014；周南和曾宪聚，2012；徐钝，2014；曾一果，2017；吕力，2015），且以往研究通常关注的是在单一的现实社会网络中消费者是如何通过社会关系强弱的调节而受到影响的（Brown and Reingen，1987）。在移动社会网络环境下，社会信息的传播从传统的"单向渗透"向"双向互动"的方式转变，消费者面临的是一个个多方位、多元化的圈子链接，消费者可以随时随地根据自己的兴趣爱好，选择参加不同的网络圈子，由于这些网络圈子内部成员数量、关系强弱、信任程度等特征各不相同，量化自我意识可能会产生不同效果，这些都需要学者们进行科学合理的解释。学界尚未从移动网络视角对圈子特征在消费者量化自我意识转化为其社交网络参与行为过程中的影响作用进行理论与实证研究，本书将有可能拓展网络圈子方面的研究。

现有人格特质研究的相关文献主要集中在心理学领域（Soubelet and Salthouse，2011；Givens et al.，2009；Boelen and Reijntjes，2009），以及工作绩效方面的研究（Tett et al.，1991；Barrick and Mount，1991），消费者的人格特质往往会影响其行为倾向，量化自我意识对消费者参与社交网络行为的影响极有可能会受到其自身人格特质的影响。然而目前还没有移动社会化网络中消费者个体的人格特质影响量化自我意识与参与行为的实证研究，本书将有可能拓展人格特质方面的研究。

通过使用量化自我设备可以测量、追踪、收集数据，并对数据进行反思以了解和认识自我（Almalki et al.，2016；Crawford et al.，2015）。本书将充分探究消费者量化自我意识对其社交网络参与行为的影响，深度挖掘其影响机理，使企业有效引导消费者的量化自我意识，成功推广社交网络营销活动。同时，本书充分考虑圈子特征与人格特质在量化自我意识对消费者社交网络参与行为的影响过程中所发挥的作用，这对企业合理制定营销方案、实施精准营销具有重要意义，这不仅是对相关文献研究的有益补充，也为企业进一步深入了解消费者并制定相应策略提供了理论基础与实证基础。

第七节　研究创新

消费者量化自我意识是国内外学术界的新兴热点，移动网络追踪技术的发展和大数据收集的便利，使企业与消费者可以追踪量化数据，从而形成自我认知并调控自我行为。本书借鉴自我概念理论，基于移动社会化网络背景探讨两个方面的问题："消费者量化自我意识能否提高消费者与企业间的双向互动并增强人们对社会化网络量化与营销活动的参与，以及如何认识移动社会化网络中的消费者量化自我意识及其对消费者参与行为不同维度的影响机制"，这可以拓展对移动网络环境中消费者行为的理解和认识，无论是研究视角还是研究内容的选择，都具有一定的创新性和紧迫性。

目前量化自我研究主要集中于健康与医疗、教育学领域，消费者量化自我的研究十分匮乏，量化自我意识可能会随着环境、文化、人格特质不同阶段的推移变化而产生动态的变化。本书将研究视角对准移动互联网中消费者量化自我意识，将其与消费者参与行为二者有机结合起来，突破以往消费者参与行为研究惯用的静态研究模式，将不同网络圈子特征与人格特质作为调节媒介，分析整个研究过程的演进，并结合"线上参与"和"线下参与"进行对比研究，系统探讨了消费者量化自我意识对消费者参与行为不同维度的影响机制以及在此过程中各种调节变量的权变效应。本书的研究结果将会对量化自我及消费者参与行为研究提供开拓性文献，拓展这些研究在移动网络营销方面的实践与应用。

已有关于消费者参与行为的调节因素研究仅关注企业与消费者之间的信任、互动等分析，本书提出圈子特征与人格特质效应，试图将群体层面的移动社交网络圈子特征与个体层面的人格特质系统地联系起来，从双层次视角进行分析检验与比较考量，这也是非常具有创新意义的。

本书将结合移动社会化网络的特点，从消费者"量化意识"的角度来进行定性数据和探索性实证研究。本书的研究将能够扩展企业对移动网络中消费者量化自我意识的认识和理解，同时可以帮助企业在理论与实践上深刻认识移动社会化网络中消费者参与企业活动的规律，对企业提高并合理利用消费者的量化自我意识、有效增强消费者对企业各种量化活动与营销活动的参与，以及有针对性地制定营销策略具有重要实践意义和管理启示。此外，本书的研究结果还将为深刻认识移动互联网环境下的消费者行为规律、降低消费者参与所面临的圈子特征与人格特质带来的不确定性风险提供一定的理论依据，这具有一定的创新性和时效性。这也是本书的特色与创新之处。

在研究方法上，本书将使用追踪软件跟踪和获取数据，并通过跟踪实验来配合定性与定量研究，这也是本书的特色之一。在现有消费者参与行为的研究中，使用实时多点追踪技术的研究还未发现，本书中的研究利用移动社会化网络建立虚拟实验平台，在不断变化的环境与情境中，检测并收集追踪消费者的反应，这也是基于移动互联网环境下消费者量化自我意识的特点，以及对现有消费者参与文献的不间断分析思考而慎重提出的。

第二章　文献综述

第一节　移动社会化网络

一、移动社会化网络综述

21 世纪，全球互联网进入了一个以创新和迭代为特征的高速发展期，以博客、SNS、微博和微信为代表的新网络应用接连崛起，与之相伴的是信息传播模式的新变革、社会文化景观的转换更新以及新商业模式的层出不穷。当前，最为炙手可热的互联网词汇莫过于"社会化网络"。社会化网络（Social Network）指的是人与人之间的关系网络，社会化网络理论是基于美国心理学教授 Stanley Milgram 提出的"六度分隔理论"发展而来。"六度分隔理论"指出："每个人与任何一个陌生人之间所间隔的人不会超过六个，换句话说，我们想要认识任何一个陌生人，只需要通过不超过六个人就能实现。"按照该理论，每个人都会有属于自己的一个小型社交圈，这些圈子在不断地磨合、交流碰撞下会逐渐变大，最终形成一个大型的社会化网络。移动通信技术的长足进步和移动电子终端设备的更新换代为社会化网络注入了新的活力。近年来，一种名为移动化社会化网络的新兴移动互联网服务模式应运而生。移动化社会化网络是以移动终端设备为载体的移动互联网应用，它结合了移动终端应用的特征和移动互联网的使用特性，能够在计算机上提供社会化网络服务无法满足的功能。移动社会化网络已崛起为一股势不可当的全球性网络浪潮。移动社会化网络的兴起，改变了人类社会的连接方式，人们可以在移动互联网上进行语音聊天和视频聊天、播放电影电视剧、和家人朋友进行线上游戏等各种新型娱乐活动，同时人们也可以在互联网上进行线上面试、租房，预定出行安排和活动的票等各种实用型活动。在网络科技持续演进的背景下，我们目睹了一个新的社会现象的诞生，即"社会化网络时代"。这一时代标志着一个复杂的社会结构在网络空间中的形成，该结构由多个个体构成，并涉及他们之间的实际存在的社会活动。这种现象的核心特质可以归纳为三点：一是个体间关联性增强；二是信息种类繁多、传播迅速；三是个体间能够形成具有一定凝聚力的群体，产生社会影响。首先，关于个体间关联性的增强，这不仅体现在人们在线上的互动中，而且进一步影响了整个社会的结构和功能。社会化网络时代往往涉及大量的参与者，这样的广泛参与产生了明显的网络外部性效应。这与"六度分隔理论"有相似之处。因此，即使是那些不直接使用互联网的个体，也会间接受到网络化社会结构的深远影响，从而实现了个体间关联性的增强。其次，信息的多样性和传播速度是社会化网络时代另一个显著的特点。相对于传统的媒体渠道如报纸、广播和电视，网络提供了一种更为灵活和实时的信息传播手段。这不仅消除了由于媒体容量和传播时间限制所导致的信息丧失，而且几乎实现了信息的即时传播。因此，在社会化网络时代，信息不再受制于时间和空间，而能够迅速地传播和共享。最后，基于以上两点，个体间有能力通过形成具有一定凝聚力的社会群体来产生社会影响。具体而言，由于个体间关联性的增强和信息传播的高效性，具有共同兴趣或目标的个体可以更容易地聚集在一起。这样的集体组织不仅能够满足个体的特定需求，也有可能在更广泛的社会范围内产生影响。因此，社会化网络时代是一个复杂而多维的社会现象，它改变了个体间的关联模式，重新定义了信息的传播机制，并且赋予了个体以集体行动产生社会影响的能力。它不仅是网络科技进步的产物，更是对现代社会的基础结构和运行机制形成了一定的影响。

二、社会化网络发展的三次浪潮

随着 21 世纪互联网技术的发展，移动社会化网络发展也迎来了一个高速发展的阶段，同时随着世界性 Web 2.0 时代的到来，世界范围内的互联网发展迈上了一个新高度，各种新兴互联网技术和发展模式如雨后春笋般绽放，迎来互联网世界"百花齐放"的景象。近年来，随着媒介技术的迅速革新，社会化网络已崛起为一股势不可当的全球性网络浪潮。国外的 Facebook、Twitter、Instagram，国内的微博、微信、豆瓣等社会化网络应用正广泛且深入地渗透到现实社会，人们习惯于在微博、微信朋友圈获取信息，在社交网站中营建个人的兴趣圈子，热衷于参与评论、转发、分享、点赞等各种形式的网络互动，而依托社会化网络进行日常工作、消费、教育等逐渐成为一种全面普及的新生活方式。毫不夸张地说，社会化网络正在开启一个全新的万物互联的时代，它不仅改变着传统媒体的信息传播生态，也重构了每一个个体的社会交往模式，成为影响人们日常生活的一种网络化媒介。移动社会化网络的出现和发展进一步强化了互联网在人类生产、生活等方面的渗透，移动社会化网络也扮演着更加重要的达到角色，成为主流媒体。虽然移动社会化网络发展速度如此之迅猛，但其达到如今的规模和影响力并不是一蹴而就的，与互联网发展历程相似，同样也历经三次发展的浪潮。

在大多数人看来，当今被人熟知的移动社会化网络是近些年来才逐渐兴起的，但事实上从 20 世纪末就出现了类似的社会化网络的雏形。一个名为"六度"（SixDegrees）的网站，被公认为第一个社会化网站。高威公司根据 Stanley Milgram 的"六度分隔理论"创立了 SixDegrees.com，并由该公司负责运营。在这个网站上，新用户可以注册自己的账户，并添加同样在该网站上注册了的家人和朋友为网络好友，好友之间可以互相发送邮件，在好友留言板进行留言，还可以通过短信邀请新的朋友加入到该网站中注册成为好友。Six Degrees 的小试牛刀让其他互联网创业者开始将目光转移到社会化网络，此后，陆续有很多公司开始尝试创办类似的网站。直到 2002 年，Friendster.com 的诞生掀起了第一波社会化网络浪潮。Firendset 是第一家受到重视并成为主流的社会化网站。该网站允许用户创建具有个性的页面来展示自己的个人兴趣爱好以及各种私人情况等，同时可以满足用户与好友进行互动的需求。

2003 年，MySpace 的创立和发展宣告了社会化网络第二波浪潮的到来。MySpace 平台以其创新性的交友模式、信息共享模式、即时通信等新兴功能迅速抢占社会化网络市场，成为目前全球第二大的社交网站，目前用户规模已达到 2 亿人次。MySpace 在允许用户能够制定个人主页的同时，还允许其用户设计更具有个性化的主页，赋予用户表达自我的权利和与朋友交流的自由。

如今，社会化网络进入移动时代，随着移动电子通信技术的飞速发展和各国经济水平的提高以及各类先进移动设备更新换代速度的加快，电子移动设备的价格不再使消费者望而却步，移动电子产品的品类呈现出多元化的特点。手机、笔记本电脑、平板电脑等可移动终端设备成为人们网络社交圈子的主要载体。同时，在 4G、5G 网络覆盖的范围持续迅速扩展、无线网络的不断完善和智能手机应用的创新等背景下，以手机为主导的移动终端已经成为人们处理信息的综合平台，移动化社会化网络的新兴移动互联网服务模式应运而生，推动社会化网络的发展进入第三次发展浪潮。

三、移动社会化网络发展的特点

互联网发展正在进入社会化网络时代，真实的社交关系"迁移"至互联网，移动社会化网络呈现出以下几个特点：

（1）鲜明的娱乐性。移动社交网络服务具有很强的娱乐性。这一点与传统网页的社交网络服务具有一定的相似性，当前移动社交化网络服务主要采取的是通过游戏互动的形式来达到促进各主体进行协商和沟通的目的，如微博、微信、抖音等平台。以当前最热门的短视频平台抖音为例，由于存在庞大的年轻用户群体，抖音平台中的年轻人经常会以游戏形式拍出一些吸引大家竞相模仿的有趣视频，因而在移动社交化网络中时不时会刮起一阵"抖音风"。国外媒体发布了一项针对智能手机用户使用习惯的调查报告，研究结果显示，手机活动可被划分成自我表达、发现、准备、完成、购物、社交和自我休闲七大类，它们占据了人们的时间。用户46%的手机使用时间主要用于自我休闲娱乐，如浏览八卦网页、橱窗购物等；19%的时间用来社交，12%的时间用来购物，只有4%的时间用来寻找有价值的信息。可以看出，移动社交网络服务具有很强的娱乐性特征。

（2）庞大的用户群体。以我国为例，国家统计局发布的《中华人民共和国2020年国民经济和社会发展统计公报》显示，2020年移动互联网用户接入流量1656亿GB，比上年增长35.7%。2020年末互联网上网人数9.89亿人，其中手机上网人数9.86亿人。互联网普及率为70.4%。不难看出，通过手机上网的巨大的网民数量成了拉动中国移动社交化网络圈子不断扩大的重要力量，移动互联网展现出巨大的发展潜力，这就为移动社会化网络提供了大量的潜在客户群体。

（3）移动性。移动社会化网络是依托移动终端设备的技术进步而发展的，由于当前移动终端设备在轻量化、可携带、无线化方面取得了显著进步，移动社会化网络摆脱了以往固定终端的束缚，不再受限于时间和地点，可携带性得到了充分发挥。移动社交网络可以被定义为基于移动设备的社交网络。社会交往从来都是随时随地的，社会化网络发展到一定程度后，必然要满足这方面的需求，同时手机的特性也使社会化网络更容易寄生。

（4）垂直化。自社会化网络兴起以来，主要都是以综合型为基本运营模式，其中的信息是包罗万象、杂乱无序的，随着此类社会化网络用户规模的扩大，这一特点更加彰显，人们在越来越频繁地参与社会化网络的同时，也越发渴望有人对海量的信息进行筛选和分类，因此一些细分市场的垂直类社会化网络迅速崛起。目前，垂直社会化网络主要是与游戏、电子商务分类信息等相结合，其中近几年最受欢迎的有Linkedin、知乎、蘑菇街等。清科研究中心认为，垂直社交将成为社交网络未来发展的主要方向。随着社会化网络的不断推进，各类相关产品必然会不断寻求差异化发展之路，实现从"增量性娱乐"到"常量性生活"的演变。

四、移动社会化网络面临的挑战

在处理移动社交网络大数据方面，存在多重的计算与分析挑战。首先，由于移动终端的高度流动性和灵活性，推荐系统必须能够实时处理用户在多样化情境下产生的大规模异构数据。这不仅增加了算法计算的复杂度，也突显了传统数据处理方法在处理这种异构大数据方面的局限性。因此，有必要研发新的数据处理模型和算法，以便更有效地挖掘移动社交网络环境中的复杂数据。其次，情境特征提取技术在移动社交网络用户行为模式分析方面具有举足轻重的作用。然而，现有的情境特征提取和情境挖掘方法尚未能够达到理想的准确率水平。尤其在高度流动的移动环境中，用户通过多种方式交换信息，包括但不限于信息引用和转发，这些都增加了语义分析的复杂性。因此，为了更深入地挖掘用户行为模式，需要发展先进的技术来提取移动社交网络异构大数据中的情境特征，并进行基于情境关联的分析，以发现与用户当前情境语义最为关联的个性化服务资源。最后，移动社交网络大数据的特性包括数据来源的多样性、海量的数据规模以及数据的异构性，这些特性导致传统的个性化推荐模型在此环境下变得不再适用。绝大多数现有的个性化推荐研究都是基于传统的集中式、依赖 Web 支持的社交网络进行的。然而，随着移动互联网的快速发展，融合了社交网络与无线移动通信技术的新平台不断出现。这些平台消除了空间和时间的限制，允许用户在任何时间、任何地点进行交流。同时，这些平台还提供了如定位、信源确认等增值服务，从而提高了在线社交网络平台的可信度。借助于移动互联网的上下文识别、情境信息挖掘感知和终端个性化等特性，用户个性化需求和兴趣探索已逐渐成为移动社交网络发展的新趋势，这不仅有助于实现信息的个性化表达，同时还具有巨大的商业价值。

第二节　量化自我

一、量化自我的概念与运用

随着世界范围内工业化、城镇化的快速发展，人类的生活环境和生活方式发生了巨大变化，随之而来的环境污染、人口老龄化、亚健康等现象导致人类健康成为全球性问题。树立适应当今技术环境与人文环境的健康理念，利用科学技术实现健康管理,引导人类形成"防患于未然"的健康生活方式,成为人类应对健康问题的共识。21 世纪初,在无线通信技术、传感技术、人机交互技术等的支持下,智能可穿戴设备逐渐普及,与移动终端应用共同引发了量化自我运动的兴起。

量化自我(Quantified Self,QS)这一概念自 2007 年由 Gary Wolf 和 Kevin Kelly 首次提出以来,一直受到学术界和企业界的广泛关注(Sharon and Zandbergen,2017)。量化自我是指个体对自身生理、行为或周边环境信息自我追踪的过程(Melanie,2013),自我追踪即个体收集、记录、分析自我数据,从而形成与情感以及行为有关的统计数据的历程(Lupton,2014)。具体来说,量化自我是个体在可穿戴计算技术、电子表格、统计工具和可视化软件的帮助下,通过使用自我跟踪器来获取、存储和分析他们自身生命活动数据的完整过程(Van et al.,2012),这一过程包括准备、收集、整合、反思和行动五个阶段(Li et al.,2010)。通过参与量化自我,消费者能够获得精准的量化数据,增强自我控制感,逐渐调整行为方式,最终使行为方式趋向理性(Crawford et al.,2015;Ruckenstein,2014;Pantzar and Ruckenstein,2015;Ruckenstein and Pantzar,2017)。量化自我是指消费者对自我数据进行收集并经由数据获得自我知识的过程。量化自我能增强消费者的自我精准管控和行为理性。伴随着量化技术的蓬勃发展,具有追踪和记录数据功能的量化产品日新月异,满足了消费者想要"量化自我"的需求,通过对量化自我得到的数据进行反思来干预自我行为,吸引了众多消费者的广泛关注和参与,同时也吸引了众多学者对量化自我领域的研究。在量化自我的定义方面,Swan(2013)将量化自我定义为消费者对自身和周围环境等信息的追踪过程,强调消费者对自我信息追踪的过程,认为量化自我的重点在于自我信息的跟进与监测。然而,Almalki 等(2016)强调,量化自我是消费者与自我相关信息的互动,其重点是强调经由量化工具所获信息带来自我反思。也有学者从不同视角探讨了量化自我的类型。Rooksby 等(2014)根据消费者的参与目的对量化自我进行分类,发现有的消费者出于实现某个特定目标、记录有关自己的健康数据的目的参与量化自我,也有消费者参与量化自我仅出于兴趣尝试。Lupton(2014)对量化自我分类的依据则是根据消费者参与量化自我的动力来源不同来划分。在量化自我效用方面,Ruckenstein 和 Pantzar(2017)认为,量化自我行为可以帮助消费者在生活的未知方面实现精准测量和追踪,促使消费者重新审视自我,实现高效的自我管控和行为理性。Robertsson(2014)认为,消费者通过量化数据反思从而获得自我知识,会驱动其行为方式的转变。一些学者指出,消费者量化自我的动机也不尽相同。Swan(2013)认为,消费者不仅出于实现自我提升、身心健康提升等目的参与量化自我，提高个人形象和维护社会关系也是消费者参与量化自我的重要动机。在 Lupton（2013）看来，消费者参与量化自我的主要动机是实现自我控制和监管，可以帮助消费更好地应对复杂和未知的状况。Rooksby 等（2014）则强调，消费者参与量化自我可能仅是一种纯粹的记录行为，从该行为中探寻生活的意义，进行知识探索和自我享乐。

随着网络社区的不断增加，量化自我逐渐由个体层面向群体层面发展。在社区中，人们相互分享自己的量化目标、量化数据，并围绕量化经历进行交流互动（Kersten et al.，2016；Barta and Neff，2016）。消费者可以借助量化工具对自我活动与决策效能进行随时监测，以增强消费者的自我精准管控和行为理性，企业则根据消费者自我量化数据进行产品开发设计、客户细分与精准营销，客观预测并驱动预想的消费者行为（张宇东和李东进，2018）。量化自我还能够彰显消费者的健康形象，并可向他人传达一种时尚与风格（Lupton，2014）。

随着移动智能、大数据及可穿戴技术的迅猛发展，量化自我与当下日益流行的智能手机 App 和可穿戴设备的融合，使个体收集自身数据、观察身体状况、加深自我认识变得越来越简便。以往量化自我研究主要集中在医疗、运动等健康领域。鲜有研究从消费者角度对量化自我进行深入探讨与分析。量化自我是指个体对自身生理、行为或周边环境信息自我追踪的过程，通过实时测量记录个体生命数据并根据数据反馈进行自我调整。消费者可以借助量化工具对自我活动与决策效能进行随时监测，以增强消费者的自我精准管控和行为理性，企业则根据消费者自我量化数据进行产品开发设计、客户细分与精准营销，客观预测并驱动预想的消费者行为。回顾量化自我的相关研究，国内学者的研究起步较晚且数量极少，大多从理论层面聚焦于量化自我的内涵、效用及其在健康和教育领域的应用。张宇东和李东进（2018）结合技术接受理论，探索性开发了消费者参与量化自我障碍因素的构成维度，实证分析了各因素对消费者放弃量化自我参与意愿的影响机制。国外对量化自我的研究较国内更为丰富。Li 等（2010）提出，量化自我是一个阶段性过程，包括准备、收集、整合、反思和行动五个阶段。Paton 等（2012）认为，量化自我可以被划分为自我实验、数据的社交分享和个体控制的电子健康记录三个等级的自我追踪。在新技术的帮助下，越来越多的人都在追踪和记录自己或是亲人的健康指标。通过量化自我，人们可以随时检测和观察自我的行为或身体状况，并可将数据同步到智能手机 App 或电脑分享个人数据。用户量化自我体验效果越好，越容易进行各种互动、共享、评论等持续量化行为，进而促使用户使用移动智能和可穿戴计算的频率增加。

量化自我指的是使用一系列现代技术手段，对与人相关的数据进行实时测量与记录的行为。量化自我这一概念来源于 2007 年《连线》杂志主编 Kevin Kelly 和技术作家 Gary Wolf 在《连线》杂志上发表的文章，他们在文章中指出，量化自我是指那些不断探索自我身体，利用设备追踪自身身体情况，记录平时难以观察的数据，以求能更健康地生活的行为，并提出"量化自我"的概念来描述人们的这一行为（Sharon and Zandbergen，2017）。自此，全球掀起了一场轰轰烈烈的量化自我运动，学者们开始关注这一运动。Alexander 等（2017）将量化自我的定义深化为以机器设备捕捉真实事件并将其数字化为可读数据，进以满足人类的需求或辅助人类和计算机进行决策、评估和比较。Dijk 和 Ijsselsteijn（2016）从量化自我的对象出发，注意到了技术对人类事件的量化不应局限于个人，而应该扩展至全社会，关注了量化自我在促进社会联系方面的作用。Lupton（2014）也在注意到量化自我对促进社交联系的作用的基础上，将量化自我实践划分为私人型、公共型、受推动型、强加型和被利用型这五种类型。

量化自我所涉及的范围极为广泛，除患有疾病、关心身体健康或对数据极为痴迷的个人会进行量化自我的实践外，教育、保险、商业、能源以及城市规划管理等多个领域均需要个人数据（Lupton，2016）。例如，Melanie（2009）发现，量化自我可以促使传统医疗保健服务向以患者为中心的新型健康服务转化；刘三女牙等（2016）发现，学习者通过对自己的学习实践进行量化，有助于推动教育信息化及形成以学生为中心的教育理念；李东进和张宇东（2018a）从个体认知差异视角出发，深入研究了量化自我的效应对消费者活动参与行为的心理影响机制；Yang 等（2020）则关注了量化自我数据的社交属性，发现自行车用户在骑行时通过竞争者数据共享可以感知到竞争者存在，并增强骑行的内在动机。

由此可见，量化自我这一活动已经渗入人们生活的方方面面，但当前关于量化自我的相关研究多集中于其运动本身，涉及其社区的研究并不丰富，故而本书将研究视角投向在线 QS 社区这一较为新颖的现象。

综上所述，现有研究对于量化自我做出了积极探索，尤其是在量化自我的本质和作用上有了较为深入的研究，但研究多局限于量化自我的实践方面，并没有上升到意识的高度。

近年来，通过自我跟踪设备和社交媒体平台将个人收集的数据运用于医疗网络已经越来越普遍（Paton et al.，2012），且这种自我追踪的做法会对观察到的行为产生积极影响，如 Fernandez-Luque 等（2017）研究了超重儿童依靠从社交媒体、可穿戴设备和手机中获取量化自我数据以减轻体重的可行性。也有学者探索了量化自我技术在学习以及教育方面的应用，如 Kai 等（2013）发现，移动眼球追踪技术有助于个体对学习活动的认知。就消费领域而言，消费者能够根据监控数据对自己的消费安排进行调整，使消费行为更加理性（Swan，2012），企业也能够利用消费者的量化数据进行精准营销和改善产品设计（Barcena et al.，2014；Shull et al.，2014；Fawcett，2015）。

那么，通过量化自我意识的增强而变得更加自信、兴奋、活跃的消费者是否更加愿意参与到企业的量化社交网络与其他营销活动中？量化自我意识能否提高消费者的社交网络参与意愿？如果能，它的作用机制又是什么？又会受到哪些因素的影响？企业又该如何合理科学地引导消费者量化自我意识，以成功地推广社交网络营销活动？这些问题还需要深入研究和分析。

如前所述，一方面，目前量化自我已经逐渐进入消费者的日常生活并对其行为产生了重要影响，但以往仅有少量研究把消费者量化自我作为研究对象，且主要从健康领域、医学领域和教育领域来分析量化自我数据（Hoy，2016；Paton et al.，2012；Fernandez-Luque et al.，2017；胡德华和张彦斐，2018；朱启贞等，2018），消费者行为领域对量化自我的研究仍处于起步阶段，实证研究更是寥寥无几，仅李东进和张宇东（2018b）结合技术接受理论，分析了各因素对消费者放弃量化自我参与意愿的影响机制；另一方面，国内外关于量化自我的研究主要聚焦于对量化自我这一行为变量的探索，未能深入挖掘其本质特征，即量化自我意识对其参与行为不同维度的影响，如责任行为、人际互动、信息共享等。基于此，本书拟借鉴自我概念理论，从网络圈子特征和消费者人格特质的作用视角，力图厘清消费者量化自我意识的概念和测量，探究量化自我意识对消费者参与量化行为及其他企业营销活动的影响，并深入挖掘其中的作用机理，以期为企业科学合理地引导消费者量化自我、成功推广社交网络营销活动提供指导和服务。

二、量化自我意识

意识是指人特有的一种对内外部刺激做出反应的差异化认知形式（Lysenko，2018），是驱动个体行为发生的基础，消费者只有具备量化自我意识，才可能促使其借助量化工具对自我活动与决策效能进行监测，以增强消费者的自我精准管控和行为理性（李东进和张宇东，2018c）。正如 Kumar 和 Venkateshwarlu（2017）发现具有量化自我意识的消费者对智能手表的购买意愿比那些未曾听说过的往往更积极。结合以上学者关于量化自我的界定，本书将"量化自我意识"定义为消费者想去通过收集、分析、分享关于自我的生理、物理、行为或环境等信息，据此反思和优化自我行为的意识。Fox 和 Duggan（2013）在一项健康跟踪的研究报告中指出，69%的美国成年人会跟踪自己的健康指标，只是对个人数据收集与存储的方式不同。

意识是人对客观现实进行主观加工的结果，且人在意识的驱使下可对外部世界进行有目的、有计划的改变和创造（刘国平和伍洁，2010）。自我意识是意识的重要组成部分，虽然在概念界定上学术界尚未达成一致（王启康，2007），但较为广泛认同的概念是人类个体对自身及其与周围世界关系的心理表征（聂衍刚和丁莉，2009），主要表现为个人实践中的自我体验、自我评价、自我控制、自我调节和自我监督等（高莉等，2010）。学界对于自我意识的信息加工、动机、情感调节、环境和伙伴选择等功能已经达成了较为普遍的共识，与自我有关的信息总是能得到个体的优先处理，个体在认为自己在某一方面有潜力时也会直接推动实践（孙圣涛和卢家楣，2000）。由此可见，自我意识在引导人们的行为方面起着核心作用。

量化自我的概念最早是由美国《连线》杂志主编 Kevin Kelly 和技术专栏作家 Gary Wolf 提出，其认为量化自我如同一面真实的镜子，可以有效地管控自我，从而达到优化自我的目的。后来，量化自我被定义为利用可穿戴设备和传感器技术等方式来收集人们日常生活中不同方面的个人数据，通过探索自我、反思自我而获取自我认知的运动。随着量化自我活动和观念的不断推行，其逐渐成为人们为解决或改善特定的日常生活问题（如提高睡眠质量、减肥等）的一种重要方式，社会也逐渐朝着量化方向发展。

随着信息技术和社交网络的发展，越来越多的人在使用量化工具记录自身数据指标的同时，也开始关注他人的量化情况，量化自我不再局限于个体层面，而向群体性和社会性转变。有学者从个体与社群相结合的视角理解量化自我内涵，将其定义为消费者通过收集、分析、共享自我数据，据此反思和优化自我行为的过程，人们通过在自媒体上共享运动数据可以寻找兴趣伙伴并塑造社会形象，还可以将健康记录与亲朋好友进行数据分享，好友的点赞和信息反馈可以进一步激励个体持续保持健康的生活状态，养成良好的生活习惯。

消费者随时随地追踪自我数据，这种追踪过程更可能唤起消费者的自我认知意识，带来消费者行为方式的改变，而量化自我行为的发生，要求消费者必须具备量化自我意识。意识是人所特有的一种对内外刺激做出反应的差异化认知形式，是驱动个体行为发生的基础。根据以往的相关研究，鲜有学者从消费者行为的角度研究量化自我如何影响消费者活动参与行为，且未能深入挖掘其本质特征，即量化自我意识对消费者参与行为的影响。消费者量化自我意识的逐渐加强，也是消费者参与量化活动及其他参与行为的重要驱动因素。

不难看出，消费者日常进行的量化行动会促使消费者量化自我意识的形成，进而影响消费者行为。意识是指人所特有的一种对内外部刺激做出反应的差异化认知形式，是驱动个体行为发生的基础。消费者只有具备量化自我意识，该意识才会指引消费者通过使用量化工具对自我行为进行监测，通过量化自我能够帮助消费者实现自我管控、自我理性的目的。

结合前述学者关于量化自我的界定，本书将"量化自我意识"定义为消费者想去通过收集，分析、分享关于自我的生理、物理、行为或环境等信息，据此反思和优化自我行为的意识。在量化自我意识的指导下，消费者会参加企业商户组织的热门主题活动，以及研究调查、用户满意度反馈等各式各样的线上参与活动，由此得出的量化自我活动的数据会影响消费者的行为，促使消费者改进和提升自我，实现自我改变与优化提升的目的，使其在以后的量化自我活动中能够获得更好的量化自我数据。

随着新技术的发展，消费者将量化自我的行动带到日常社交、工作、消费领域等情景中，不再局限于健康领域的量化自我。消费者量化自我的领域变得更加开阔。同时，越来越多的人开始追踪和记录自己或是亲人的数据指标，如营养摄入、运动能量消耗等。由于个体之间往往相互关联，量化自我行动开始由单独个体行动向群体互动方面转变。Sharon 和 Zandbergen（2017）认为，相较于个体视角，从群体视角定义和分析量化自我更具普适意义。群体之间相互监督、互助有利于消费者群体持续参与量化自我。

总之，无论是从量化自我领域由小到大扩展来看，还是从量化自我群体由个体向群体转变来看，都反映了这样一个事实：消费者量化自我意识正逐渐普及并得到加强。根据以往的相关研究，鲜有学者从消费者行为的角度研究量化自我意识对消费者参与行为的影响。

第三节　消费者参与行为

一、消费者参与行为的定义

社交网络服务（SNS）用户的活跃行为对社交网站的成功以及社会化商务的发展都至关重要。Lovelock 和 Young（1979）最早界定消费者参与的概念，认为消费者参与是一种提升生产效率的要素，指出不管是在产品生产的过程中还是在产品升级换代的过程中，企业想要得到更高更持久的生产或服务效率，就必须重视消费者在企业生产和创新过程中的参与程度，尽可能地让消费者参与到企业生产中来。刘海（2010）指出，产品开发和设计的新思想主要来自消费者，所以在进行新产品开发时，企业应该足够重视管理好消费者关系，通过将消费者纳入开发活动，企业设计出来的新产品才能更好地满足消费者的诉求，这样的产品开发才是成功的。尽管众多学者从不同的角度对消费者参与行为进行了研究，但消费者参与行为的定义并未达成统一认识。本书通过梳理现有文献，主要是从行为视角或行为状态视角对消费者参与行为的概念进行界定。

基于行为视角，Vivek 等（2012）认为消费者参与是由认知、情感、行为和社会因素组成的，是个人参与和联系组织产品或组织活动的强度。Cermak 等（1994）认为消费者参与的概念是与服务的生产和传递相关的精神和物质方面的具体行为，主要包括物质和精神两个层面。Ennew 和 Binks（1999）认为消费者参与是消费者与服务人员关系互动过程中产生的行为，包括信息分享、责任行为和人际互动三个方面的内容。Doorn 和 Lemon（2010）将消费者参与行为定义为消费者对品牌或企业的行为表现，它包括大量的行为，如口碑活动、推荐、帮助其他客户、撰写博客、撰写评论等，这些都属于消费者参与行为的范畴。基于行为状态视角，Lloyd（2003）认为消费者参与是消费者在服务过程中做出的所有贡献，最终会影响他们所接受的服务和服务质量。金虹等（2016）结合信息传播的特点认为，虚拟网络中的消费者参与行为包括信息分享和信息搜寻两个方面的内容。

综合学者对消费者参与行为的认识，本书的研究发现学者们大多认为消费者参与行为是一个行为概念。基于学者对消费者参与的定义并结合本书的研究特点，本书从消费者角度出发，认为消费者参与行为是指消费者所有与在线企业营销推广活动的行为总和，包括信息搜寻、人际互动、责任行为三个方面，其主要具有以下两个特点：第一，是消费者在线参与活动的各种行为总和；第二，强调的是互动过程中消费者的参与行为。

二、消费者参与行为的维度

在消费者行为研究领域，消费者参与行为是一个复杂且多维度的构念，但学术界对于其具体的维度划分尚未达成一致的共识，部分学者对消费者参与行为维度的划分如表2-1所示。其中，Ennew 和 Binks（1999）基于对银行和小企业的实证分析，提出了消费者参与行为可以从信息分享、责任行为、和人际互动三个维度进行理解。这一划分方式对于后续的研究起到了积极的推动作用，成为学术界广泛借鉴的概念。此外，Silpakit 和 Fisk（1985）认为消费者参与行为应从消费者的精神、智力、实体和情感的努力与投入四个方面来进行分析。学者 Bettencourt（1997）则进一步提出，根据消费者在服务过程中的不同角色，参与行为可以分为忠诚、合作行为、和信息共享三个维度。Claycomb 等（2001）通过实证研究，从消费频率、资讯提供、和合作生产三个角度对消费者参与行为进行了划分。这一研究不仅丰富了领域内的理论体系，也为实践界提供了可行的参考方向。而 Lloyd（2003）将参与行为分为感知努力、任务定义、和信息搜寻三个维度。在此之后，Fang（2004）和彭艳君（2010）也分别从消费行为和消费态度，以及事前准备、信息分享、合作行为、和人际互动等多个方面，对顾客参与行为进行了细致的划分和研究。其中，Fang 特别强调了消费者参与行为具有正式、广泛、长期、和重要的特征。金虹等（2016）则从移动社交网络的角度，将信息分享和信息搜寻作为顾客参与行为的核心维度进行研究。郑晓飞和陈超（2022）基于新零售背景将消费者参与行为划分为交易性参与行为和非交易性参与行为。

表 2-1　消费者参与行为维度划分

学者	维度划分
Ennew 和 Binks（1999）	信息分享、责任行为、人际互动
Silpakit 和 Fisk（1985）	精神上、智力上、实体上和情感上的努力与投入
Bettencourt（1997）	忠诚、合作行为、信息共享
Claycomb 等（2001）	消费频率、资讯提供、合作生产
Lloyd（2003）	感知努力、任务定义、信息搜寻
Fang（2008）	消费行为、消费态度
彭艳君（2010）	事前准备、信息分享、合作行为、人际互动
金虹等（2016）	信息分享和信息搜寻
郑晓飞和陈超（2022）	交易性参与行为和非交易性参与行为

其中，不同学者还根据消费者的参与程度对消费者参与行为的维度进行了划分，如表 2-2 所示。消费者自身特征不同，其参与方式、行为和程度均有不同，而不同之处正是企业商业机会寻找的突破口，企业可以为消费者提供个性化服务并对消费者行为进行正确引导。Mills 和 Morris（1986）根据参与程度将消费者参与行为分为保持互动、任务互动、人际互动三个维度。Hyman（1990）根据消费者的参与程度将消费者参与行为划分为积极消费者、被动消费者、独立消费者以及具有影响的消费者。Hubbert（1995）根据消费者对服务体验的不同感受，将消费者参与行为分为低水平参与、中等水平参与和高等水平参与。Drew（1999）

根据消费者参与的层次水平将消费者参与划分为社会参与、经济参与和政治参与。

表 2-2　消费者参与行为维度划分

学者	维度划分
Mills 和 Morris（1986）	保持互动、任务互动、人际互动
Hyman（1990）	积极消费者、被动消费者、独立消费者以及具有影响的消费者
Hubbert（1995）	低水平参与、中等水平参与和高等水平参与
Drew（1999）	社会参与、经济参与和政治参与

在服务传递的语境下，服务本质上是无形的，其价值通常与消费者的心理活动和参与程度有关。在线企业营销推广活动的有效性在很大程度上要求更高的参与程度（Ennew and Binks，1999；Mattila and Wirtz，2000）。为了深化这一观点并适应本研究的特定背景，借鉴 Ennew 和 Binks（1999）对消费者参与行为维度的分类，本书将消费者参与行为分为三个主要方面：信息搜寻、人际互动和责任行为。再进一步地结合消费者参与程度，将消费者参与行为划分为两个不同的维度：主动参与和被动参与。主动参与可以视为一种高度的消费者参与行为，它涵盖了信息搜寻和人际互动两个方面。这些行为通常是自发性的，包括但不限于主动搜寻相关信息、传播这些信息以及与企业或其他消费者进行互动等。这些都是在整个服务传递流程中不是绝对必要但确实有助于提升服务体验的行为。相对而言，被动参与是一种较低水平的消费者参与，仅涉及到责任行为这一个方面。在这种情况下，消费者更多地被视为服务流程中的"兼职"或"半职"员工，他们执行的行为通常是为了完成服务流程而不可或缺的。这种参与通常是被动的，因为它是服务流程的一个必要组成部分。

（一）信息共享

在互联网技术的快速演进背景下，网络已深刻地渗透到人们日常生活的各个方面。在这一发展轨迹中，"信息共享"不仅崭露为网络参与和使用的核心机制，也逐渐成为构成社会和企业价值的重要因素。该概念的重要性进一步被社交网络的广泛应用和普及所放大，同时也吸引了学界的广泛关注和深入探讨。

从学术角度来看，信息共享的动机和影响因素已经形成了一个丰富而多元的研究领域。Rioux（2004）是最早在网络环境下探索信息获取与共享理论的学者。他认为，信息共享是指网络用户发现有价值且能够引起他人关注的信息，并主动将其分享给其他人的行为。这一理论体系不仅揭示了信息共享的本质特性，也为后续研究提供了可借鉴的理论框架。Jar-Der 和 Meng-Yu（2015）从个体、情景两个方面就专业虚拟社区中对信息共享行为产生影响的因素进行了全方位研究，指出个体因素涵盖了感知有用性以及相对优势等，情景因素涵盖了互惠规范、人际信任两大层面。Wasko 和 Faraj（2004）在虚拟社区知识分享的研究中指出，"提高声望"是促使人们进行信息分享的重要因素，当分享信息的行为能帮助自身在社区中提高声誉和名望时，会更倾向于分享信息。章隐玉等利用使用与满足理论进行了模型构建，研究结果表明，自我认同和社会交往是影响微信共享行为的重要影响因素。辛本禄等（2021）基于资源基础理论和吸收能力理论发现，信息共享在消费者参与和员工服务之间存在中介作用，员工与消费者之间的人际互动会促进消费者进行信息共享，便于企业了解消费者对产品和服务的评价以及消费者的偏好等重要信息。杨晶等基于在线品牌社区情境研究了消费者参与对消费者购买意愿的影响，研究结果表明，消费者的信息共享有利于消费者提高认知性社区认同以及情感性社区认同。范钧等发现，消费者的信息共享对消费者选择权、知情权、影响力能产生正向影响。

综上所述，在网络环境中，自我认同与社会认同都是影响用户信息共享意愿与行为的重要因素。移动社交网络给用户提供了更多的机会去表达自我，用户也能够通过移动社交网络来构建自我。当用户的自我认同感强时，他们就愿意通过移动社交网络进行信息共享；或者说如果用户具有建构自我认同感的愿望，用户就会愿意在移动社交网络中分享自己的知识或者提出自己的困惑，以实现自我认同和集体归属的目的。社会认同会影响用户的知觉、态度及行为。用户清楚自己所属的社会群体，有研究表明，在移动社交网络背景下，用户喜欢在社交网络中分享自己的知识，通过这种方式来获取同类群体的认同和赞扬。当用户希望获得较高的社会认同时，则愿意通过信息共享来获取社会认同感。用户在社交网络中的信息共享行为会增加用户与他人之间的社会交往，更利于用户获取社会认同。因此，自我认同和社会认同会促进用户信息共享的意愿与行为。

1. 信息获取行为

信息获取行为是指用户出于获取信息的目的，从在线社区中搜索对自己有用的信息，从而满足自己的需求的行为。当前有关信息获取行为的研究集中于信息搜索行为，健康信息搜寻行为、消费者信息搜寻行为、知识信息搜寻行为等领域的相关研究较为丰富（Yan，2013；Dutta and Das，2017；Dan et al.，2018；谭春辉和任季寒，2022）。如 Jun 和 Park（2016）通过将商品进行分类，实证研究了互联网搜索与不同类型产品购买之间的相关性；赵烨等（2018）发现，网络用户电子健康素养正向影响其健康信息搜寻行为，包括搜寻健康信息的渠道数量和对网络健康信息持有的态度两个方面的影响。

在信息获取行为的影响因素相关研究中，Jin 等（2015）发现，消费者特征包括归属感、感知风险、价格敏感度均对其在移动社交网络上的信息搜索行为存在正向的影响；侯琬娇和杨子刚（2019）基于扎根理论构建了居民健康信息搜寻行为影响因素模型，发现个人因素可直接影响该行为，而社会环境因素通过调节个人因素对该行为产生作用；Flavián-Blanco 等（2011）研究了用户情绪对其搜索行为的影响；刘冰和鲁庆碧（2018）发现，科研用户的学术信息搜索行为受到信息、网站系统、服务、用户等一系列内生因素和外在因素的综合作用。可见，学者们较认同用户的信息获取行为会受到内生因素和外在因素的影响。内生因素主要包括用户的认知需求和动机。当用户认知需求高时，会更加主动地去寻求信息，在信息搜索过程中表现出一种持续的探索行为；当用户认知需求低时，则表现出对他人的依赖，被动地接受信息。动机是用户进行信息搜索的原始动力，是在任务的激发下产生的信息搜索行为，主要包括效用价值、成就价值、享受价值以及相对成本等。其中前两种价值会激发用户的理性信息搜索行为，后两种价值会激发用户的非理性信息搜索行为。外在因素如任务情境，用户会基于任务情境而进行信息搜索行为。不同任务情境对用户的信息搜寻行为有不同的影响，在复杂而重要的任务情境下，用户的压力更大，用户的信息搜索行为更加偏于理性；而在简单的任务情境下，用户更加轻松，用户在进行信息搜索时表现出更多的非理性行为。

2. 信息贡献行为

信息贡献行为指的是用户在在线社区内将自己的观点、掌握的知识传递给接收者的行为（Sharratt and Usoro，2003），常被称为"信息共享行为""知识共享行为""知识分享行为"等（王刚，2017）。当前有关信息贡献行为的研究多为用户信息贡献行为的影响因素研究。

在信息贡献行为的影响因素相关研究中，Liou 等（2016）发现，信息贡献的愿望直接影响信息共享行为，并在网站/成员的信任与信息共享行为之间起着重要的中介作用。Keshavarz（2021）通过对德国的图书管理员的研究发现，信息服务中人的信息素养能力对知识共享行为有显著的正向影响，且人格因素可通过信息素养能力间接影响知识共享行为。蒋知义等（2020）发现，除去主观因素自我效能会对在线健康社区用户信息共享意愿及行为产生影响外，客观因素如表示信息环境因素的交互氛围以及表示信息技术因素的技术促进性和技术安全性也能对在线健康社区用户信息共享意愿及行为产生积极作用。可见，学者们同样意识到了用户的信息贡献行为会受到内生因素和外在因素的影响。内生因素如用户的年龄，随着用户年龄的增长，用户对社交网络也表现出一定的不信任，会减少用户的信息贡献行为。外生因素如信息技术的安全性，用户感知到风险会降低用户的信息贡献行为。

（二）责任行为

责任行为是指用户和服务提供者在参与过程中都需要承担相应的责任和义务，在二者互动的过程中，不仅服务提供者需要对活动和监控承担责任和义务，用户同样也需要承担责任和义务。双方在参与过程中要明确各自的角色并履行相应的职责。责任行为能够在用户与服务提供者之间建立熟悉感，从而形成信任。Groth（2005）研究虚拟社区时把消费者参与行为划分为角色中的行为和角色外的行为，其中角色中的行为就是指消费者的责任行为，如接受承诺和注册提供信息。耿先锋（2008）发现，在医疗服务中消费者责任行为指消费者在接受企业服务的过程中需要履行的责任和职责，消费者的责任行为是消费者最基本的义务。彭艳君（2010）把消费者的责任行为称为消费者的合作行为，是消费者在服务提供中要承担的责任和义务。消费者也是服务类产品的重要生产者，部分的服务产品内容需要由消费者亲自完成，如美发服务业中消费者和理发师的合作就是一种消费者的责任行为，也叫作合作行为。赵晓煜和孙福权（2013）在服务企业的消费者教育对消费者参与行为的影响研究中指出，消费者的责任行为是指消费者在掌握服务和产品知识的过程中了解自己在参与过程中的角色和需要承担的职责，同时遵守相应的行为规范。他们指出，责任行为要求消费者首先掌握一定的技能，对消费者进行教育可以有效地改善消费者的责任行为。胡孝平和李玺（2017）在研究消费者心理授权、消费者参与行为与消费者推荐关系时提到，要通过对内外部消费者进行教育和引导，以此来激发消费者的责任行为。孙乃娟和李辉（2017）提出消费者的责任行为分为主动责任行为和被动责任行为，消费者责任行为比简单的信息交流对消费者的信任和移情有更强的促进作用。

因此，消费者的责任行为依然受到内部因素和外部因素的影响。消费者对其在移动互联网中所承担的责任和职责的认识是消费者责任行为的基础，同时也要重视消费者教育，让消费者自身意识到在整个服务过程中需要履行的基本责任和义务，当消费者对责任行为产生认知时，有利于激发消费者主动责任行为。消费者在量化自我社区或移动社交网络中往往会表现出积极的责任行为，消费者通过量化自我意识的产生进而达到更为理想的自我，消费者的量化自我意识会让消费者产生责任行为。此外，可以通过消费者教育的方式，提高消费者做出责任行为的能力。

（三）人际互动

人际互动是消费者与消费者之间，消费者与服务者之间，即社会化网络社交各参与方之间的相互交流和相互影响。人际互动可以改善各参与方的沟通交流，通过消费者进行口碑传播，有利于建立消费者和服务者之间的情感共鸣。人际互动是消费者为了满足自身情感需求和社交需求而进行的互动。Ennew 和 Binks（1999）指出人际关系因素包括信任、可靠、支持、合作配合和承诺等多种因素。Hong Zhang 等（2014）指出在人际互动中得到互动情感满足和他人理解与支持的消费者会表现出积极的消费者参与行为。Nambisan 和 Watt（2011）指出人际互动是消费者在量化自我社区和移动社交网络中最基本的消费者参与行为之一。Nambisan 和 Watt（2011）、黄敏学等（2015）提出，消费者通过人际互动可以提高其在他人眼中的形象，从而改善与他人的人际关系。王永贵和马双（2013）在研究虚拟品牌社区消费者互动的驱动因素时发现，消费者的社会认同正向调节消费者人际互动与消费者满意之间的关系。张静等（2022）在研究社会化商务中消费者互动对消费者品牌契合的影响时发现，消费者通过人际互动获得功能价值、情感价值和社会价值，从而有利于形成品牌契合。

因此，人际互动是判断消费者参与意愿和水平的重要指标。消费者通过参加人际互动来满足其社会需求。为了促进消费者的人际互动，增加消费者参与行为，企业需要以消费者为主体，建立相应的人际互动机制，建立便于消费者进行人际互动活动的平台，通过与消费者多沟通交流，建立与消费者之间的情感联系，从而赢得消费者的信任。从消费者量化自我意识的视角来看，消费者量化自我意识促进消费者产生人际互动，能够帮助消费者缩小现实社会自我和理想社会自我的差距，从而实现理想社会自我。

三、消费者参与行为的驱动因素

现有很多文献都涉及消费者参与的问题，研究从不同的视角探讨影响消费者参与行为的因素。Zeithaml 等（1996）、Bagozzi（1986）均认为，消费者会出于互惠互利的动机而积极向企业提供有用的信息和建议。文化和价值观对消费者参与活动有直接的影响，组织的社会化也是决定消费者参与行为的基本因素之一（Lloyd，2003；Claycomb et al.，2001）。耿先锋（2008）以医疗服务行业为例验证了物质因素、心理因素、参与者个性特征、参与者技术成熟度、环境因素五个方面对消费者参与行为的影响。汪涛等（2009）基于心理账户理论探讨了消费者参与行为中消费者利益感知和损失感知的作用机制。Gutiérrez-Cillán 等（2017）在探索品牌发布内容如何促进用户参与品牌页面时指出，成员积极参与虚拟社区的原因是源于他们在社区内的关系史所衍生出的经验价值。Van Doorn 等（2010）认为，消费者参与行为超越了购买，是由动机因素驱动的。Bateson（1985）认为，通过参与服务过程获得的心理和行为上的感知控制是消费者积极参与的重要动机，而心理层面的动机是激发消费者参与的重要内容。金虹等（2016）基于移动社交的环境分析认为，信息的娱乐性因素、即时性因素、互动性因素对消费者参与行为具有显著的正向影响。

因此，消费者参与的驱动因素总体可概括为物质层面和精神层面两个层面。物质层面上的因素如获得产品和服务利益、避免由网络中不确定因素带来的风险、物质激励等，精神层面因素如通过消费者参与能够获得娱乐性、人际关系改善等。

第四节 自我概念理论

自我概念理论最早由美国心理学家 James（1890）提出，他认为，人类具有将自身看作客体进而发展自我感觉并形成自我态度的能力。James（1890）认为，人的自我概念包括物质自我、精神自我、社会自我以及纯自我四个方面，自我概念与社会心理之间的关系是确定自我概念理论结构和内容的重要基础。自我概念在不同的领域有不同的解释，如精神分析领域把自我概念理论看作是一个由冲突造成的自我系统，认知科学领域认为自我概念理论是自我处理与自身相关信息的概念系统（Sirgy，1982）。

在消费者行为领域，自我概念（Self-Concept）是指个人将其本身作为一种客观对象所具有的所有思想和情感的总和，是个体的自我感知或情感指向（Malhotra，1988）。自我概念理论不仅包含人们看待自己的方式，还包含人们如何评价自己和希望自己是怎样的认知。Sirgy（1982）进一步拓展了自我概念理论，并将其分成现实自我与理想自我、现实社会自我与理想社会自我（Sirgy，1982，1985）两个层次来展开研究。现实自我（Actual Self-Concept）是个体对目前自身状态的感知，即个体认为自身现在处在何种状态或阶段中；理想自我（Ideal Self-Concept）是指个体所期望的某种状态，即个体希望自己成为什么样的人；现实社会自我（Actual Social Self-Soncept）是指个体在他人眼中的真实状态或形象；理想社会自我（Ideal Social Self-Concept）是指个体期望他人如何看待自己。自我概念理论对消费者行为具有重要影响，消费者为了实现理想的自我或维持现实自我，会对与现实自我相一致的产品以及能够促进实现理想自我的产品或品牌进行消费，并表现出与自我概念相一致的行为（Sirgy et al.，2004）。自我概念理论认为，消费者通过对自我感知而形成现实自我和理想自我（Sirgy，1982）。从自我概念理论的视角上看，个体量化自我数据的呈现实质上反映了其对现实自我的感知，而个体对自身数据的分析、思考则代表了其对理想自我的追求。为了维持现实自我或实现理想自我，消费者会选择继续参与量化行为或其他社交网络活动，进而优化自我、提升自我行为（Swan，2013）。换句话说，消费者正是因为感知到现实自我与理想自我的差距，为了弥补这一差距，才选择进行量化自我以优化自我行为，从而向理想自我靠近以实现理想自我这一目标。他人对自我的看法和消费者想在他人眼中形成的形象也是消费者参与群体层面量化自我的动机之一。消费者为了展现给他人一个良好的自我形象，从而利用量化自我来减少现实自我与理想自我的差距。消费者参与群体层面的量化自我能够展现一种积极、健康的正面形象并获得社群认同（Crawford et al.，2015）。那么现实自我与理想自我的差距对消费者量化自我意识的影响有多大呢？现实社会自我与理想社会自我的差异是否有助于消费者群体量化自我意识的提升并促进其参与行为呢？这种影响又有多大呢？现有的自我概念理论未对网络环境中消费者量化自我意识的作用机制进行深入探讨。因此，本书将借鉴自我概念理论的视角，来探讨在移动社交网络中消费者量化自我意识的形成及其对消费者参与行为的影响。

一、自我了解

自我了解是个体对自己的兴趣、需求、能力、性格、价值观、信仰等内容的清晰程度和稳定程度。消费者的自我了解越清晰、稳定程度越高，越有利于消费者在网络环境中表现出更加理性的消费者参与行为。消费者的参与行为需要和消费者对自我的了解保持一致性。张昱（1993）从心理学的角度出发，指出消费者的意识会影响消费者购买行为。卢欣欣等（2021）指出，自我了解的维度包含了为情感、观点、价值观发生戏剧性转变和缺乏对自己的了解。消费者常常按照自我概念进行移动社交网络中的消费者参与行为。消费者对自我的了解越清晰，越能促使消费者积极寻找符合自己的相关产品和品牌，并使其认为某一品牌或产品是自己能力之内能够承担的、符合自己的需求、符合自己的身份地位、彰显自己的品位等，也就是说，消费者基于自我了解量化自我，将自己归为某一类群体，从而积极寻求与同类群体中其他成员在消费者参与层面的互动，具体表现为参与符合自身兴趣、需求、性格、能力、价值观及信仰等层面的信息共享、责任行为的人际互动。此外，消费者的自我了解也会影响消费者的参与程度。消费者对自我现实状态、自我期待状态的了解能够帮助消费者获得满足的参与。

现实自我与理想自我存在差异表示没有达到自己的理想状态，反映了消费者

"积极的结果没有出现"的消极心理情境，这种消极心理更容易调动消费者的自我努力，以降低由此带来的认知失调导致的心理不适。当消费者经历现实—理想自我差异越大时，消费者越会有意识地想要改变自我，量化自我意识得以增强进而使消费者优化自我行为向理想自我靠近。同理，在社群交往中，消费者感知到社会自我—理想社会自我差异越大，为了提升自己在他人心目中的形象，其量化自我的意识可能越强。

因此，消费者通过量化自我意识形成对自我的了解，能够从消费者参与行为的各个维度促使消费者产生积极的参与行为。企业要充分挖掘消费者心中的自我，激发消费者想要实现理想自我和现实自我的动机，实现消费者眼中的自我与他人眼中的自我的一致性，如此激发消费者的参与动力。消费者参与也是消费者了解自我的一种好方式。基于自我概念理论，有学者提出，消费者会通过消费行为来了解和认识自我，即消费者会通过购买的产品和服务来认识自己是一个怎样的人。消费者的参与行为不仅向他人展示了自己的内在特质，也能让消费者认识到自己。

二、自我评价

自我评价是消费者对自己的认识和评价，包括消费者对其能力、状态以及未来发展趋势的认识和评价。自我评价作为一种重要的个体评价方式，可以促进个体的自我发展、完善，从而影响消费者的人际交往方式。消费者的自我评价使消费者对自己的思想及行为进行控制和调节，让自己更有个性。自我评价包括消费者积极的自我评价和消极的自我评价，会引发消费者的积极情绪或消极情绪。金盛华（1996）认为，自我是自我评价中的主体和客体。自我评价作为自我概念的一部分，当人们有了自我意识之后，就会出现自我评价，会对自己的能力、状态以及未来发展趋势进行评价。因此，消费者进行自我评价的前提是消费者要有自我意识。何云峰和胡建（2007）详细地阐述了自我评价的功能——自我功能和社会功能。其中，自我功能包括自我发展功能、自我实现功能以及自我完善功能；社会功能影响着社会中人与人之间的人际交往方式，以及社会中人的价值观和人生观的合理程度。Mather 等（2000）认为，消费者的自我评价决定了他们的态度。消费者态度的不同决定了消费者行为的不同，也就导致了不同的人际关系。彭茂莹等（2018）发现，在内隐自我概念里，男性的品质自我评价对其外显自尊的预测作用大于外貌自我评价对其自尊的预测作用，而女性只有外貌自我评价可以显著预测其外显自尊水平。在量化自我社区和移动社交网络中，无论从个体还是从群体层面，消费者都会做出一系列行为去弥补现实—理想自我差异和社会自我—理想社会自我差异，从而获得自我认同与社会认同。量化自我意识会影响消费者行为态度的改变，信息共享可能是消费者达到理想自我与理想社会自我的方式之一。

因此，如果消费者能够在产品或服务中找到和消费者自我评价相符合之处，消费者则会更加积极主动地参与该产品或服务中的信息共享、责任行为以及人际互动。对于企业而言，要引导消费者进行积极的自我评价，拥有积极自我评价的人会更加认可自己，相信自己的能力，产生积极的情绪，进一步产生积极的消费者参与行为。

三、自我提升

自我提升是指个体希望从他人那里寻求可以提高其自我形象和地位等的倾向。在网络社交媒体下，消费者有了更多的机会在线上发表评论，并且发表的评论可以长时间地存在于网络社交平台上。Vecchione 等（2013）指出，自我提升也被称为自我提高或者自我加强，指的是个人的一种心理动机——建立和保持积极的自我概念。孙乃娟和郭国庆（2016）在研究消费者承诺、自我提升与消费者公民行为时发现：高自我提升者履行消费者公民行为主要是出于印象整饰的需要，而低自我提升者履行消费者公民行为主要是出于互惠回馈的需要。也就是说，高自我提升水平的消费者出于可计算利益会进行积极的消费者参与行为，如信息分享、主动帮助他人，从而提升其自我形象。自我提升水平较低的消费者在进行消费者参与行为时会受到经济价值、趣味性价值、审美价值等整合价值的影响。

因此，企业要激发消费者的自我提升需要，从而激发消费者的参与行为，消费者在参与过程中更容易与企业和品牌产生情感联系，提高消费者购买行为。自我提升动机强的消费者会更加积极地呈现自我，也具有更加强烈的自我服务意识，更愿意在网络社交平台中进行信息分享、责任行为以及人际互动。

第五节　人格特质

本书研究情境下的另一个关键变量是基于消费者个人内在层次的"人格特质"。人格特质是一个大家非常熟悉而又陌生的概念，它可以理解为个人全部特质组成的综合体。人格特质可以用来揭示个体的行为规律以及解释不同个体对同一现象反应不同的原因，这种差异性会对个人的经历和行为方式产生重要的影响（Llewellyn and Wilson，2003）。

目前，学术界对人格特质还未形成统一明确的划分，使用较为广泛且受到学者普遍认可的是 McCrae 和 Costa（1987，1997）提出的大五人格模型。

人格特质的相关文献主要集中在心理学领域（Soubelet and Salthouse，2011；Givens et al.，2009；Perkins and Corr，2006；Boelen and Reijntjes，2009）。还有不少学者对人格特质与工作绩效之间的关系进行了探索发现，不同人格特质的个体对工作的满意度也有所差异（Tett et al.，1991；Mount and Barrick，1998）。

人格特质不仅在心理学领域流行，在消费者行为领域也逐渐受到关注。张云秋和张悦（2019）发现，外倾性和责任性对用户网络健康信息搜索行为具有明显的促进作用。此外，还有不少研究发现，人格特质与消费类型有密切的联系。如在冲动消费类型中，外倾性和责任性是与冲动消费联系最为紧密的两种人格特质（邓士昌和高隽，2015）；在强迫式消费类型中，开放性对强迫式消费没有显著影响，神经质起促进作用，而宜人性和责任性起抑制作用（Otero-López and Pol，2013）；在娱乐式消费类型中，宜人性、责任性、外倾性和神经质与生态旅游消费呈正相关，开放性与生态旅游消费之间没有显著的关系（Kvasova，2015）。

然而，已有研究成果对移动互联网及社会化媒体等新兴网络环境下的消费者人格特质的研究深度明显还不够。目前，关于移动社会化网络中消费者个人的人格特质对量化自我意识与参与行为的影响机制的理论与实证研究，有待进一步深入挖掘。

处于移动社会化网络且互相联系的人们具有的不同人格特质也会对他们的自我量化意识产生不同的影响。本书将人格特质纳入影响消费者量化自我意识的重要因素，充分尊重了人作为主体的主观能动性，也进一步为我们揭示了消费者参与行为的内在机制。

一、外倾性

大五人格模型的某些维度在理论上比其他维度更为发达。其中的外倾性（Extroversion）更常见，不仅在于其对社会关系的重要性，而且在于学者们已经从众多理论视角来解释外倾性的影响机理。外倾性是活跃外向的人的特征，他们通常善于交际、健谈且果断，McCrae 和 Costa（2003）断言外倾性包含合群、自信、热情、活跃、寻求刺激和积极情绪六个方面。尽管大五人格模型自问世以来被众多学者讨论并改进，外向性的子成分仍然可以归纳为健谈、大胆、自发、善于交际、强势和精力充沛，这些方面足以代表大多数理论（McCabe and Fleeson，

2012）。

鉴于具有外倾性的人更加拥有同他人交流的倾向，起源于心理学的外倾性也受到了消费者行为研究领域的学者们的关注。周志民等（2014）主要针对外倾性这一人格特质展开了探索，研究发现与内倾性人格特质相比，外倾性人格特质更易促进成员形成情感网络中心性，驱动成员知识分享行为。同样地，Itani 等（2020）认为，外倾性也与消费者参与呈现正相关的关系，消费者越外向，他们就越热衷于分享信息、经验和提供反馈，这对企业制定和实施营销战略至关重要。除了向他人进行辐射，相较于更倾向于表达隐藏的自我的内倾性，具有外倾性的个体在使用社交媒体时更愿意进行真实、引人注目的自我表达；而不同性别的人对外倾性的自我表达也是有差别的。不仅个人的外倾性对消费者行为具有重要影响，当处于一种高外倾性的文化氛围中时，面对纷至沓来的信息，消费者更可能依赖人际信息来源，这有助于口碑营销作用的精准发挥（Seidman，2013；Hamburger and Ben-Artzi，2000；Mooradian and Swan，2006）。

根据现有相关文献所述，具有高外倾性的人更愿意参与知识分享行为且会与他人保持积极的互动，所以本书认为，外倾性人格特质会调节消费者量化自我意识与消费者参与行为之间的关系；并且相较于内倾性，外倾性个体的量化自我意识对消费者参与行为的促进作用更大。

二、开放性

开放性人格具有广泛的兴趣，崇尚自由，体现出高原创性、想象力等特点。具有高度开放性的个体对内部和外部世界保持高度好奇，愿意考虑新的想法和接纳非传统价值观，进行新的尝试；相较于低开放性，高开放性的个体也更能敏锐地感受到积极和消极的情绪（Costa and McCrae，1992b）。开放性在传统概念中的一种理解是作为认知能力，常用"聪明的""感知的""知识渊博的"和"善于分析的"来形容该特质，开放性个体对广泛经验的兴趣可以理解为他们具有属于认知能力的信息处理能力，五种人格特质中只有开放性与智力和其他认知能力的心理测量指标呈正相关关系（Robert et al.，1997）。因此，开放性个体应该特别热衷于学习，也应该沉浸于体验式购物，包括转移注意力、自我满足和感官刺激（Mooradian and Olver，1996）。

Kurt Matzler 等（2008）证明了开放性与知识共享有关，个人在高开放性的团队中会扮演获取和传播知识的角色。开放性作为个人好奇心和独创性的反映，也可以作为寻求他人见解的预测因素；好奇心在社会化情境下对消费者的情感和认知过程会产生积极影响，驱动消费者购买决策的制定和购买意向的产生（高琳等，2017）。开放性的个体也愿意尝试新事物，发挥出创造力、适应性和参与度，因此，高开放性的个体也更拥有参与共创体验的意愿（Cabrera et al.，2006；Jin-young et al.，2021）。通过参与新体验和提出新想法，开放性又反过来对灵感产生积极影响，从而使个体产生购买或使用新产品的冲动（Thrash and Elliot，2004）。

和外倾性一样，开放性特质与以创新著称的领先用户相似，两种特质都会增加个体参与新产品开发的价值共创意愿，提供创新潜力（Guzel et al.，2020）。可穿戴设备作为新兴技术支持下的产物，高开放性的消费者为了满足好奇、追求兴趣对新产品具有尝试的意愿，鼓励和维持高开放性消费者的好奇与参与是企业新品营销需要重点考虑的策略。量化自我作为互联网技术下的一种新型运动方式，为个体认知自我、探索自我提供了全新的方式。对于新事物充满好奇和敢于冒险挑战的开放性个体尝试量化自我的意识更强，并会更愿意参与企业的量化活动。相反，低开放性个体更倾向于保守、内向，不会主动积极地参加各种活动（Costa and McCrae，1992b）。因此，本书提出开放性人格特质将会调节消费者量化自我意识与消费者参与行为之间的关系，与低开放性人格相比，高开放性个体的量化自我意识对消费者参与行为的促进作用更大。

三、宜人性

宜人性人格容易与他人合作相处，表现出信任、宽容、温和等特性。由于宜人性被视为亲社会性的主要特质决定因素，亲社会行为是个体社会化的重要组成部分，也是一种普遍的社会现象，所以对宜人性的评估对比其他人格特质的评估可能更具全球性、影响力和扩散性。与不太合群的人相比，宜人性的个体表现出愿意牺牲自己的私利，以利于他人，倾向于对人际冲突做出建设性的反应，在团队任务中进行合作，表现出自我控制，并表达对他人的积极看法（Graziano and Eisenberg，1997；Caprara et al.，2012）。

同为具有和他人交流并产生联系倾向的人际方面的特质，宜人性与外倾性都涉及社会互动，不同的是外向性涉及社会影响，如对地位的追求（Barrick et al.，2002），而宜人性涉及与他人保持积极关系的动机（Campbell and Graziano，2001）。因此，宜人性的个体是渴望关系和睦、社会和谐的，会为了他人或社会的利益而努力，在社会网络中发挥重要作用。社会网络对个体在学习社区的知识共享有支持的作用，宜人性的个体在其中具有网络中心性的地位，且宜人性的利他动机也会使个体更愿意在线与陌生人分享经验或答疑解惑，从而促进知识共享（Chang Bo.，2022；Kurt et al.，2008；Connor Wood，2017）。同样地，Marbach

等（2016）构建了在线客户参与的框架并验证了宜人性会促进用户进行在线参与；相反地，低宜人性则更加注重自我、依靠自己，将在线参与视为时间上的损失，因此不太愿意参与在线互动。

宜人性已成为衡量个体是否值得信任或乐于助人的指标。目前，有数百万用户正在使用社交媒体、移动技术和可穿戴设备对日常生活的各个方面进行跟踪、检测，量化自我已经成为当下的一种趋势（李东进，2016）。在这种情境下，高宜人性个体在与他人交往的过程中能够更真实地表达自我（McCrae and Costa，1987），也更愿意向他人分享自身知识（Jadin et al.，2013），从而促使其愿意更多地参与企业量化活动。因此，高宜人性用户也是企业制定消费者参与行为策略时需高度关注的群体之一。

综上所述，本书提出，宜人性人格特质会调节消费者量化自我意识与消费者参与行为之间的关系，与低宜人性人格相比，高宜人性个体的量化自我意识对消费者参与行为的促进作用更大。

四、责任性

责任性是指顺从社会规定和控制冲动，包括有序（有准备、有计划）、勤奋（努力工作，追求卓越）、自我控制（抑制冲动）和责任（遵守对他人的承诺和规则）四个主要领域（Roberts et al.，2014），因此责任性人格更为谨慎、做事非常努力，讲究组织原则，是值得信赖和可靠的。但是高责任性也并非一定会有积极的表现，张凯亮等（2022）揭示了各种人格特质对社交网络用户自我披露的作用，高责任性用户面对不确定的、陌生的网络环境时，更容易产生警惕心理，更加关注隐私，从而与自我披露水平呈现显著负相关的关系。而当责任性个体面对压力时，责任性又是一把"双刃剑"，既能提升表现，又会加剧个体对压力的反应（Lin et al.，2009）。

尽管责任性在不同情况下具有不尽相同的作用，但是在知识共享和信息分享方面，责任性都表现出了积极影响。其一，知识共享作为组织公民行为的一种形式，需要个体遵守规则规范，这同样也是责任性的表现，所以责任性能够正向影响知识共享（赵君，2013）；其二，相较于低责任性个体——往往会隐藏在人群中直接避免或不情愿地参与，高责任性个体会将在线评论的信息分享视为整个交易的一部分，高度认真地提供在线评论，进行高质量的消费者参与，因此责任性对在线评论意愿会产生积极影响（Sergio et al.，2010）。

同理，有责任心的人更有可能公开地寻找信息以确保高绩效，他们会将信息收集视为成功过程的一部分（Myers et al.，2010）。因此，高责任性个体擅于亲力亲为地进行每一项活动，并全程认真谨慎地投入其中。量化自我作为一个探索自我的过程（Swan，2009b），需要个体亲身进行体验才能获得对量化自我的认知。一方面，由于高责任性人格个体更加自律，他们更有可能通过参与量化自我从而帮助其重塑自我知识、改善自我行为（Crawford et al.，2015；Ruckenstein and Pantzar，2017）。另一方面，具有较强责任心和社会意识的高责任性个体会发挥其在群体中的领导和组织者的角色作用，进而鼓励其他成员也积极参与到企业的量化活动与其他营销活动中。研究表明，那些拥有高责任性的个体更有可能成功地在商业上推广他们的创新，相反地，责任性降低了个人对个人推广的可能性（Ruth et al.，2016）。过于轻松、随意的网络或社区氛围可能对于认真、顺从的人来说是不大适宜的，这也对试图营造良好消费者参与氛围的企业提供了启示，企业可以设计更为有序的进入开放社区的方式，以鼓励责任性个体发挥他们的创新能力，使他们收获舒适的体验以促进其自发行为，从而更好地参与量化活动和进行消费者参与。

综上所述，本书提出责任性人格特质会调节消费者量化自我意识与消费者参与行为之间的关系，与低责任性人格相比，高责任性个体的量化自我意识对消费者参与行为的促进作用更大。

五、神经质

神经质的常见特征包括焦虑、抑郁、愤怒、尴尬、情绪化、担忧和没有安全感，它反映了个体在经历消极思想和感受倾向上的差异（Barrick and Mount，1991；Adam et al.，2015）。神经质人格的个体容易出现消极的情绪性，倾向于体验各种负面影响，如焦虑、抑郁、愤怒、尴尬、不安全等。Major 等（2006）发现，神经质同学习动机呈负相关关系，易焦虑、抑郁的人积极寻找新的学习机会的可能性较小，缺乏主动性。除了焦虑，脆弱也是神经质的主要因素之一（Hill et al.，2020）；高神经质个体在做决定时往往会过于谨慎，为了寻求安全感所以厌恶风险，不太适应新变化，面对外部压力时更脆弱，也更容易情绪化。

神经质和外倾性是大五人格模型中研究最为广泛的两个特质，关于神经质的研究结论目前也尚未达成一致。Minas 等（2014）将外倾性与神经质进行了比较，外倾性个体认为线下活动有益，很自然地会将线上作为线下社交生活的延伸，也就更倾向于在线上表达真实自我；而神经质个体因过于情绪化可能会在线下社交中遭遇困难，因而更喜欢在交互形式多样（如匿名聊天、聊天室等）的在线互动中表达真实自我，即有策略地进行自我表达。然而，Tuten 和 Bosnjak（2001）发现，大五人格模型中开放性和神经质与互联网使用的关联最大，神经质与互联网使用呈现负相关的关系，其中包括上网获取产品信息、学习和教育的行为；同样，Cullen 和 Morse（2011）也认为，高神经质个体不太可能在网络社区中活跃，在线分享意愿较低。张凯亮等（2022）将自我披露水平分为几个子维度，深入研究了神经质与自我披露水平的关系，结果得出神经质因对隐私、风险的高敏感度与自我披露整体水平呈显著负相关关系；而神经质与自我披露水平子维度之一公开发布微博的比例呈显著正相关关系，这可能是因为神经质个体敏感、情绪化的特点导致其不愿在现实中满足社交需求而是愿意在社交网络上满足社交需求。

量化自我是个体对自身生理、行为或周边环境等数据信息自我追踪的过程（Melanie，2013）。在这一过程中，高神经质个体会更加关注个人隐私信息的安全问题，时刻担心自身数据的泄露，从而避免参与企业的量化活动。然而对低神经质人格的个体来说，他们对量化行为可能涉及的自身数据的披露并不敏感，因此可能不会考虑到量化自我所带来的隐私风险。新技术常常会应用于量化自我活动，神经质的个体很有可能将新技术视为威胁和压力，会更为消极地对待新技术的发展和应用；但是由于神经质既预示消极情感又能感知积极情感，相较于高神经质个体对新技术的排斥和抵触，低神经质个体却能够对相同的新技术做出更加积极的反应和评价（Sarv et al.，2008）。

因此，本书提出，神经质人格特质会调节消费者量化自我意识与消费者参与行为之间的关系，与高神经质相比，低神经质个体的量化自我意识对消费者参与行为的促进作用更大。

第六节　圈子特征

一、圈子概述

人的社会存在形式就是相互之间的关系，而中国人相互关系的形成便组成了一个个圈子。圈子已经成了人们的交往和生存方式，并在各个不同的层面发挥作用。再加上中国社会本身的特殊化结构，即中国是一个人际关系氛围比较浓重的国家，研究中国情境下的圈子现象无论是对个体还是企业组织而言都具有比较大的现实意义。

近年来，互联网技术的不断发展拓宽了圈子内涵的范围。在社交网络下，圈子对消费者的购买行为、模式等都产生了较大的影响，学者们对圈子的研究有助于企业组织深入了解消费者以取得更好的营销效果。

考虑到西方与中国社会属性的差异，因此本书仅限于结合中国本土的社会结构探讨中国的圈子现象，进一步挖掘其内在含义及其影响作用。

关于"圈子"一词，最早的说法是指具有相同利益或相同成分的群落聚集在某一片区域而形成的圈子。《说文解字》将圈子比喻为"一伙人为了混口饭吃而蜷缩在一起"。《汉语大词典》对圈子的解释是"集体的范围或生活的范围"。圈子产生的经济基础是自然经济，圈子产生的文化条件是田园意识，人们以谋利为目的结为圈子，圈子都是人们为了最终能够获取个人利益而形成的关系网（王如鹏，2009）。从社会学意义上说，圈子就是具有利益和相同成分的部落。早在20世纪初，费孝通在"差序格局"理论中就形象生动地将中国社会关系圈子比喻为"把一块石头丢在水面上所发生的一圈圈推出去的波纹"，这种以己为中心的向外扩散，呈现出圈层特征的关系体系，他认为，中国传统的社会结构是一种以自我为中心，由近及远、由亲及疏的关系体系。圈子作为中国具有儒家伦常思想与道家阴阳之道的一种社会圈子，具有它本身的特殊之处。它不同于西方社会体系中所形成的"团体格局"，西方文化强调个体独立性，它是以具有相同的宗教信仰、地域、阶级、身份、性别等形成的社会团体（费孝通，1998），具有鲜明的界限。然而在中国，文化强调群体性，社会人际关系更是错综复杂，圈子是一个以自我为中心的强连带的社会关系网，圈子没有一个清晰的界限，可大可小，富有弹性（罗家德，2012），同时圈子也被认为是借助公共权力谋取私人利益的特殊集团（彭心安，2002）。当组织中呈现多圈子并存现象时，如果没有过多的竞争与对立，则在组织圈子与圈子之间存在沟通联结的"桥"，但当多圈对立且严重冲突时，那么圈子在此情况下会演变为派系，"桥"也随之消失不见（罗家德等，2013；张田和罗家德，2015）。

在此基础上，许惠龙和梁钧平（2007）基于组织行为学的领导—部属交换理论，将圈子进一步划分为自己人圈子、熟人圈子和外人圈子三大类。每一类圈子都有圈内和圈外之分，且对圈外人具有一定的排他性。移动互联网的快速发展打破了传统圈子这种完全封闭的状态，消费者可以随时进入或退出不同的兴趣圈、朋友圈来搜寻信息，并通过加强个体与所属群体间的联系，来增加现实生活中的社会认同（Zhao et al.，2008）。随着加入圈子数量的逐渐增多，个体不断扩大自己的社交网络圈子。从本质上说，网络圈子就是对现实社交圈的一个延伸，并不仅局限于传统的圈子范围。有学者根据西方社会网络理论框架，并结合中国本土特色社会结构，将网络圈子定义为社会成员基于不同的缘由，以社会关系的远近亲疏作为衡量标准，通过互联网媒介平台聚集与互动，从而建立并维系的一个社会关系网络（朱天和张诚，2014）。

网络圈子顾名思义，即在网络中因为某种原因联系在一起的人群，如共同的爱好、价值观、目的等。根据用户间关系的强弱，网络圈子分为强关系型和弱关系型两种。由同学、同事、家人、邻居等现实中比较近的人组成的网络圈子，表现为高度信任的强关系型圈子。这个圈子内的朋友获得较多互惠，沟通互动更频繁。弱关系型则是相对于强关系型来说，是指沟通互动较少、关系较松散，但信息更多流动的圈子。移动社会化网络与传统网络圈子的不同之处在于：传统网络中的在线沟通主要是与陌生人的沟通（Liang et al.，2011），而移动网络圈子中的沟通结合了强弱两种沟通方式。这种由互联网圈子重塑的社交方式形成的新型人际关系，也同样让亲疏关系远近发生变化，无论是线上结交的好友还是线下结识的友谊，都可能发生从强关系转向弱关系或是从弱关系变为强关系的位移转化（王玉琦等，2022）。

二、圈子理论研究的多元视角

圈子是我国的一个本土化概念，作为研究中国社会的一个重要维度，国内早有学者对这一维度从不同的学科领域、不同的研究对象、不同的方面进行探索研究。从现有文献来看，国内外圈子相关研究视角及内容均具有明显的差异。国外关于"圈子"的研究大部分基于实证视角，主要关注个人心理状态以及人际关系的变化（Tracey and Rohlfing，2010；Li et al.，2007）；而国内关于"圈子"的研究大多停留在理论层面，仅有少数研究把圈子作为研究对象，且只是从社会学、传播学角度和公共管理学角度来研究现实生活中的圈子文化（罗家德等，2014；周南和曾宪聚，2012；徐钝，2014；梁钧平，1998）。近年来，国内学者已经开始关注行政组织与企业组织内的"圈子"现象。如王如鹏（2009）提出现代社会应当以新的理念、新的组织及行为方式对圈子进行改造，健康积极地引导人们加入各种社会团体。罗家德等（2014）对我国风险投资领域的企业间关系结构特征及其生成机制进行了梳理。高翔等（2014）实证检验了企业内部圈子结构对组织承诺的影响，他们研究发现，圈外人比组织内其他人的组织承诺更低。

随着互联网的发展，圈子现象变得更加普遍。已有少数学者开始将圈子引入消费者行为领域进行探索。如叶生洪等（2015）在探索品牌形象与成员群体形象一致性与自我—品牌联结之间的关系过程中发现，消费者所处的社会圈子类型对二者的关系具有显著的调节作用。同时，在共同消费阶段，圈子成员之间会相互影响，并且通过有意识或是无意识的影响他人的偏好，从而使圈子成员对某品牌或服务形成一致性偏好（张迪等，2015），并且品牌偏好一致性会受到社会关系类型的影响（Reingen et al.，1984）。

综合国内已有的研究发现，圈子相关研究还处于起步阶段，鲜有研究从移动网络中的消费者角度去深入探讨与分析网络"圈子"这一特殊问题，且国内的研究大多数停留在理论层面，缺乏有力的实际证据。

（1）组织研究视角。组织内部的圈子是影响组织表现和组织行为的重要因素，尽管历经了现代化改革，但组织中的圈子现象仍层出不穷，并在不同的层面发挥对组织的影响作用。张田和罗家德（2015）采用问卷调查的方法，系统地考察了整个圈子与圈子角色的规范对 OCB 的影响，研究结果发现，在一定的条件限制下，不同的圈子角色对员工的组织公民行为有积极的影响。罗家德等（2013）通过整合社会学田野调查、社会网络分析和案例研究的方法来分析组织中的圈子，他们对圈子界定是在认知心理学的归类理论的基础上，融合了华人的关系取向以及差序格局特征演化而成，其上下关系更多融合了工作关系、情感关系和身份关系。吕力（2015）指出，中国的关系网和圈子可以视为一种松散型泛家族式组织，按照圈子的关系网将关系划分为朋友关系、尊长关系、兄弟关系。在松散型泛家族式组织中与身份地位相伴的权利义务随着关系的亲疏而调整。圈子也存在于企业中且具有等级之分，为企业未来发展寻求规划的圈子被称为高层圈子；负责顺利开展各项具体业务的圈子被称为中层圈子；执行各项基础业务的圈子被称为低层圈子。韦雨欣（2015）、裴孟东（2003）等着眼于探索单位圈子的影响从而揭露其危害性。高翔等（2014）通过实证研究的方法检验了企业内部圈子对组织承诺的影响，并得出了圈内人比组织内其他成员的组织承诺低的结论。

关于圈子的界定，即使是只从组织研究的视角来分析，学者们的观点也不太一致，主要有两种倾向：一种认为组织中的圈子既不属于正式组织，也不属于非正式组织，它是介于二者之间的一种组织现象；另一种则认为圈子属于非正式组织的范畴。梁钧平（1998）研究了中国企业组织发现，在领导身边可能存在一个拉帮结派的圈子，他认为圈子是介于正式组织与非正式组织间的一种中性组织，它既依赖于正式组织的权力，也脱离不了非正式组织的力量。他从人力资源和组织视角，借助"领导者—成员交换理论"聚焦于组织内部的圈子定义的研究，他也赞同圈子是介于正式组织与非正式组织之间的一种组织现象这一观点。

与上述观点不太一致，王维奎（2003）通过研究现代行政组织中的圈子现象发现，圈子是一种存在于行政组织内部的恶性的，基于组织内部成员公共利益与目的，在交往过程中自发形成的一种组织，它没有明确的规章制度，因此认为圈子应该归类为非正式组织中的一种。在探索中国人的平衡耦合和脱耦问题时，罗家德（2012）认为在工作场域中的圈子实际上是一个边界没有封闭的、规模较小的行动集，在这个行动集内部的成员进行着强烈的情感交换和工具交换，它是一个以个人自我为中心发展而来的非正式团体。随着领导—部属交换关系的发展，交换质量的不断提高，许惠龙（2006）提出交换内容已经不再是以往的经济交换，而是已经上升为情感交换。根据组织行为学的领导—部属交换理论，可以把部属分为自己人圈子、熟人圈子和外人圈子三类，三类圈子分别适用不同的交往法则。华人企业领导人对部属的归类偏向于客观的社会连带，也同样遵循差序格局，将部属与领导人关系的亲疏归类为家人、准家人和非家人的关系（郑伯埙，2006）。在此基础上，许惠龙和梁钧平（2007）按照郑伯埙对领导与部属的归类，进一步将同一圈子内的部属细分为三类：处于圈子核心区域的部属、处于圈子中间区域的部属、处于圈子边缘区域的部属。

（2）网络研究视角。随着互联网媒介的技术革新及社交网络的开发应用，圈子关系打破了时间、空间的阻碍，线下圈子转移到线上已经不足为奇了。2022年8月31日，中国互联网络信息中心发布的第50次《中国互联网络发展状况统计报告》显示，截至2022年6月，我国网民规模为10.51亿，互联网普及率达74.4%。我国网民规模持续稳定提升，较2021年12月新增网民1919万，互联网普及率较2021年12月提升1.4个百分点。在网络接入环境方面，网民人均每周上网时长为29.5个小时，较2021年12月提升1.0个小时，网民使用手机上网的比例达99.6%。

从互联网观点出发，赵立兵和杨宝珠（2013）运用差序格局理论对圈子与传播之间的关系进行了解读，在传播的视角下研究了圈子现象，他们认为圈子存在的基础及其意义就是为了传播，圈子在某种程度上也是一种传播现象，失去了传播功能，圈子也便失去了它的价值。孟伟（2012）研究了新媒体化的"广播圈子"，这些圈子以新媒体技术为依托，通过建立熟人之间的信任，以共同的爱好或是共同的需求而建立起来。在"互联网+"思维下，闫薇（2015）认为由于技术手段的高超，用户上网的痕迹被互联网追踪并记忆，在这样反复的条件下，用户将被互联网划入与其某些方面类似的人所组成的圈子中，这是一种被迫、被动进入圈子的方式。刘阳（2015）在圈子这一核心概念的基础上侧重研究其私人信息传播的特性，他指出私人信息的相对不可见是针对圈外人而言的，对圈内人来说就是共享彼此相互的隐私。朱天和张诚（2014）通过分析西方有关圈子的社会网络理论框架，并结合中国本土特色社会结构，将互联网圈子定义为社会成员基于不同的缘由，以社会关系的远近亲疏作为衡量标准，通过互联网媒介平台聚集与互动，所建立并维系的一个社会关系网络。彭兰（2019）为网络圈子化提出了几个前置因素，认为关系、文化、技术三大因素影响了网络的圈子化。现实圈子里的关系会在网络中延伸、重构，并且互联网会带来在现实社会中所不能及的不同圈子之间的流转和接触；网络时代，亚文化圈子也应运而生，且逐渐拥有了自己的文化边界，部分亚文化圈子开始趋于组织化；技术在网络中也会生成不同的社会圈子，不同的技术或产品应用会滋生不同的标签和调性，从而吸引特定类别的人群形成新的圈子。而在关系、文化和技术的作用下，所形成的各种圈子也会对人们的利益诉求、态度立场、行为模式产生影响。

2009 年，微博作为第一个全开放式的社交软件问世，为了在激烈的竞争中争夺一席之地，腾讯公司紧跟其后，于 2011 年开发了微信社交软件。社交软件的出现随即便吸引了人们的眼球。学者们先后陆续对微博和微信相关领域进行了研究，他们站在微博视角，主要探索了微博圈子的形成，他发现每一个微博用户都会形成一个基于信息、以自我为中心的社会网络，并直接或间接地与该网络圈子的用户进行互动。换句话说，微博平台的每一位用户既可以主动也可以被动嵌入某一社会网络圈子，而且随着加入的圈子的逐渐增多而不断扩大自己的社会网络圈子。熊茵和赵振宇（2016）、赵战花和李永凤（2014）从微信的角度研究了圈子的相关问题。熊茵和赵振宇（2016）偏向于圈子格局下的微信舆情的传播特征和风险探析，研究结果表明，微信独有的圈子结构特征（与微博全开放式社交网状关系圈子相比，微信具有半闭合的社交圈子特色）可自组织调和圈内舆情，缓解圈子舆情压力，但可能存在风险。当诸多学者认为微信将成为网络营销的利器时，赵战花和李永凤（2014）提出了不同的观点，她们从微信的本质、圈子中的熟人关系网络及圈子规则出发，深度揭示圈子、微信圈子的本质。就微信圈子而言，其实就是将现实生活中的人际关系网复制过来，在短时间内就可以形成一个以自己为核心的较稳定的社交圈子。微信熟人圈的建立其实质就是现实熟人关系的移植，当然因共同爱好、价值观等趋同也会形成相应的圈子，但是通过对微信使用者的调查发现，用户在网络上频繁交往的核心人群依然是与自己最亲近的家人、朋友。这种强关系仍在微信圈占主导地位，因此不论是线上还是线下，网络最基本的关系依旧是现实生活中的亲人、朋友。与上述两位学者观点一致，钱元和马庆玲（2015）基于对校园社交媒体的思考，他们提出校园社交网络的实质就是对现实社交圈子的一个延伸。

从社会网观点出发，最早认识到圈子这一现象的就是费孝通。他提出的差序格局理论首次解释了圈子的内涵，同时也指明圈子有内外之分，中国人在家之内是一个集体主义的社会圈子（许烺光，1989）。李智超和罗家德（2012）在社会网理论构架下提出，个人在差序格局人脉网下总是把自己当作中心，使能人现象经常出现在圈子中。换言之，圈子是指一个能人动员其熟人关系，这些熟人再动员他们的熟人，使圈子逐步扩大的社会现象。

（3）行业研究视角。有中国人的地方就有圈子，各行各业也是如此。不同行业所形成的圈子千差万别。

雷世文（2012）在考察中国文艺副刊与文人圈子的构成关系时表明，在每一种文艺副刊的周围都存在着一个特定的作家群，也可以说是文人圈子，影响报纸文艺副刊和文人圈子的因素主要是文艺副刊的特约用稿规则、副刊分布地域、副刊趣味及副刊编辑的人事关系。罗家德等（2014）在认真梳理了中国社会的特殊结构后，将中国风险投资产业的关系网络以与政府关系的强弱、取得好项目的能力为依据划分为两类圈子。第一类圈子是以数个巨头为核心，与政府关系很近的风险投资机构，它们周围跟随一群风投者，主要负责与政府、国企、事业单位相关或受政府政策影响的项目。第二类圈子主要以民间的企业为风投对象，特别是高科技企业，其中还会有一些外资知名投资机构，两类圈子之间互有交集。风险投资者利用关系网络抱团形成的圈子与具有官方背景的机构合作，能更好地进行风险投资。

（4）消费研究视角。现有研究表明，圈子化将成为未来营销的一种趋势，在具有特殊元素的中国本土日常生活中，结伴消费的现象屡见不鲜。为了更好地探索国人的消费行为及模式，更加深入地了解圈子文化，张迪等（2015）以消费圈子为研究对象，结合圈子是一个范围、关系的结合体、行动集这三个层面提出，营销领域的消费圈子是由具有某种相似性的、关系较密切的、发生了消费行为活动的人群所构成的。他们把消费过程划分为四个阶段：准备阶段、决策阶段、共同消费阶段和评价阶段。在消费过程中，圈子成员为维系和加强与圈子内部其他成员的社会关系，会实施一定的消费行为，从而获取稳定的情感资源和工具资源。

三、圈子的特征

通过对圈子特征研究相关文献进行梳理，本书把圈子特征归纳为以下几点：

（1）圈子的同质性。俗话说："物以类聚，人以群分。"圈子就是个体在某方面具有相同的特性，如爱好、价值观、职业、利益、目的等而形成的。

（2）圈子的自发性。每个人一出生就处于一个特定的亲戚家族圈子中，即使是后天形成的圈子，也是基于某个公共目的，在社会活动中约定俗成或自发形成的一种非正式组织。

（3）圈子的动态性。由于圈子的形成是自发性的且没有很严密的组织机构，圈子外的成员可以加入圈子成为圈内人，圈子内部成员也可以退出圈子成为圈外人。因此，圈子具有较大的弹性，不具备较强的稳定性。

（4）圈子的多样性。圈子通常具有某一特定的性质和功能，人们因不同的需求而加入不同的圈子。例如，官场是基于权力形成的圈子，商场是以经济利益为基础形成的圈子，老乡会是以相同的区域形成的圈子等。

（5）圈子的封闭性。圈子有圈内圈外之分，圈内人对圈外人具有一定的排他性，大多数的圈子有着自己的一些不成文的"圈规"。圈内人必须遵循圈内的法则，圈外人则不受圈内法则的约束。个体若想进入这个圈子里获取利益，就得服从圈内相关规则。

四、圈子的影响

从社会学意义上来说，圈子的特定含义就是"社群""部落""团体"，它是一种微观的社会关系网络。现实社会中个体很难跨越不同的圈层进行交流，而微博、微信等移动社会化网络则打破了时间与时空的限制，人们可以自由加入或退出不同的网络圈子，为人们提供了圈子交叉互动的可能。人们在虚拟的网络空间里聚合，形成虚拟性社会网络（Lai and Turban，2008）。在关系信任文化尤为深厚的中国，移动社会化网络圈子对消费者而言确实具有很大的吸引力。

信息社会中，网络圈子所产生的信任感和归属效应更为显著，企业也注意到了这一点。例如，淘宝网创立的"杂志社"社区；门户网站中的"新浪圈子"；在搜索引擎中，百度推出了"百度圈子"，谷歌也开发了相似的圈子功能。此外，MSN也学习微信的"圈子"，推出了类似的"群"功能。移动社交媒体开设的"圈子"功能，不仅在网络世界构建起一张张紧密而又相互关联的网络，而且还对现实社会的关系网络产生深刻影响。"圈子"打破了地域、阶层、种族、国家等限制，成为一种真实虚拟交互的文化。

因此，本书所研究的圈子，是指移动社会网络中消费者个体所处的网络圈子。顾名思义，网络圈子即在网络中因为某种原因联系在一起的人群。不同网络圈子有着不同的特征，例如，根据关系强度不同，有强关系和弱关系两种特征；圈子成员数量有多有少；圈子内部信任度高低各不相同。由同学、同事、家人、邻居等现实中比较近的人组成的网络圈子，表现为联系紧密的强关系型圈子，关系圈子内的朋友获得较多互惠，沟通互动更频繁。弱关系型则是相对于强关系型来说，是指沟通互动较少、关系较松散，但信息流动更多的圈子。移动社会化网络与传统网络圈子的不同之处在于：传统网络中的在线沟通主要是与陌生人的沟通（Liang et al.，2011），而移动网络圈子中沟通结合了强弱两种沟通方式。如前文所述的移动社会化网络应用中，异军突起的微信便是以强关系为主、弱关系为辅的虚拟圈子。移动社会化网络中所存在的强弱两种关系，便为人们提供了组合和交换知识的机会，成员之间的社交联结使他们能够更有效率地获取更广泛的信息（Larson and Christensen，1993）。

时至今日，圈子的影响力不再局限于圈子本身，早已通过移动社交网络渗入人们生活的方方面面。与此同时，追求自我、张扬个性、参与并形成亚文化圈子成了越来越多"90后""00后"追捧的流行生活方式，当今许多大型企业，如苹果、耐克、星巴克等都致力于打造量化自我社区，通过线上社群和用户之间的多元化互动吸引消费者参与量化自我行为。在这个圈子中拥有相同兴趣或相同量化目标的消费者可以参与移动网络社区中的量化自我活动并在社区中交流量化自我经验、分享量化自我数据、共享量化目标（Xiang and Fesenmaier，2017），从而帮助企业维系用户关系，提高消费者忠诚度。此外，一些小众品牌也开始效仿此做法，积极建立或融入消费者圈子，通过取得圈子内部信任从而进一步准确且有针对性地向消费者传递产品或服务等信息，以此达到高效营销的目的。这种把消费者看成一个具有强大聚合与扩散能力的有机社群并借此进行营销的方式，等同于充分利用人际交往圈以及网络社区的力量创造出一种全民参与、消费者与企业共同创造价值的氛围（Shirky，2008），以此吸引更多潜在消费者参与到量化自我的社区中来。

如前所述，商业实践的成功验证了研究圈子的迫切性和必要性，但是国内外学者对于圈子的研究并不多。目前，国外对圈子的研究大多采用实证与案例相结合的方法，从组织、个人、心理等角度论证了圈子的结构、模型、特征和作用等内容（Jar-Der and Meng-Yu，2015；Liu and Mei，2015；Tracey and Rohlfing，2010）。相比之下，国内对圈子的相关研究以理论研究为主，学者们大多从政治视角、社会视角、公共管理学视角、传播等视角论述圈子对中国社会的重要影响（周南和曾宪聚，2012；徐钝，2014；曾一果，2017；吕力，2015；罗家德等，2014）。近年来，国内学者已经开始关注行政组织与企业组织内的"圈子"现象（申云和贾晋，2017；邹庆国，2015；高翔等，2014；黄敏学和王殿文，2010；罗家德，2012），但尚处于起步阶段，对圈子内涵、外延、作用机理等方面的挖掘力度和深度不足，并且大多还停留在比较浅显的表层，研究方法多以评述为主，缺乏理论和数据支撑。鲜有研究从市场营销学角度对移动网络中的消费者"圈子"这一特殊问题进行深入探讨与分析，且网络圈子的不同特征（如内部关系强度、成员数量、信任度等）对消费者的影响，以及对其参与行为有何作用也不清楚，这是本书需要进一步探讨的问题。

因此，本书试图在借鉴已有的社会网络相关理论的基础上，根据移动社交网络环境中圈子的不同特征探究其能否调节消费者量化自我意识对消费者参与行为的影响作用。

（1）关系强度。当关系强度较高时能减少不一致，关系强度来自社交网络理论，它是社交网络研究的重要组成部分。在移动社会化网络中，关系强度是指移动社交网络圈子中人与人之间社会关系的紧密程度，可分为强关系和弱关系（Granovetter，1973），移动社会化网络用户之间的亲密度、互相信任程度、成员互动频率和时长等因素都会影响其所在圈子内部成员之间关系的强度。强关系包括家人、朋友等，相对于弱关系消费者的家人、朋友更了解其个人喜好、人格特性等，弱关系表现为不熟悉或不认识的人，比强关系数量更多，能够接触到各种不同类型的组织或群体，更有利于各种类型的信息传播。关系强度的不同会导致人们对信息的分享意愿存在显著差异。强关系下更容易出现知识共享、口碑分享等深度交互行为（Zhang et al.，2014）；而弱关系下更适合求职信息、技术咨询等新信息、新机会的传播和流通。一方面，与弱关系型圈子相比，强关系型圈子感情更加亲密，互动性更强，能够有效减少在危机时期背叛和伤害他人的可能性（罗家德，2012）。另一方面，圈子的关系强度会显著影响成员对该圈子所产生的认同感和归属感，在网络圈子凝聚力较强时会产生"内群体偏好"（阎云翔，2006）。在如今全面兴起的社会化媒体营销时代，强关系下用户的购买意愿比在弱关系情境下大，如在微信朋友圈这种基于认识的人、熟人建立的强关系社交网络已有自己的电子商务平台，而基于大多为任意关注的陌生人建立起来的微博则没有自己的购物平台（鲁成等，2016）。在强关系的情境下（如微信平台），人们更会受到自己强关系范围内的人的影响，可以通过文字、图片、视频等不同形式实现知识分享，促进人与人之间的交流，实现知识在家庭关系圈、朋友关系圈和熟人关系圈的三圈流动（Miao et al.，2021）。

关系强度是反映消费者所在圈子特征的重要标志之一，圈子内部关系强度的不同是导致成员对信息交换和分享的意愿存在显著差异的重要原因。消费者在强关系下更容易出现知识共享、资源分享等更深层次的互动意愿，而在弱关系下圈子内部更偏向于新资讯、新事物的传播和扩散等较为浅显的互动行为，如招聘信息分享、品牌促销信息推送等。量化自我意识是指消费者想去收集、分享关于自我的数据或信息，据此反思和优化自我行为的意识。在量化自我意识对消费者线上参与行为的影响过程中，由于消费者所处的圈子关系强度的不同，消费者对有关自我隐私的量化自我数据的分享意愿是不同的。在强关系下，圈子内部感情更亲密、关系更加紧密、成员互动性更高，消费者会更愿意分享自我数据或信息等，进而会激发消费者积极参与线上活动。相反，在弱关系下，圈子内部成员之间亲密度和互信度都低，导致消费者分享意愿不高，进而抑制消费者参与线上活动。

因此，当具有量化自我意识的消费者所在的圈子处于强关系情况下，相比弱关系情况下的圈子，由于圈子中成员内部联系更加紧密，关系更加亲密，成员之间的互信程度高，消费者量化自我行为更容易受到圈子内部其他成员的学习和模仿，个别具有量化自我意识的消费者线上参与活动的行为也会引发其他消费者线上参与行为。但是密切的关系强度并非总是起到正面作用，Wei 等（2019）以移动互联网欺诈为视角研究发现，消费者对移动互联网欺诈的负面看法因其社会关系的强度和网络同质性而有显著差异，关系强度越高，消费者对移动互联网欺诈的感知脆弱性就越大，他们的社会网络越同质，这种模式就越明显。由此可见，圈子的关系强度越强，对量化自我意识的形成或加强或减弱的规范作用越大，进而影响消费者参与行为。

基于以上论述，本书提出圈子的关系强度会调节消费者量化自我意识与消费者参与行为之间的关系。关系强度越强，消费者量化自我意识对消费者参与行为的影响越大。

（2）信任度。信任是从人格特质、信念、意图、动机、结果和形成机制等方面来定义的。虽然研究人员对信任的定义各有差别，但他们基本上达成了一个共识，即信任的前因主要集中在受托人的能力、仁慈和诚信上（Zhao et al.，2021）。信任具有不同的层次，既包括个人层面的人际信任，也包括更为宏观抽象层面的圈子信任和制度信任。在差序格局中，不同层次的信任会对购买意愿发挥不同的作用。例如，在拟家人（主要是指家人、好朋友等与个体最亲密的人）、熟人和生人三种不同的关系亲疏类别下，人际信任、圈子信任和制度信任的作用都有显著差异（周晶等，2022）。

圈子的信任度是指移动社交网络圈中的成员从心理上对该网络圈所产生的信任感。圈子是可以用人情交换来积累社会资本、发展自我的社会关系网络（罗家德，2012）。人情交换作为一种社会交换，具有交换范围广、资源多、时间长等特点。在持续的社会交换中，人际信任网络逐步拓展，将以"人脉"为自我中心的信任网络不断延伸至血缘以外的圈子（Jar-Der and Meng-Yu，2015）。同样地，网络圈子作为社会交换的表现场所，通常以交换双方的善意、信任等品格为基础（Tierney and Farmer，2002），在移动社会化网络中，人们更易出于社会交换的动机对网络圈子产生信任。Krackhardt（1992）指出，强关系能建立特殊信任的原因在于，通过增加分享冗余信息的概率、有效增加互动的机会，互动各方能提高情感交流，减少了一个人伤害强连带其他成员或在危机时期背叛的可能性。

中国人的圈子具有强连带、差序格局结构、遵循人情交换和边界模糊、关系弹性的特质。与西方社会重个人的文化不同，中国社会遵循"人情交换法则"，熟人是一种强连带，不仅包括亲密和情感上的支持，也包括强的互惠交换（罗家德，2012）。Miao 等（2021）构建了一个过程模型以描绘客户企业家如何通过嵌入社交网络圈子中获取知识和分享知识，表明熟悉的关系比其他类型的关系能够显示出更高的信任水平，因此，他们能从创业中获利。由此可知，用户互相信任有助于产生更为强大的关系资本，更愿意知识共享造福他人；且信任水平越高，用户越愿意持续进行知识共享（李华锋等，2023）。

所以当圈子的信任度较高时，消费者更易受到圈子成员的影响，强化自己的量化自我意识，并积极参与圈子组织的各种活动。

基于以上论述，本书提出，圈子的信任度会调节消费者量化自我意识与消费者参与行为之间的关系，圈子的信任度越高，消费者量化自我意识对消费者参与行为的影响越大。

（3）成员数量。六度分隔理论认为世上任意两个人之间最多只需要六个人就能够建立联系。然而该理论涉及的是信息经过几步能够到达特定的人手中，至于信息发送者和接收者能否进一步发展关系尚不清晰。

杨新敏（2010）指出，委托者并不重视对方是否收到了信息，委托者在意的是受托者能否帮上忙，帮得上就给予回报，帮不上大多会断了后续联系。出现这种现象的原因在于圈子的递承关系，受托过程可能会经历几个人之手而委托者并不清楚，这也说明了一个人不能建立异质的小圈子，即越同质，圈子越小；越异质，圈子越大。社交网站的出现契合了中国的人情社会模式，中国的圈子文化在一定程度上可以看作共有时间与地点的程度，这也意味着一个人交友范围的受限，交友数量的有限性也可以说是圈子范围内的人数存在阈限值。

网络圈子内部的人员数量就是成员数量。移动社交网络中圈子的成员数量会影响社交质量和信息传播效果。人们即使在社交网站上可能拥有更多"好友"，也只能维持与现实生活中大约150人的"内部圈子"，而"内部圈子"里的成员指的是一年至少联系一次的人。

邓巴数字的存在一定程度上说明了移动社交网络给用户提供了联系的可能。Goncalves 等（2011）通过构建用户行为模型验证了社交网络平台 Twitter 中的邓巴数字理论，他们提出，有限的注意力和内部的优先级是社会互动机制的核心，适用于广泛的社会场景。尽管社交网络能够带来信息和互动，但却未必能够提高用户间的交流与距离。要想维持一定质量的社交关系，盲目扩大圈子成员数量将会减弱在线社区圈子的影响力，导致圈子无法通过规范作用提高消费者量化自我意识，进而阻碍消费者信息共享、人际互动及责任行为。这意味着圈子成员并非越多越好，为了发挥圈子的重要影响，应对在线社区人员数量进行一定程度的控制。

　　基于以上论述，本书提出，圈子的成员数量会调节消费者量化自我意识与消费者参与行为之间的关系。成员数量越多，消费者量化自我意识对消费者参与行为的影响越强；当成员数量超过一定数值（150）时，消费者量化自我意识对消费者参与行为的影响越弱。

第三章 消费者量化自我意识的内涵与维度

第一节 研究方法

扎根理论是格拉斯（Glaser）和施特劳斯（Strauss）于1967年提出的一种从经验资料中建构理论的质的研究方法。这是一种自下而上建立实质理论的方法，即在系统收集资料的基础上寻找反映社会现象的核心概念，再通过这些概念之间的联系建构相关的理论（陈向明，2000）。本书采用扎根理论方法的原因有以下两点：第一，扎根理论适合新概念的界定和定义。迄今为止，学术界还尚未涉及对量化自我意识的研究，相关研究主要集中于量化自我实践或者自我意识方面，虽然可为本书提供一定的借鉴意义，但依旧不能成为量化自我意识的理论基础。第二，实地调查发现，消费者对量化自我意识的理解不尽相同。鉴于此，本书采用扎根理论方法，以访谈的形式深入探究人们对量化自我意识的理解，先通过访谈的形式获取人们心中有关量化自我意识的原始资料，并对原始访谈资料进行编码和分析，逐步提炼范畴并探索各范畴之间的逻辑联系，构建出量化自我意识的概念框架。

本书依据理论性抽样的原则进行样本选择，为便于后期开展编码工作，样本依据以下两条原则选取：

（1）有过以各式技术手段记录自身事件并数据化为可读数据的经历，且此类经历较为丰富。

（2）考虑到量化自我实践在年轻人中较为盛行，样本应着重选择年轻群体。

依据上述原则，本书的研究对象着重选择在校大学生（含硕士、博士研究生），同时兼顾年龄群体。最终本书共选取18位对象作为访谈样本，并将其分别编号为 A1、A2、A3、…、A18，其中男性 10 人，占比为 55.56%，女性 8 人，占比为 44.44%；年龄多集中于 18~25 岁，总体较为年轻；学历均为大专及以上，均具有理解题意及表述自身想法的能力；职业涵盖了学生、教师、互联网从业者和自由职业者等；地域覆盖了南昌、宜春、武汉、上海、深圳、哈尔滨、济宁、长沙、厦门等。基本信息如表 3-1 所示。

表 3-1 受访对象基本信息

受访对象	年龄	受教育程度	职业	地区
A1	22	硕士	学生	南昌
A2	21	硕士	学生	南昌
A3	20	本科	学生	武汉
A4	33	本科	外贸销售	上海
A5	34	本科	互联网从业者	深圳
A6	23	本科	自由职业者	宜春
A7	46	大专	医生	宜春
A8	22	硕士	学生	哈尔滨
A9	22	本科	学生	南昌
A10	23	本科	自由职业者	济宁
A11	22	硕士	学生	南昌
A12	35	本科	互联网从业者	上海
A13	18	本科	学生	长沙
A14	22	本科	学生	南昌
A15	24	硕士	学生	南昌
A16	25	硕士	教师	厦门
A17	23	硕士	学生	南昌
A18	22	硕士	学生	南昌

本书采取半结构化访谈的形式，以提纲为基础进行递进式提问，在访谈的同时观察受访者的反应，帮助受访者回忆容易被遗忘的细节，力求使受访者表述出内心对于量化自我意识最为真实、全面的认识。在正式访谈开始前，依据现有文献设计出初始提纲，并以此为基础对部分受访者进行预访谈。在预访谈的过程中，本书及时发现初始提纲的不足并进行调整，形成了最终提纲。提纲内容主要包括：受访者的基本信息，参与过什么类型的量化自我实践，参与量化自我的实践是出于什么样的原因，在参与量化自我实践中有过什么样的反思等。

本书部分访谈采取了线上访谈的形式。每位受访者的访谈时间均在 30 分钟以上，访谈的过程全程录音，在单个受访者访谈完成之后，研究人员严格对照录音原始材料进行录音转文本工作，确保没有转述的错误出现，18 位受访者的访谈录音最终形成了约 10 万字的文本材料，本书在此文本的基础上开展编码工作。

为进行理论性饱和检验，本书使用 Python 3.8 选取了三位知名博主的代表性评论：某位时尚博主于 2020 年 12 月 3 日发布的一条健身微博，截至 2021 年 1 月 12 日的评论；某位健身博主于 2020 年 12 月 14 日发布的一条可穿戴设备测试微博，截至 2021 年 1 月 15 日的评论；某位美妆博主于 12 月 14 日发布的一条锻炼打卡微博，截至 2021 年 1 月 21 日的评论，共爬取评论 574 条。三位博主各有微博粉丝 780 万人、213 万人和 258 万人，均获得了微博知名博主认证，具有一定的代表性。

第二节　逐级编码

1. 开放式编码

开放式编码是研究人员保持客观中立的态度，从原始资料中提炼、概括、归纳出概念，对浮现出的概念进行命名，并为概念进行范畴归类的过程。本书在对文本资料进行筛选之后，删去与研究内容无关的语句，最终保留 274 句有效语句。本书在对原始语句进行概念化之后，排除了出现频率较低的概念，仅保留出现频率在 3 次及以上的概念，最终形成 26 个初始概念和 9 个初始范畴，如表 3-2 所示。

表 3-2　开放性编码结果

原始语句	初始概念	初始范畴
我跑步前会给自己设定一个时间或者距离，如说我想跑 10 千米，当手环显示跑完了 10 千米时，我就会停下来	自我感觉	
我感觉自己今天没有多长时间在玩手机，结果发现还是用了 12 个小时，我虽然不想承认自己玩了这么久，但是大数据会记得很清楚	自我概念	
我在看健身数据之前可能会觉得自己目前的健身方式还很正确、很健康，但是这些数据可能会反映我在健身过程中某个做得不好的地方	自我分析	关于自我的认知
我跑半程马拉松，想要把时间控制在一小时五十分钟以内，那我就必须跑到相应的速度才能达到这个目标；我必须要用手机或者手环记录跑步的速度和距离才能知道自己有没有达到这个目标；如果不记录，我就没有办法知道	自我评价	

续表

原始语句	初始概念	初始范畴
我上学的时候每天都背单词和阅读英文文章，原因是商家规定每天学习就可以返学费甚至发红包	激励作用	关于任务的认知
我对运动比较感兴趣，在运动的时候做自我追踪能起到一定的辅助作用； 我想要学考研英语，虽然我是时间感不强的人，但是看到这类数据，如坚持学习英语的天数会对我起到一些帮助作用	自发行为	
因为我家人都是在医院工作的，所以我对身体数据会比较关心，我每年都会有固定的体检，平常也会给自己做身体指标的监测，再发给父母看一下； 我身边的人有记录消费情况的习惯，对我有一定的影响。我最开始也是受他们的影响，会看自己的消费记录	圈子氛围	
去医院查身体的各项指标是医生强制要求的，我每个月都要去医院检查一遍	强制作用	
我的女朋友说我有点胖，所以我会坚持锻炼身体，再通过数据检测自己的体重，每天看看有没有瘦一点； 我之前上过运动减肥课，老师建议用手环监测在运动时的心率，并告诉我们运动的时候心率处在什么范围才比较健康	重要他人的作用	
手机那么智能，只要打开它就可以记录我们的日常，然后每天晚上看一眼就可以了解自己的状况	效能便利感	关于数据的认知
数据能够最直观、最客观地反映自己的情况，根据数据做出的决定比主观地决定要准确得多，也能够更利于我为以后的一些事情做准备	效能科学感	
我很想知道最近自己身体的状况，比如说手臂肌肉或腿部肌肉含量有没有增加，这些通过自我追踪真实反映出来	效能真实感	
自己对数据很感兴趣，一方面因为自己也在与这些数据打交道，另一方面想通过数据看看自己到底经历了哪些	数据敏感	
记录数据并不是件很难的事情，因为一个月只需要记一次，而且它对于我的身体健康来说是一件很必要的事情	难度体验 重要性体验	初始体验
我在运动类的 App 上会看自己每天做了多少个俯卧撑，第二天相较前一天多做几个，一点一点地往上叠加，每天看数据就知道自己的训练计划进展到哪一步了； 当有更重要的事件时，我会把对自我的追踪中断一下	进展体验 障碍体验	过程体验
我对自己要求很严格，设置的目标总是会比自己的能力高一点，我给自己设定一天背 50 个单词，但是有时候达不到	达标体验	结果体验
没达到自己的目标时我就会有一些心理落差	心理体验	
我看到自己的消费账单发现节省了钱后会很开心，很有成就感	收获体验	

续表

原始语句	初始概念	初始范畴
以前都不知道自己把钱花在了哪里，我想要改变自己乱花钱的陋习，让自己学会理性消费	目标确定	计划
我想要知道自己对哪种音乐最感兴趣，所以就会去看音乐 App 的年度报告	策略选择	
只有通过对自我的追踪才能知道自己现在的计划执行到了哪一步	进展获知	监测
我上周的体重是 73.5 千克，本周的体重是 73 千克，我会反思是我最近吃得太少了，或者是否经常熬夜，再或是体育训练的时候没有合理分配、做了太多的无氧运动	错误检查	
以前我花钱没有节制，但是自从开始按期看支付宝账单和微信账单后，我会提醒自己花钱多了，那么接下来一段时间就要节约一些，后来我发现这样做是挺有成效的	错误纠正	调整
通过自我追踪发现，自己的蛋白质摄入量不足，接下来我会补充一点蛋白质	思路调整	

2. 主轴编码

主轴编码是在开放性编码工作完成的基础上，探究原本彼此割裂的初始范畴之间的联系，并构建起它们之间的关联，从初始范畴中提炼出更高阶的主范畴。本书对开放性编码形成的 9 个初始范畴进行提炼汇总，最终形成了 3 个主范畴，如表 3-3 所示。

表 3-3　主轴编码结果

主范畴	初始范畴	初始概念	范畴内涵
量化自我认知	关于自我的认知	自我感觉	量化自我认知指的是自我追踪者对于影响自我追踪过程的因素及自我追踪作用的认知，包含了对自我的认知、对任务类型的认知及对自我追踪所产生的数据的认知
		自我概念	
		自我分析	
		自我评价	
	关于任务的认知	激励作用	
		自发行为	
		圈子氛围	
		强制作用	
		重要他人作用	
	关于数据的认知	效能便利感	
		效能科学感	
		效能真实感	
		数据敏感	

续表

主范畴	初始范畴	初始概念	范畴内涵
量化自我体验	初始体验	难度体验	量化自我体验指的是自我追踪者对量化自我活动的体会，在活动的初期，量化自我体验主要表现为对活动难度、重要与否的体验；在中期，量化自我体验主要表现为活动取得了何种进展、遇到了何种阻碍的体验；在后期，量化自我体验主要表现为活动是否达标、给自我追踪者带来了什么心理变化或者何种收获的体验
		重要性体验	
	过程体验	进展体验	
		障碍体验	
	结果体验	达标体验	
		心理体验	
		收获体验	
量化自我调节	计划	目标确定	量化自我调节指的是自我追踪者在进行量化自我活动时采取的一系列调节机制。在早期，量化自我调节表现为计划，包括确定目标及选择策略；在中期，量化自我调节表现为监测，即对过程的评估，包括获知活动的进展情况及检查其中的错误；在后期，量化自我调节表现为根据监测结果所做出的调整，包括对发生的错误做出及时的纠正和方法思路的调整
		策略选择	
	监测	进展获知	
		错误检查	
	调整	错误纠正	
		思路调整	

3. 选择性编码

选择性编码阶段需要对各个主范畴进行分析，并整理出核心范畴与各个主范畴之间的关系，从而揭示出量化自我意识的内部概念模型，即从核心范畴到主范畴及初始范畴的路径关系。选择性编码结果如图3-1所示。

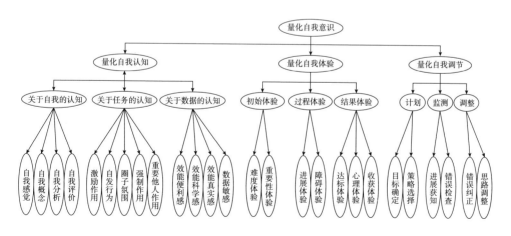

图 3-1　量化自我意识概念模型

在选择性编码形成量化自我意识的概念模型之后，本书使用预留的微博评论用于理论性饱和检验，检验后发现并未浮现新的概念及范畴，则可以认为本书的概念模型已经达到理论性饱和。

第三节 量化自我意识概念模型分析

本书根据学者们关于自我意识的维度划分形成编码结果，将量化自我意识分为认知（量化自我认知）、情感（量化自我体验）及意志（量化自我调节）三个维度。为了进一步梳理各个维度内部的细化层次，本书依据这三个维度依次进行阐述。

1. 量化自我认知

关于自我的认知是构成量化自我认知的主要范畴之一，包含自我感觉、自我概念、自我分析和自我评价。在访谈中，关于自我的认知的相关概念出现最频繁，共出现了 273 次。说明在量化自我意识中，关于自我的认知是人们最关注的因素，而进行量化自我的活动实际上也提升了人们对于自我的认知。关于任务的认知是构成量化自我认知的另一主要范畴，相关概念共出现了 22 次，指的是自我追踪者对于量化自我这一活动的认知，该范畴表明，出于不同先导因素而开展的量化自我活动会给自我追踪者带来不同的心理认知。量化自我认知还有一个主要范畴是关于数据的认知，与写日记等传统的量化自我活动相比，这一认知只产生于现代的量化自我活动，相关概念共出现了 11 次。这一现象说明，自我追踪的工具本身具有功能的优越性，部分自我追踪者对数据本身的偏爱也是催生量化自我活动的重要因素，在进行这一活动时，自我追踪者会产生对追踪工具效能的感知，他们原本对于数据的喜爱也会在这一过程中得到凸显。

2. 量化自我体验

量化自我体验作为自我追踪者对量化自我这一活动的体会，贯穿了量化自我活动的全过程。但在过程的早期、中期和后期，这一体验各有侧重。在初期体验的相关概念中，难度性体验被提及次数仅有 4 次，提及重要性体验的则有 6 次，说明量化自我活动本身由于当前自我追踪工具已经极为普及且操作较为简易，对自我追踪者来说难度较低，尽管在认知角度上自我追踪者能够产生许多认知，但是量化自我活动的低难度性在一定程度上削弱了自我追踪者的重要性感受。中期体验的相关概念共出现了 12 次，量化自我活动的意义大多需要在长期坚持中才能体现，所以在量化自我活动过程中出现的状况会使自我追踪者产生较为深刻的心理感受，如果感觉进展良好，则自我追踪者倾向于坚持；如果过程中出现了阻碍，自我追踪者感觉较难克服的话，则有可能停止甚至放弃量化自我活动。后期体验的相关概念共出现了 17 次，说明对自我追踪者而言最重要的是量化自我活动的结果，他们会关心自己是否实现了目标，是否在活动中有收获，在看到计划完成情况、收获情况与心理预期产生明显的差距后，自我追踪者则会产生情绪变化。

3. 量化自我调节

量化自我调节作为自我追踪者在进行量化自我活动时采取的一系列调节机制，与量化自我体验相同，贯穿了活动的始终。在早期，量化自我调节主要表现为计划，即对即将采取的量化自我行动进行策划，相关概念共提及了 10 次，说明自我追踪者有较明显的提前规划的想法，会为自己提前订立目标并选择途径，不至于盲目地采取行动。在中期，量化自我调节主要表现为监测，即对过程效果的反馈，相关概念共提及了 13 次，说明自我追踪者较为关心活动过程，会检查自己的活动是否按照预期进展，过程中是否出错。在后期，量化自我调节主要表现为对错漏情况的补救，即调整，相关概念共提及了 14 次，说明自我追踪者在发现情况与自己预期出现偏差时，大多愿意采取行动做出必要的纠正，包括排查错误、调整自己后续的思路及策略等。

第四节　小结与建议

本书采用扎根理论对量化自我意识做了探索性研究，并构建了量化自我意识的概念模型。本书的研究结果表明，量化自我意识可以分为量化自我认知、量化自我体验、量化自我调节三个维度。在细分层面，量化自我意识维度包括关于自我的认知、关于任务的认知、关于数据的认知；量化自我体验维度包括初始体验、过程体验、结果体验；量化自我调节维度包括计划、监测和调整。这一模型也可以用于进一步解释、探究量化自我意识的分析模型。

本书可以为提供量化自我服务的可穿戴设备、App 研发等企业提供管理启示。消费者最关注的是量化自我活动在认识的层面上对自我认识的作用，企业可以为消费者提供深度的个人报告，供消费者形成深刻的个人认识。企业还可以通过设定适当的物质奖励刺激潜在消费者参与量化自我活动，或者利用较有影响力的意见领袖传播量化自我活动的优越性，进而使潜在消费者转变为企业量化自我活动的参与者。此外，企业还可以提供更多深度数据指标监测，既可以帮助消费者形成更为全面的认知，也可以吸引对数据较为敏感的消费者。在情感和意志层面，企业可提供更加人性化的跟踪服务，在消费者设定目标但并未参与活动时给予提醒，在活动未达标时给予正面的鼓励及更有效的达标方案，在用户顺利完成目标后，对消费者进行褒奖并给出进入下一阶段目标的提醒。

本书所提出的量化自我意识的概念模型是基于扎根理论和探索性分析形成的，存在访谈数量较少，访谈样本不够全面，且并未进行信度与效度的实证检验的局限性。除此，本书的研究范畴归类主要以时间的先后顺序为依据，没有从空间角度对概念进行深度分析及分类。后续研究则可以在更多样本的基础上对量化自我意识结构的内涵进行实证分析，更加深入地探索量化自我意识对消费者参与行为的影响。

第四章　移动社会化网络中消费者量化自我意识对消费者参与行为的影响研究

第一节　移动社会化网络中社会支持对消费者参与行为的影响机制研究

——基于 CAPS 理论

一、研究模型和假设

1. 研究模型

（1）CAPS 理论。Mischel（1973）在研究人格和个人行为的关系时，率先界定了认知—情感系统理论（Cognitive-Affective Processing System，CAPS）概念。CAPS 理论认为，个人稳定行为是个人情感、个人认知、个人价值取向的外在反映。个体行为受社会环境的影响，也反过来作用于社会环境。CAPS 理论被广泛应用于理解个体人格和个体行为（Reis et al.，2000）。具体而言，CAPS 理论解释了个体在无差别环境中表现出的个人情感、个人认知、个人行为的异性和共性，以及外部环境对个人情感、个人认知、个人行为的影响作用（Shoda et al.，2002），并且构建出了认知—情感—行为的多级平行框架（Geary，2007）。

CAPS 理论体现了认知主义、行为主义和情感的整合趋势（杨子云和郭永玉，2004），构建了将人格特质和社会取向相联系的系统化、全面化的理论框架。根据 CAPS 模型，个体人格由认知—情感单元（Cognitive-Affective Mediating U-nits，CAUs）组成的心理表征所构成，而 CAUs 交互作用对个体行为具有重要影响。个体行为差异源自 CAUs 各中介单元（心理表征）唤醒的难易度。CAUs 是指覆盖个体的全部心理表征，分为编码、预期和信念、情感、目标和价值、能力和自我调节计划五类（Shoda and Smith，2004）。其中，编码是对自我、他人、事件、情境进行的分类或建构，即内部环境认知和外部环境认知；预期和信念是基于个体的社会行为，评估预测在特定情境中个体行为结果以及自我效能；作为内在情绪的反映，情感会对个体感知、加工、处理外部信息产生影响，而个体在加工处理特定外部信息时，也会因环境产生某种特定情绪；目标和价值涉及人生规划、预期结果、情感状态，目标是对个体行为和长期活动有指导作用的预期目标，价值是对个体行为有积极影响的作用；能力和自我调节计划对个人内部状态和个人行为方式有重要影响。

（2）社会支持。社会支持的概念源自社会心理学和康复心理学。随着社会支持理论的成熟，社会支持理论现阶段已被广泛应用于市场营销学领域（骆紫薇和陈斯允，2018）。Cobb（1976）、House（1981）认为，社会支持是指个体受到来自社会群体回应、帮助以及照顾的经历。社会支持可以为个人带来温暖和理解，也可以被视为满足心理需求的反应（Maslow，1954）。

事实上，社会支持是一种多维结构，其组成部分可能因环境而异（Huang et al.，2010；Madjar，2011；Xie，2010）。House（1981）将社会支持划分为情感支持、工具支持、信息支持、评估支持四种类型，并且证实了这四种类型的社会支持可减轻工作负荷、缓解工作压力。Cutrona 和 Suhr（1992）认为，社会支持可分为有形援助、信息支持、网络支持、尊重支持、情感支持五类，并在五个大类别下细分了 22 个子类别。有形援助是指提供具体的商品服务，以帮助个体缓解压力、走出困境，包括"执行直接任务""积极参与""表达意愿""贷款""执行间接任务"；信息支持是指向个体传达压力相关信息以及应对压力的信息，包括"建议""推荐""情况评估""教学"；网络支持是指传达属于志同道合、兴趣相似的人信任感和归属感，包括"访问""在场""陪伴"；尊重支持是指传达对能力的认可和尊重，包括"称赞""认可""减轻负罪感"；情感支持是指传达关怀与爱，包括"关系""身体上的爱""同情""理解""鼓励""祈祷""倾听"。此外，他们根据社会支持分类构建了"社会支持行为准则"，用以客观准确地评估婚姻关系中配偶双方提供的五种不同类型社会支持的频率高低，研究差异化压力环境中，配偶之间提供的五种不同类型社会支持的沟通有效性。Cutrona 和 Suhr（1992）又将五类社会支持分为行动促进支持、养成支持。行动促进支持旨在帮助个体缓解压力、消除痛苦根源，包括有形援助、信息支持；养成支持旨在为个体提供心理慰藉而不是解决压力源，包括网络支持、尊重支持、情感支持。尽管社会支持分类最初仅是为了研究婚姻关系中配偶双方间的社会支持类型，但随着研究的持续深入，这种分类已经突破了婚姻限制，甚至突破了面对面社会交往限制，被广泛应用于各个领域。

关于社会支持的研究起初主要集中在健康领域。Schaefer 等（1981）在探究社会支持的定义及其对健康结果的影响时，将社会支持分为评估情感支持、有形支持和信息支持。其中，情感支持包括亲密和依恋、安心，以及能够向他人倾诉和依赖他人，所有这些都有助于产生一种被爱或被关心的感觉，甚至让人觉得自己是团队的一员，而不是陌生人。有形支持包括直接援助，如贷款、馈赠金钱或物品，以及提供服务，如照顾需要帮助的人或为他们做家务。信息支持包括提供信息和建议，以帮助一个人解决问题，即针对问题提供理性的信息或方案。Cohen 和 Hoberman（1983）有针对性地梳理了有关社会支持和死亡率、发病率的代表性研究成果，发现在调节健康关系中，社会支持起着至关重要的作用。同样是探究社会支持与健康结果的关系，杨小娇等（2018）提出，社会支持是指社会个体通过多元化方式途径和其他社会个体或社会群体交往接触，获得物质支持、信息支持、情感支持以及自我价值感，并证实了社会支持对老年人健康促进行为有显著的正向影响。舒雅聪等（2021）通过对 2364 名大学生进行调查发现，社会支持除了能直接影响大学生焦虑外，还能通过自尊和心理弹性的链式中介作用间接影响大学生焦虑。此外，社会支持也可作为缓解大学生情绪问题的重要保护因素，社会支持是指通过大量个体间的社会接触以使个体维持身份认同并获得情感支持（冯晨等，2018）。

随着社交媒体的普及，互联网的作用已经转变为促进社会互动的重要渠道。有学者研究发现，在线社区可以为用户带来社会价值，互联网是个人与他人建立密切关系并提高个人幸福感的有力工具（Eastin and Larose，2005；Obst and Stafurik，2010；Shaw and Gant，2002；Xie，2010）。其中，社会支持是互联网用户可以从在线社区获得的主要社会价值（Huang et al.，2010；Obst and Stafurik，2010；Shaw and Gant，2002）。

Braithwaite 等（1999）依据 Cutrona 和 Suhr（1992）的社会支持类别系统，对残疾人网络支持小组中的 1472 条针对残疾人的支持信息进行了编码，发现其中占比最高的当属信息支持和情感支持，即最常见的社会支持是信息支持和情感支持。Hargreaves 和 Bath（2019）重点研究了乳腺癌患者在线健康论坛，发现乳腺癌患者最希望获取的是情感支持和信息支持。两种研究殊途同归，表明了信息支持和情感支持对社会弱势群体的重要性。在互联网时代，在线互动成为新潮流，但在线互动本质上是依赖于信息的"虚拟"互动，而在线社会支持包括信息支持、情感支持，这决定了在线社会支持的无形性（Madjar，2011）。信息支持是指向受众提供多元信息，以帮助受众有效解决问题；情感支持是指面向受众提供其所需的情感问题信息，如关心、理解或同理心（House，1981；Taylor et al.，2004）。上述两种类型的信息是移动社会化网络中消费者社交互动的主要支持机制。

由于移动社会化网络强化和凸显了消费者的主导地位，而以此为背景展开的对消费者参与行为的研究较少，故本书试图探究移动社会化网络中的社会支持（信息支持、情感支持）对消费者参与行为的影响。

（3）自我效能感。"自我效能"这一概念最早由社会学习理论创始人 Bandura（1977）提出，用以解释在特殊情景下动机产生的原因。Bandura 认为，自我效能是个体能否完成特定活动的信念、能力，或者个体在特定环境下产生的对主体的自我感觉和自我掌握，指个体有信心、有能力顺利完成任务的心理评价程度。周国韬和张平（1993）认为，自我效能感是处于特定情境下的个体对自己有能力、有信心完成某种特定任务的判断和预测。周勇和董奇（1994）则将自我效能定义为个体对自己是否能够胜任活动的自信程度，这种自信能帮助个体判断和预测自身是否有能力完成某项工作任务（裴玲玲，2015）。通过上述"自我效能"概念界定可知，自我效能属于自我意识范畴，集中表现为个体对某项任务的主观评价和主观感受。

李芬女（2020）认为，自我效能感能影响个体对任务目标的态度。个体自我效能感水平越高，在面对高难度的工作任务时，个体会表现出勇于挑战、不畏不惧的战斗反应、不断挑战的积极精神；而个体自我效能感水平越低，即便面对低难度的工作，也会表现出畏首畏尾、举步不前的逃避反应。Zimmerman 和 Martinez-Pons（1990）指出，自我效能感会影响个体的认知活动，自我效能感与学生思维活动显著相关，如自我监控学习、评判记忆目标、组织计划等。胡桂英和许百华（2003）认为，自我效能感会影响学习策略。同时，也有无数实证研究结果显示，自我效能感会影响个体行为动机。单志艳（2007）的研究结果显示，自我效能感与趋近动机显著正相关，与回避动机显著负相关。此外，自我效能感也与个体情绪显著相关。任务难度变化都会让个体情绪产生波动。自我效能感高，个体会倾向于以积极的情绪面对压力、面对生活；而自我效能感低，个体会倾向于以消极情绪面对压力，经常会被压力压得喘不过气，滋生更负面的情绪，陷入恶性循环中（李芬女，2020）。综上所述，自我效能感是个体对自身能力的主观认知，是自我认知系统中不可或缺的部分，自我效能感会影响个体行为。

本书重点研究了移动社会化网络中社会支持对消费者参与行为的影响机制，并结合 CAPS 理论提出，自我效能感在信息支持、情感支持对消费者参与行为的影响中起中介作用，以及关系强度在信息支持、情感支持与自我效能感之间起调节作用。本书构建模型如图4-1所示。

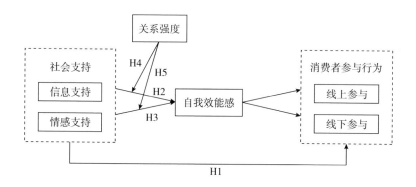

图4-1　研究模型

2. 研究假设

（1）移动社会化网络中的社会支持对消费者参与行为的影响。

在虚拟的互联网上，社交媒体用户的互动过度依赖于信息传递。互联网的虚拟性决定了在线社会支持的无形性。在线社会支持包括信息支持、情感支持（Coulson，2005；Madjar，2011）。信息支持是指以知识、建议等多种形式，向社会个体提供能解决具体问题的信息。情感支持是指面向社会个体提供情感相关问题的信息，如关心、理解或同理心（House，1981；Taylor et al.，2004）。这两类信息是在线社区中社交互动的主要支持机制。

Rosenbaum和Massiah（2007）认为，第三方社会支持对消费者参与意愿具有重要影响，进而强化消费者反馈、消费者建议等行为；常亚平等（2015）认为，在线社会支持能显著促进消费者公民行为。在虚拟的网络环境中，在线社会支持也能显著促进成员公民行为。

移动社会化网络的飞速发展推动消费环境发生了深刻的变革，使消费者的参与行为模式不再局限于传统环境下的线下参与行为，而是呈现出多元化的发展趋势。具体而言，移动设备的普及、互联网技术的发展等都给用户随时随地在线参与企业的营销活动提供了便利，同时也为用户提供了丰富的信息，使其可以通过线上信息的获取，参与各种线下实体店的活动，即用户对线上与线下渠道和参与策略有了更多选择。因此，本节提出如下假设：

H1：移动社会化网络中的社会支持正向影响消费者参与行为。

H1a：移动社会化网络中的信息支持正向影响消费者线上参与行为。

H1b：移动社会化网络中的信息支持正向影响消费者线下参与行为。

H1c：移动社会化网络中的情感支持正向影响消费者线上参与行为。

H1d：移动社会化网络中的情感支持正向影响消费者线下参与行为。

（2）自我效能感在社会支持影响消费者参与行为中的中介作用。

有研究证实，消费者的内在心理因素会对消费者参与行为产生影响，这些心理因素主要包括消费者的自我效能感、消费者感知风险、消费者心理契约、消费者情感承诺和交互公平（贾薇等，2010）。其中，自我效能感主要指个体对自身能力的主观判断和自信程度（Bandura et al.，1999）。由于 CAPS 理论构建了优越的系统框架，因此，消费者参与行为理论在框架构建的过程中能够捕获 CAPS 理论中的认知、情感、行为、情境维度。根据 CAPS 理论，外部情境主要通过个性系统认知单元作用于个体行为选择（范钧和吴丽萍，2021），即外部情境借助认知路径这个"中介"影响个体行为意愿。在移动社会化网络中，在线社会支持也通过认知路径对消费者参与行为、参与意愿产生影响，此处的"认知路径"本质上就是自我效能感。同时，自我效能感会对个体行为选择、个体行为坚持性、个体努力度产生影响（Bandura et al.，1999；Mencl et al.，2012）。同时，消费者参与行为差异是用户认知差异的代表，且这种消费者行为差异源于个体不同的 CAUs 类型唤醒难度。因此，消费者参与行为满足 CAPS 两个基本假设：①消费者参与行为是用户在一定的情境下主动进行意义建构的过程（如提供反馈），消费者参与行为的用户特征鲜明，其差异源自 CAUs 激活难易度。②消费者参与行为差异来源于 CAUs 的不同。因此，本书提出如下假设：

H2：自我效能感在信息支持对消费者参与行为的影响关系中起中介作用。

H2a：自我效能感在信息支持对消费者线上参与行为的影响关系中起中介作用。

H2b：自我效能感在信息支持对消费者线下参与行为的影响关系中起中介作用。

H3：自我效能感在情感支持对消费者参与行为的影响关系中起中介作用。

H3a：自我效能感在情感支持对消费者线上参与行为的影响关系中起中介作用。

H3b：自我效能感在情感支持对消费者线下参与行为的影响关系中起中介作用。

（3）关系强度在社会支持与自我效能感的关系中的调节作用。

关系强度理论将人际关系具体细分为强关系和弱关系两个维度。其中，强关系是指人际互惠度高、互动频繁、关系紧密、情感维系较强烈、社会网络同质性强。弱关系是指互动不频繁、关系不紧密、情感维系较淡薄，社会网络异质性较强（董雪艳和王铁男，2020）。Deutsch 和 Gerard（1955）认为，熟人社区是无形且虚拟的社区圈，处于相同社区内的个体间频繁互动提升了社区圈成员的亲密度，同时也增强了社区圈成员的信任度和情感黏性。熟人社区成员志趣相投，是情感和身份"双认同"的亲密人际关系。熟人社区中的人际关系就是典型的强关系。

作为社会关系网络中的一个维度，社会支持有助于建立或保持自尊和社会认同，所以社会支持对心理状态有直接或主要的影响。从社会关系的强弱性来看，强关系对维持心理健康更有利，因为同质性的社会关系结构更能促进情感表达的需求。来自强关系的社会支持，是情感表达和自我倾诉缓解心理障碍、获得心理疏导、减轻压力的有效途径。不论是工具性的实质性帮助还是表达性的情感援助，来自强关系的社会支持都会在第一时间给予支持，巩固人们内心的感知力（李悦，2022）。因此，本节提出如下假设：

H4：关系强度会调节信息支持与自我效能感之间的关系。

H5：关系强度会调节情感支持与自我效能感之间的关系。

通过梳理信息支持、情感支持、自我效能感、关系强度与消费者参与行为之间的关系，提出研究假设（见表4-1）。

表 4-1　研究假设

假设	假设内容
H1	移动社会化网络中的社会支持正向影响消费者参与行为
H1a	移动社会化网络中的信息支持正向影响消费者线上参与行为
H1b	移动社会化网络中的信息支持正向影响消费者线下参与行为
H1c	移动社会化网络中的情感支持正向影响消费者线上参与行为
H1d	移动社会化网络中的情感支持正向影响消费者线下参与行为
H2	自我效能感在信息支持对消费者参与行为的影响关系中起中介作用
H2a	自我效能感在信息支持对消费者线上参与行为的影响关系中起中介作用
H2b	自我效能感在信息支持对消费者线下参与行为的影响关系中起中介作用
H3	自我效能感在情感支持对消费者参与行为的影响关系中起中介作用
H3a	自我效能感在情感支持对消费者线上参与行为的影响关系中起中介作用
H3b	自我效能感在情感支持对消费者线下参与行为的影响关系中起中介作用
H4	关系强度会调节信息支持与自我效能感之间的关系
H5	关系强度会调节情感支持与自我效能感之间的关系

二、研究设计

1. 研究设计

（1）问卷设计。本书选取量化自我网络平台和软件的使用者以及企业营销活动的参与者作为主要调查对象。首先，本书通过访谈法了解其受社会支持影响而参与企业营销活动的具体行为表现。其次，本书通过梳理现有研究成果，将已有的成熟测量问项与本书的实际研究情况和研究目的相结合，有针对性地设计问卷的具体问项。具体设计流程如下：

大量阅读国内外与信息支持、情感支持、自我效能感、关系强度和消费者参与行为相关的文献，并进行梳理和归纳，厘清本书选取的各变量之间的关系，确立研究框架；同时，整理相关变量的已有成熟量表，初步确定研究问卷的基本内容。

借鉴以往学者使用的成熟量表，同时结合本书的实际研究情况和特点，设计问卷并编制测量问项；在基本确定问项内容后，添加用户基本信息问项，主要包括性别、年龄、学历、月可支配金额等。

在问卷基本成形后，本书就具体问项的设计与导师、同学反复沟通交流，对表述不恰当、语意不明确的问项进行修改和剔除。邀请 60 位移动社会化网络的使用者和企业营销活动的参与者参加预调研，根据预调研结果对问卷进行进一步的修改完善。最终使用的问卷共 25 题，其中用户基本信息 5 题，变量测量问项 20 题，并采用李克特（Likert）7 级量表进行数据收集和统计分析。

（2）变量测量。在参考国内外成熟量表的基础上，并结合本书的研究情境，设计了各变量的测量问项。其中，信息支持和情感支持的测量问项参考了 Liang 等（2011）、Krause 和 Markides（1990）在研究中使用的量表；关系强度的测量问项参考了 Granovetter（1973）、焦勇兵和高静（2018）的研究；自我效能感的测量参考了一般自我效能感量表（General Self-Efficacy Scale，GSES），该量表由 Schwarzer 和 Jerusalem（1995）编制，中文版由王才康等（2001）翻译修订，本书对其信度和效度进行了分析，结果发现 GSES 具有良好的信度和效度；线上参与行为和线下参与行为的测量问项则参考了 Hall-Phillips 等（2016）、Verhagen 等（2015）的研究。本书采用李克特 7 级量表进行了测量，1~7 分别代表"非常不符合"到"非常符合"的情况，具体测量题项如表 4-2 所示。

表4-2　量表各测量问项

变量	测量题项	题项编码	文献来源
信息支持	在网络中，当我需要帮助时，我能得到一些建议	IS1	Liang 等（2011）；Krause 和 Markides（1990）
	在网络中，当我遇到问题时，能得到有助于解决问题的信息	IS2	
	在网络中，有人会帮助我查找出现问题的原因	IS3	
情感支持	在网络中，当我遇到困难时，有人会安慰和鼓励我	ES1	Liang 等（2011）；Krause 和 Markides（1990）
	在网络中，有人会关心我的健康（如朋友圈评论）	ES2	
	在网络中，有人愿意听我倾诉我的想法或感受	ES3	
关系强度	我与我所处的网络平台中的其他人互动频率很高	RS1	Granovetter（1973）；焦勇兵和高静（2018）
	我与我所处的网络平台中的其他人有较深的感情	RS2	
	我经常关注我所处的网络平台中其他用户发布的信息	RS3	
	我所处的网络平台让我有归属感，希望与平台上的朋友保持长久关系	RS4	
自我效能感	如果我尽力去做的话，总是能够解决参与企业营销活动中遇到的问题	SE1	Schwarzer 和 Jerusalem（1995）；王才康等（2001）
	当参与企业营销活动遇到困难时，我通常能想到一些应对的方法	SE2	
	我能冷静地面对困难，因为我信赖自己处理问题的能力	SE3	
	我自信能有效地应付参与企业营销活动过程中的突发状况	SE4	
线上参与行为	我会帮助企业社交媒体中的其他成员解决问题	OPB1	Hall-Phillips 等（2016）；Verhagen 等（2015）
	我会积极参与企业在社交媒体上的营销活动（如打卡等）	OPB2	
	如果有人寻求企业相关的信息（想参与企业的营销活动），我会推荐企业的社交媒体（如官方微博等）	OPB3	
线下参与行为	我会参与企业的线下活动（如跑步记录）	Opb1	Hall-Phillips 等（2016）；Verhagen 等（2015）
	我会通过参与企业的营销活动进行口碑传播，帮助企业提升服务	Opb2	
	我会在参与企业的营销活动后为企业提供反馈（表达自己的意见）	Opb3	

2. 预调研

为了对问卷进行初步的信度和效度检验，及时发现问卷存在的问题，避免问卷正式发放后出现重大错误，本书进行了一次小样本调研，即预调研。预调研问卷主要内容如下：

第一部分为基本信息题。其中，第一题为跳转题，具体表述为"您是否有过参与企业营销活动的经历？"（如参与企业的抽奖活动等），以此筛选出符合本书研究目的的调查对象。其余四题分别调查用户的性别、年龄、受教育程度和月可支配金额。

第二部分为各变量测量问项。其中，信息支持、情感支持、线上参与行为、线下参与行为均设置了三个问项，关系强度、自我效能感均设置了四个问项。每个问项均采用李克特 7 级量表进行测量。

预调研问卷链接主要在微信群、QQ 群等发放；最终共发放问卷 65 份，回收有效问卷 60 份，预调研问卷回收率达 92.31%。回收数据后，本书使用 SPSS 进行了信度和效度检验。预调研量表总体信度和效度分析结果如表 4-3 所示。

表 4-3　预调研量表总体信度和效度分析结果

Cronbach's α		0.877
KMO		0.729
巴特利特球形度检验	卡方检验值	684.997
	自由度	190
	显著性	0.000

预调研各变量信度分析结果如表 4-4 所示。

表 4-4　预调研各变量信度分析结果

变量	问项编码	Cronbach's α
信息支持	IS1	0.791
	IS2	
	IS3	
情感支持	ES1	0.822
	ES2	
	ES3	
自我效能感	SE1	0.821
	SE2	
	SE3	
	SE4	

续表

变量	问项编码	Cronbach's α
关系强度	RS1	0.889
	RS2	
	RS3	
	RS4	
线上参与行为	OPB1	0.873
	OPB2	
	OPB3	
线下参与行为	Opb1	0.770
	Opb2	
	Opb3	

从以上结果可以看出，预调研结果较为理想，即问卷有较高的内部一致性和有效性，适用于进一步的调查研究。

三、结果分析

1. 样本收集

企业通过各种应用和设备提供的数据已经渗透到消费者生活的方方面面。不少企业在推出可穿戴量化设备的同时，也在同步组建移动网络量化自我社区。因此，在正式调研中，本书根据预调研结果，将量化自我网络平台和软件的使用者以及企业营销活动的参与者作为主要调查对象，通过在微博、微信朋友圈等网络平台发布问卷链接进行数据收集。问卷第一题将"您是否有过参与企业营销活动的经历？"（如参与企业的抽奖活动等）作为跳转题，以筛选出符合研究目的的参与者。本书共发放问卷 323 份，剔除无效问卷后，最终回收问卷 301 份，问卷回收率为 93.19%，达到了实证分析所需的样本量。

2. 样本描述性统计

本书中的研究样本描述性统计分析情况如下：在性别层面，男性为 169 人，占比为 56.15%，女性为 132 人，占比为 43.85%，男女比例较为均衡；在年龄层面，样本年龄集中在 18~35 岁，该年龄段的用户是移动社会化网络平台的主要使用群体；在受教育程度层面，此次收集的样本主体主要分布在专科、本科和硕士及以上这三个阶段，分别为 68 人、122 人、96 人，依次占比为 22.59%、40.53%、31.90%，可见样本受教育程度普遍较高；在月可支配金额层面，占比最高的收入等级为 5001~8000 元，人数为 130 人，占比为 43.19%，其次是收入为 2001~

5000 元的用户群体，共 89 人，占比为 29.57%。样本具体情况如表 4-5 所示。

表 4-5　样本描述性统计

样本特征	分类	样本数	百分比（%）
性别	女	132	43.85
	男	169	56.15
年龄	18 岁以下	75	24.91
	18~25 岁	84	27.91
	26~35 岁	122	40.53
	36~45 岁	12	3.99
	45 岁以上	8	2.66
受教育程度	高中及以下	15	4.98
	专科	68	22.59
	本科	122	40.53
	硕士及以上	96	31.90
月可支配金额	1000 元以下	6	1.99
	1001~2000 元	15	4.98
	2001~5000 元	89	29.57
	5001~8000 元	130	43.19
	8000 元以上	61	20.27

3. 信度检验

为增强研究的科学性和有效性，同时在最大程度上避免问卷本身的问题对研究结果造成的影响，本书使用 SPSS 软件对问卷数据进行了信度检验，检验结果如表 4-6 所示。

表 4-6　量表信度分析结果

变量	问项编码	CITC	α if item deleted	Cronbach's α
信息支持	IS1	0.690	0.806	
	IS2	0.746	0.754	0.845
	IS3	0.705	0.795	
情感支持	ES1	0.728	0.835	
	ES2	0.792	0.777	0.869
	ES3	0.731	0.833	

续表

变量	问项编码	CITC	α if item deleted	Cronbach's α
自我效能感	SE1	0.672	0.781	0.830
	SE2	0.704	0.765	
	SE3	0.615	0.807	
	SE4	0.657	0.787	
关系强度	RS1	0.720	0.817	0.860
	RS2	0.723	0.821	
	RS3	0.764	0.816	
	RS4	0.687	0.830	
线上参与行为	OPB1	0.676	0.789	0.832
	OPB2	0.760	0.700	
	OPB3	0.660	0.813	
线下参与行为	Opb1	0.680	0.750	0.821
	Opb2	0.742	0.683	
	Opb3	0.611	0.816	

由表 4-6 可知，信息支持、情感支持、自我效能感、关系强度和消费者参与行为各变量的 Cronbach's α 系数介于 0.821~0.869，均高于 Nunnally（1978）提出的临界值 0.7，各变量的问项的 CITC 值均高于 0.5，表明本书的研究量表具有较高的内在一致性和稳定性，且信度良好。

4. 效度检验

为检验问卷效度，本书使用 SPSS 软件对数据进行了验证性因子分析，得出问卷的 KMO 值为 0.867，表明各变量之间相关性较强。此外，Bartlett 球形检验结果（p=0.000<0.05）表明各指标具有统计学意义。因此，本书所获数据适合进行因子分析。具体的因子分析结果如表 4-7 所示。

表 4-7　量表因子分析结果

变量	问项编码	因子载荷值
信息支持	IS1	0.823
	IS2	0.833
	IS3	0.817
情感支持	ES1	0.831
	ES2	0.868
	ES3	0.850

续表

变量	问项编码	因子载荷值
自我效能感	SE1	0.702
	SE2	0.749
	SE3	0.722
	SE4	0.765
关系强度	RS1	0.828
	RS2	0.832
	RS3	0.860
	RS4	0.817
线上参与行为	OPB1	0.802
	OPB2	0.862
	OPB3	0.768
线下参与行为	Opb1	0.834
	Opb2	0.845
	Opb3	0.736

5. 相关分析

相关分析是测定定量数据之间关系情况的一种简单易行的方法，可以用来判断变量间的关系情况及关系强弱程度等。本书对所有变量进行了 Person 相关性分析，以检验各变量之间的相关关系。检验结果如表 4-8 所示，可以看出信息支持、情感支持、自我效能感、关系强度与消费者参与行为之间存在显著的相关关系，且各变量之间相关系数的绝对值都低于 0.8，表明各变量之间不存在明显的多重共线性，证明本书提出的假设和模型较为合理。

表 4-8　相关性分析结果

		信息支持	情感支持	自我效能感	关系强度	线上参与行为	线下参与行为
信息支持	Pearson 相关性	1					
情感支持	Pearson 相关性	0.215**	1				
自我效能感	Pearson 相关性	0.465**	0.410**	1			
关系强度	Pearson 相关性	0.262**	0.216**	0.287**	1		
线上参与行为	Pearson 相关性	0.405**	0.327**	0.517**	0.241**	1	
线下参与行为	Pearson 相关性	0.363**	0.377**	0.501**	0.176**	0.287**	1

注：** 表示在 1% 水平下显著。

6. 主效用检验

为验证移动社会化网络中的信息支持对消费者线上参与行为的影响，本书通过使用 SPSS 软件对数据进行回归分析，结果如表 4-9、表 4-10、表 4-11 所示。信息支持对消费者线上参与行为有显著影响（p = 0.000 < 0.05），假设 H1a 得到验证。

表 4-9　模型汇总

模型	R	R^2	调整后 R^2	标准估计的误差
1	0.405[a]	0.164	0.161	1.405

注：a 为预测变量（常量），信息支持。

表 4-10　Anova[a]

模型		平方和	df	均方	F	Sig.
1	回归	115.658	1	115.658	58.630	0.000[b]
	残差	589.834	299	1.973		
	总计	705.493	300			

注：a 为因变量，线上参与行为；b 为预测变量（常量），信息支持。

表 4-11　系数[a]

模型		非标准化系数		标准系数	t	Sig.
		B	标准误差	Beta		
1	（常量）	3.181	0.265		12.004	0.000
	信息支持	0.391	0.051	0.405	7.657	0.000

注：a 为因变量，线上参与行为。

为验证移动社会化网络中的信息支持对消费者线下参与行为的影响，本书通过使用 SPSS 软件对数据进行回归分析，结果如表 4-12、表 4-13、表 4-14 所示。信息支持对消费者线下参与行为有显著影响（p = 0.000 < 0.05），假设 H1b 得到验证。

表 4-12　模型汇总

模型	R	R^2	调整后 R^2	标准估计的误差
1	0.363[a]	0.131	0.129	1.568

注：a 为预测变量（常量），信息支持。

表4-13　Anova[a]

模型		平方和	df	均方	F	Sig.
1	回归	111.272	1	111.272	45.241	0.000[b]
	残差	735.407	299	2.460		
	总计	846.679	300			

注：a 为因变量，线下参与行为；b 为预测变量（常量），信息支持。

表4-14　系数[a]

模型		非标准化系数		标准系数	t	Sig.
		B	标准误差	Beta		
1	（常量）	2.864	0.296		9.678	0.000
	信息支持	0.383	0.057	0.363	6.726	0.000

注：a 为因变量，线下参与行为。

为验证移动社会化网络中的情感支持对消费者线上参与行为的影响，本书通过使用 SPSS 软件对数据进行回归分析，结果如表4-15、表4-16、表4-17所示。情感支持对消费者线上参与行为有显著影响（$p = 0.000 < 0.05$），假设 H1c 得到验证。

表4-15　模型汇总

模型	R	R^2	调整后 R^2	标准估计的误差
1	0.327[a]	0.107	0.104	1.452

注：a 为预测变量（常量），情感支持。

表4-16　Anova[a]

模型		平方和	df	均方	F	Sig.
1	回归	75.388	1	75.388	35.774	0.000[b]
	残差	630.105	299	2.107		
	总计	705.493	300			

注：a 为因变量，线上参与行为；b 为预测变量（常量），情感支持。

表4-17　系数[a]

模型		非标准化系数		标准系数	t	Sig.
		B	标准误差	Beta		
1	（常量）	3.869	0.224		17.259	0.000
	信息支持	0.271	0.045	0.327	5.981	0.000

注：a为因变量，线上参与行为。

为验证移动社会化网络中的情感支持对消费者线下参与行为的影响，本书通过使用 SPSS 软件对数据进行回归分析，结果如表4-18、表4-19、表4-20所示。情感支持对消费者线下参与行为有显著影响（p=0.000<0.05），假设 H1d 得到验证。

表4-18　模型汇总

模型	R	R^2	调整后 R^2	标准估计的误差
1	0.377[a]	0.142	0.139	1.559

注：a为预测变量（常量），情感支持。

表4-19　Anova[a]

模型		平方和	df	均方	F	Sig.
1	回归	120.226	1	120.226	49.484	0.000[b]
	残差	726.453	299	2.430		
	总计	846.679	300			

注：a为因变量，线下参与行为；b为预测变量（常量），情感支持。

表4-20　系数[a]

模型		非标准化系数		标准系数	t	Sig.
		B	标准误差	Beta		
1	（常量）	3.188	0.241		13.243	0.000
	信息支持	0.342	0.049	0.377	7.034	0.000

注：a为因变量，线下参与行为。

7. 中介效应检验

为验证自我效能感在信息支持、情感支持对消费者参与行为的影响关系中可能起到的中介作用，本书采用 Bootstrap 方法进行中介效应检验，在95%置信区间下，样本量设定为5000，在 Process 插件中选择4，检验结果如表4-21所示。可知，自我效能感在信息支持对消费者线上参与行为的影响关系中起中介作用（LLCI = 0.1248，ULCI = 0.2610，不包含 0），自我效能感在信息支持对消费者线下参与行为的影响关系中起中介作用（LLCI = 0.1457，ULCI = 0.2749，不包含 0），自我效能感在情感支持对消费者线上参与行为的影响关系中起中介作用（LLCI = 0.1062，ULCI = 0.2156，不包含 0），自我效能感在情感支持对消费者线下参与行为的影响关系中起中介作用（LLCI = 0.1038，ULCI = 0.2132，不包含 0）的影响关系中起中介作用。假设 H2a、H2b、H3a、H3b 均得到验证。

表 4-21　中介效应检验结果

路径	效应值	Boot LLCI	Boot ULCI
信息支持→自我效能感→线上参与行为	0.1879	0.1248	0.2610
信息支持→自我效能感→线下参与行为	0.2081	0.1457	0.2749
情感支持→自我效能感→线上参与行为	0.1563	0.1062	0.2156
情感支持→自我效能感→线下参与行为	0.1549	0.1038	0.2132

8. 调节效应检验

为验证关系强度在信息支持与自我效能感之间的调节效应，本书使用 SPSS 和插件 Process 3.5，通过 Bootstrap 方法，在 Process 插件中选择 1，样本量设定为 5000，在 95% 置信区间内进行了检验，结果如表 4-22 所示。信息支持与关系强度的交互项与自我效能感显著正相关（$\beta = 0.1304$，$p < 0.05$），即关系强度正向调节信息支持对自我效能感的影响，假设 H4 得到验证。

表 4-22　关系强度在信息支持与自我效能感之间的调节效应

	β	t	p	R^2-chng	F
信息支持	−0.2715	−1.9291	0.0547		
关系强度	−0.4707	−3.3199	0.0010		
信息支持×关系强度	0.1304	4.6730	0.0000	0.0517	21.8372
模型 R^2	0.2968				
模型显著性	0.0000				

为验证关系强度在情感支持与自我效能感之间的调节效应，本书使用 SPSS 和插件 Process 3.5，通过 Bootstrap 方法，在 Process 插件中选择 1，样本量设定为 5000，在 95% 置信区间内进行了检验，结果如表 4-23 所示。情感支持与关系强度的交互项与自我效能感显著正相关（$\beta = 0.1007$，$p < 0.05$），即关系强度正向调节情感支持对自我效能感的影响，假设 H5 得到验证。

表4-23　关系强度在情感支持与自我效能感之间的调节效应

	β	t	p	R^2-chng	F
情感支持	−0.2109	−1.7419	0.0826		
关系强度	−0.2751	−2.2916	0.0226		
情感支持×关系强度	0.1007	4.1439	0.0000	0.0432	17.1720
模型 R^2	0.2526				
模型显著性	0.0000				

9. 假设检验结果汇总

本书通过回归分析验证了信息支持、情感支持对消费者参与行为的影响机制，并检验了自我效能感在信息支持对消费者线上参与行为的影响关系中的中介作用、自我效能感在信息支持对消费者线下参与行为的影响关系中的中介作用、自我效能感在情感支持对消费者线上参与行为的影响关系中的中介作用、自我效能感在情感支持对消费者线下参与行为的影响关系中的中介作用，以及关系强度在信息支持与自我效能感之间关系中的调节作用、关系强度在情感支持与自我效能感之间关系中的调节作用。各项假设的检验结果如表4-24所示。

表4-24　研究假设

假设	假设内容	结果
H1	移动社会化网络中的社会支持正向影响消费者参与行为	成立
H1a	移动社会化网络中的信息支持正向影响消费者线上参与行为	成立
H1b	移动社会化网络中的信息支持正向影响消费者线下参与行为	成立
H1c	移动社会化网络中的情感支持正向影响消费者线上参与行为	成立
H1d	移动社会化网络中的情感支持正向影响消费者线下参与行为	成立
H2	自我效能感在信息支持对消费者参与行为的影响关系中起中介作用	成立
H2a	自我效能感在信息支持对消费者线上参与行为的影响关系中起中介作用	成立
H2b	自我效能感在信息支持对消费者线下参与行为的影响关系中起中介作用	成立
H3	自我效能感在情感支持对消费者参与行为的影响关系中起中介作用	成立
H3a	自我效能感在情感支持对消费者线上参与行为的影响关系中起中介作用	成立
H3b	自我效能感在情感支持对消费者线下参与行为的影响关系中起中介作用	成立
H4	关系强度会调节信息支持与自我效能感之间的关系	成立
H5	关系强度会调节情感支持与自我效能感之间的关系	成立

四、研究结论及展望

1. 研究结论

本书从社会支持视角出发，选取信息支持和情感支持这两类移动社会化网络中消费者社交互动的主要支持机制，探究了其对消费者参与行为的影响和具体的作用机制，同时结合 CAPS 理论，检验了自我效能感在信息支持、情感支持影响消费者参与行为中的中介作用，并尝试解释关系强度在信息支持、情感支持与自我效能感之间的调节作用。通过相关分析、回归分析、因子分析、中介效应分析、调节效应分析等，本书得出了以下结论：

（1）移动社会化网络中的社会支持正向影响消费者参与行为。具体而言，即移动社会化网络中的信息支持对消费者线上和线下参与行为均有显著的正向影响、情感支持对消费者线上和线下参与行为均有显著的正向影响。信息支持能够在帮助用户解决问题方面提供有用的知识、建议，情感支持则给予用户心理、情感上的安慰和鼓励，从而激发用户对参与企业营销活动的积极性，提升其参与感。

（2）自我效能感在移动社会化网络中的社会支持与消费者参与行为中起中介作用。具体而言，即自我效能感在信息支持对消费者线上参与行为、信息支持对消费者线下参与行为、情感支持对消费者线上参与行为、情感支持对消费者线下参与行为的影响关系中起中介作用。根据 CAPS 理论可知，作为重要的外部情境变量，移动社会化网络中的信息支持和情感支持会通过自我效能感这一认知路径影响消费者的参与意愿和行为。信息支持能够帮助用户厘清思路、找出问题出现的原因，情感支持使用户感受到关心和支持，这些都能够提升用户对自身能力的积极认知和判断，从而使其更加坚定自己的行为选择。

（3）关系强度会调节信息支持与自我效能感之间的关系。具体而言，即关系强度正向调节信息支持、情感支持对自我效能感的影响。来自强关系的社会支持会在第一时间给予支持，从而激励用户自然地表达情感、倾诉自我，进而有效地减轻压力、缓解心理障碍，使其内心的感知力得到巩固。

2. 研究意义

（1）理论意义。第一，目前普遍使用的对消费者参与行为的维度划分已经不能很好地阐述和概括移动社会化网络中的消费者参与行为，因此，本书结合移动社会化网络的特点及其对消费者参与行为带来的改变，选取信息支持和情感支持作为移动社会化网络中社会支持的维度，并将消费者参与行为划分为线上和线下两大类型，探究了信息支持和情感支持与这两大类参与行为之间的关系，丰富了与社会支持及消费者参与行为相关的研究。

第二，本书在确定中介变量时借鉴了 CAPS 理论的相关内容，是将人格心理学的知识与消费者行为学的相关知识进行有益结合的一次研究尝试，拓展了CAPS 理论的应用范围。

第三，本书从关系强度视角出发，探讨社会支持对消费者参与行为影响的边界条件，即关系强度会调节社会支持与自我效能感之间的关系，丰富了关系强度的相关研究，加深了对关系强度作用机制的认识。

（2）管理启示。本书的切入角度更加细致和精准，能够为企业开展营销活动提供有益的参考和建议。

第一，积极提供信息支持和情感支持。就移动社会化网络平台本身而言，能够提供的信息支持具体可表现为详细的活动介绍，包括活动的目的、主题、时间、参与方式等，此外，还应在当用户遇到困难时提供详尽的操作指导和解决方案；而网络平台本身能够提供的情感支持具体可表现为客服等平台工作人员在用户进行咨询时态度友好，表达对用户的理解。就移动社会化网络平台可对用户采取的措施而言，平台可通过将用户的有用评论置顶、加精等方式，帮助其他有类似问题或经历的用户更便捷地获得有效信息；平台也可通过鼓励用户进行友好交流，加强对不良言论、恶意评论等的管理，营造和谐的网络平台氛围。

第二，了解用户需求，激发用户参与积极性。企业在开展营销活动的过程中，需要充分了解消费者的动机，对消费者的需求和期待值水平进行科学合理的预估，这样才能在后续的宣传过程中有针对性地激发消费者的参与积极性，提升其参与度。同时，由于移动社会化网络中的消费者获取信息的来源更加丰富多样，因此企业不能只以单一的线上或线下渠道作为开展营销活动的途径，将二者有机结合，才能有效地吸引消费者参与。但海量的信息容易造成信息过载，使用户难以快速获取所需信息，因此，企业可建立根据不同的标签、关键词划分的信息板块，提高用户信息查找和获取效率。此外，企业还可以通过折扣、好评返现、满减优惠等多种营销手段和相关活动激发消费者的利己动机，驱使用户进行口碑宣传。更重要的是，企业必须注重自身业务能力和专业性的提高，在与用户的交流中树立企业的正面形象，这对后续发展推广和战略布局都有决定性意义。

第三，培养网络平台文化价值观。网络平台文化作为移动社会化网络平台发展规划的先决条件，在很大程度上能够引导平台用户的行为，并且具有天然的约束作用。良好的网络平台文化不仅可以加强用户间的交流，还可以增强用户之间的亲密度，加强他们之间的关系。从强关系中获得的信息支持和情感支持，能有效地增强用户的内心感知力。

第四，重视与消费者的价值共创。对企业而言，口碑是隐性的资源。在参与企业活动后，消费者在网络平台中进行经历分享和信息交流的行为，不仅满足了其心理诉求，也在无形中宣传了企业的产品和服务。在口碑传递的过程中，消费者实际上已经参与了企业形象的建立。这一过程不仅让消费者有机会分享自己的想法，还可以帮助企业获得消费者反馈信息，打造企业形象。这样的价值共创符合企业和消费者的共同期许。

第五，开展形式丰富、内容多样的活动。企业与消费者之间的关系质量越高，消费者传播网络口碑的意愿就越强，而提升二者之间关系质量的有效途径之一就是开展形式丰富、内容多样的活动。从线上网络活动的角度出发，企业可引导消费者积极参与到活动中，具体而言，企业可采取的行动包括建立功能实用、操作简便的网络平台，使消费者快速获取信息；借助微博、微信公众号等外部网络流量平台，建立企业官方账号作为企业和消费者的交流渠道，加强沟通，增强情感联系；以文案、图片、链接等形式分享有趣或实用的内容，刺激消费者传播欲望，以口碑传播的方式形成裂变式营销宣传。而从线下活动的角度出发，企业可采取路演宣传等形式，将近期动态、热点话题、节日庆典等与企业品牌和服务的特点相结合，设计有吸引力、传播性强能的活动，加深消费者对企业的认识，增强企业的影响力。在线下活动的过程中，企业需要进行科学的、有目的性和计划性的管理，为重要流程制定详细的规范，严格把控风险环节，建立风险应对机制，最终保证结果的可控。

第六，建立完善的激励机制。用户参与网络平台的活动获得的实质性反馈往往具有滞后性，但如果长期不能获得正向反馈将有损用户的体验感和积极性，而激励机制的建立和完善，能够使用户获得正向反馈或者处于追求正向反馈的过程中，从而在很大程度上提高用户体验感和用户黏性。企业可将用户的活跃度、参与度、贡献度等作为设置奖励等级的指标，将用户在社区的活动程度直接与用户收益挂钩，及时进行奖励转化，从而有效提升用户体验感，吸引更多消费者参与其中。

网络平台用户体量大，如果能将其从线上往线下引导，那么接受引导的这部分用户将会是更高意向的精准消费者。因此线上的奖励机制可以尝试与线下的产品服务相结合并进行转化，对高活跃度的线上用户给予线下的赠送或购买折扣，而对线下消费者的购买行为或品牌服务同样可以在虚拟社区中对其进行奖励，扩大网络平台中的核心群体。当一个网络平台实现线上等级积分到线下实际收益的转化，而线下用户又乐于参与到网络平台的活动和内容构建中以获得更多收益，那么良性循环就已经形成。最后，对线上、线下的活动和激励机制进行及时更新，并开辟网络平台用户沟通建议渠道，在宣传和沟通的过程中输出企业文化和价值观。借以完善的奖励机制，线上线下相互促进和转化，良好的用户维护机制也已建立。

（3）研究局限与展望。本书对移动社会化网络中信息支持、情感支持对消费者参与行为的影响机制进行了有益探索，但研究内容仍存在一定局限性，有待在未来进行更深入的研究。

第一，本书问卷数据主要通过网络途径获取，问卷填写人的身份不明，相应的样本质量不可控，可能会对数据结果造成影响。同时，从样本的描述性统计分析可知，样本主体主要集中在学生群体，涉及范围较小，且受限于时间精力，收集到的样本数据有限，样本的普适性有待增强。未来可针对不同身份群体发放问卷，延长问卷回收期限，扩大样本体量，增强研究结果的科学性和普适性。

第二，本书选取信息支持和情感支持作为消费者参与行为的影响因素，但通过梳理文献可知，关于社会支持的研究和维度划分已较为丰富，未来可考虑选取其他支持性因素，进一步探究其对消费者参与行为的影响，加深对消费者参与行为的理解和认知。

第三，本书将关系强度作为调节变量，而事实上，用户心理和行为会受到移动社会化网络的不同特征的影响，如成员数量、信任度等。同时，网络平台用户性格各异，其自身的特点可能会对他人造成影响。这些都是未来研究的方向。

第二节　运动健身类 App 用户临场感对持续使用意愿的影响机制研究

一、研究模型与假设

1. 研究模型

从临场感视角出发，基于社会影响理论和 S—O—R 理论框架，提出刺激（S）—机体（O）—反应（R）模型，从实证的角度探讨运动健身类 App 用户临场感对持续使用意愿的影响，并进一步提出信任这一解释机制，以及涉入度和潜在示能性在运动健身类 App 用户临场感对持续使用意愿可能产生的调节作用。基于文献梳理提出研究模型，如图 4-2 所示。

2. 研究假设

运动健身类 App 用户临场感划分为空间临场感和社会临场感，空间临场感是用户对运动健身类 App 中运动健身功能和课程的情景模拟功能、环境模拟功能、虚拟交互功能的主观体验；社会临场感是用户通过运动直播课或运动圈子的人机互动、交流、共享塑造出的社会情境。从空间临场感来看，Schubert（2009）发现当个体在运动时能够感受到其他运动个体的存在时，将进一步激发自身的运动

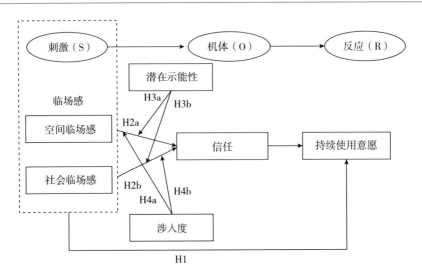

图 4-2 研究模型

潜能，即空间临场感将通过影响个体认知再控制其行为。Kim 和 Baek（2015）通过对不同网站的用户行为进行研究发现，空间临场感越强，用户感知电商网站的娱乐性和有用性越强，从而进一步促进用户行为。从直播购物的视角研究直播场景氛围线索，由于直播的即时性和互动性给消费者带来的临场感，促进了消费者冲动消费意愿（龚潇潇等，2019）。从社会临场感来看，运动健身类 App 的受众大多为年青一代，工作较忙又有健身需求的女性上班族占比较高，Cyr 等（2007）从直播受众的角度，将占比更高的女性用户作为研究对象，研究表明社会临场感会直接影响女性消费者的信任度。在 B2C 和 C2C 网购情境下，学者将临场感划分为空间临场感与社会临场感，并探究临场感对用户信任进而影响其持续参与意愿的影响机制（赵宏霞等，2015；高伟等，2019）。因此，本节提出假设：

H1：运动健身类 App 用户临场感影响持续使用意愿。

H1a：运动健身类 App 用户空间临场感正向影响持续使用意愿。

H1b：运动健身类 App 用户社会临场感正向影响持续使用意愿。

在网络电商环境下，由于产品的对比性更强和价格优势，消费者的机会主义表现更加明显，因此提高用户信任成为商家经营的关键。受到网络技术的场景环境间接影响，消费者信任在社会临场感和购买意愿间起中介作用（冯俊等，2020），在网购中卖家的图片、视频评论的感知有用性也将增加消费者的临场感（Hassanein and Head，2007）。赵宏霞等（2015）研究了在 B2C 网购情境下，临场感对用户信任以及其持续参与意愿的影响机制。谢莹等（2019）、孟陆等（2020）基于社会影响理论和社会助长理论进行定性和定量研究，发现社会临场感通过影响消费者的满意度和信任等心理感知，进而影响消费者行为。因此，本节提出如下假设：

H2：信任是运动健身类 App 用户临场感与持续使用意愿的中介变量。

H2a：信任是运动健身类 App 用户空间临场感与持续使用意愿的中介变量。

H2b：信任是运动健身类 App 用户社会临场感与持续使用意愿的中介变量。

示能性是用户对使用媒介的认识和行为变化，更关注的是用户使用的过程（Volkoff and Strong，2017）。使用运动健身类 App 的过程中，潜在示能性是用户对自身潜在运动健身技能或者 App 能够带来的其他生活或精神的满足。不同用户使用运动健身类 App 的目标导向不同意味着个体的潜在示能性各有不同，Ulmer 和 Pallud（2014）通过对不同社交媒体用户的使用习惯和行为偏好的研究发现，个体潜在示能性对后续的行动活动具有促进作用。Lanamäki 等（2016）以信息系统为载体发现，潜在示能性从用户使用系统就伴随着最终结束行为，对用户感知和行为起到了调节作用。赵宇翔（2011）以社交媒体为研究对象，基于感知示能性的理论研究，提出如何加强社交媒体的交互性。在此基础上，赵宇翔和朱庆华（2013）实证研究了在不同情境下，用户社交媒体的使用过程中感知示能性对信任的调节作用。因此，本节提出如下假设：

H3：潜在示能性会调节用户临场感与信任之间的关系。

H3a：潜在示能性会调节用户空间临场感与信任之间的关系。

H3b：潜在示能性会调节用户社会临场感与信任之间的关系。

涉入度因用户进入网络社交情境中产生个体情绪刺激引起，其表现是用户下载并进入 App 了解其功能的次数和频率，查看评论信息等为了后续决策的一系列的信息搜集行为。在线社区和在线网购中，涉入度作为调节量影响消费者的信任度，进而影响购买意愿（柴成，2020；黄静等，2016）。消费者对不同附属产品的价格评估，消费者对免费的低涉入度附属品比低价格的支付意愿更强。涉入度越高，消费者搜集与产品相关质量信息参照产品信息的积极性越高，寻求可行方案，实现最大期望的满足（Petty and Cacioppo，1981）。在品牌选择的过程中，消费者倾向于通过搜集足够的外部信息和线索来识别品牌差异（Kandampully，2000），品牌涉入度越高，越能加深消费者品牌承诺（吴剑琳等，2011）。由此可知，用户感知使用运动健身类 App 的重要程度和关联程度较高，表示用户需求的空间临场感和社会临场感得到重视，运动健身类 App 能够提供定制化、专业化的完备信息，满足用户体验的需要，进而能够提升用户信任。因此，本节提出如下假设：

H4：涉入度会调节用户临场感与信任之间的关系。

H4a：涉入度会调节用户空间临场感与信任之间的关系。

H4b：涉入度会调节用户社会临场感与信任之间的关系。

在运动健身类 App 中，用户临场感是用户持续使用意图和行为的重要前因变量，同时也有学者实证检验了消费者信任正向影响消费者的忠诚度，而持续使用行为是用户在行为上的忠诚体现。研究假设如表 4-25 所示。

表 4-25　研究假设

序号	内容
H1	运动健身类 App 用户临场感对持续使用意愿的影响
H1a	运动健身类 App 用户空间临场感正向影响持续使用意愿
H1b	运动健身类 App 用户社会临场感正向影响持续使用意愿
H2	信任是运动健身类 App 用户临场感与持续使用意愿的中介变量
H2a	信任是运动健身类 App 用户空间临场感与持续使用意愿的中介变量
H2b	信任是运动健身类 App 用户社会临场感与持续使用意愿的中介变量
H3	潜在示能性会调节用户临场感与信任之间的关系
H3a	潜在示能性会调节用户空间临场感与信任之间的关系
H3b	潜在示能性会调节用户社会临场感与信任之间的关系
H4	涉入度会调节用户临场感与信任之间的关系
H4a	涉入度会调节用户空间临场感与信任之间的关系
H4b	涉入度会调节用户社会临场感与信任之间的关系

二、研究设计

1. 问卷的设计

本书首先采用访谈法对经常使用运动健身类 App 的用户进行访问，确立影响用户持续使用的影响因素——临场感，同时进一步了解用户使用运动健身类 App 的具体行为表现。其次采用问卷法对经常使用运动健身类 App 的用户收集数据，并进行实证分析，本书的问卷设计流程如下：

（1）浏览并梳理国内外关于运动健身类 App 用户临场感、持续使用意愿、涉入度与潜在示能性的相关文献，进而构建研究框架、整理并分析相关变量的成熟量表，初步确定本次问卷的题项设计。

（2）从现有成熟的量表中筛选出适合信效度较高的测量问项，结合运动健身类 App 的特征设计问卷和编制测量题项。

（3）问卷预调研。预调研选取 45 位运动健身类 App 的爱好者被测填写，本书问卷采用了李克特 7 级量表对用户使用运动健身类 App 的习惯和认知等进行统计分析。

2. 变量的测量

本书参考了以往学者提出的个变量和题项的成熟量表，其中空间临场感参考了 Barfield（1995）的题项，社会临场感借鉴了 Hassanein 等（2007）的题项，涉入度参考了 Zaichkowsky（1994）关于产品涉入度的测量题项，潜在示能性结合 Lanamäki 等（2016）、Ulmer 和 Pallud（2014）的题项，信任和持续使用意愿分别采用了 Mcknight（2002）、Pavlou 和 Dimoka（2006）的成熟量表，再结合运动健身类 App 的设计和情境特征进行了修改。各变量的具体测量题项如表 4-26 所示。

表 4-26 测量题项汇总

维度	测量题项	测量编项	理论依据
空间临场感	在上运动健身（直播）课时，会不自觉地感到教练正在面对面教学	Ph1	Barfield（1995）
	在上运动健身（直播）课时，会感觉到自己仿佛在真实的运动场景中运动	Ph2	
	在上运动健身（直播）课时，会不自觉地感到自己已被运动健身氛围所包围	Ph3	
	在上运动健身（直播）课时，有弹幕评论时感觉其他人和我在一起锻炼	Ph4	
社会临场感	使用运动健身类 App 时，我和 App 社区中其他人的情绪和行为互相影响	Sh1	Hassanein 等（2007）
	使用运动健身类 App 时，我会感觉到 App 社区中其他人也会关注我的动态	Sh2	
	使用运动健身类 App 时，他人的存在有一种互相鼓励、激励的感觉	Sh3	
	使用运动健身类 App 时，我会感觉到 App 后台也会反馈我的意见和想法	Sh4	

续表

维度	测量题项	测量编项	理论依据
涉入度	决定使用运动健身类 App，对有运动健身需求的我很重要	IN1	Zaichkowsky（1994）
	使用运动健身类 App，符合我健康生活的理念	INV2	
	使用运动健身类 App 需要提前做好一些准备和安排	INV3	
	使用运动健身类 App 越频繁，我就会更加深入了解 App 可以带来的好处	INV4	
潜在示能性	我在使用运动健身类 App 的过程中逐渐发掘出了与最初使用目的不同的其他作用	PA1	Lanamäki 等（2016）；Ulmer 和 Pallud（2014）
	如今运动健身类 App 被当成社交的平台之一	PA2	
	除了运动健身，我还将在运动商城购买相关的运动设备	PA3	
	运动健身类 App 对我来说不只是一个锻炼提升和运动交友的平台，我使用运动健身类 App 还有其他的目的	PA4	
信任	使用运动健身类 App 来提升自己是可靠的	DIS1	Mcknight（2002）
	在使用运动健身类 App 时，大多数人的评论是值得信赖的	DIS2	
	在使用运动健身类 App 时，软件各项数据是值得信赖的	DIS3	
持续使用意愿	在需要运动健身时，我还会选择运动健身类 App 来提升自己	INT1	Pavlou 和 Dimoka（2006）
	在需要运动健身时，我首先会想到使用运动健身类 App	INT2	
	我愿意向亲朋好友推荐使用运动健身类 App 来锻炼身体	INT3	

3. 数据收集

本书主要以运动健身类 App 用户为研究对象对其进行问卷调查，通过问卷星的在线问题在运动健身社区和爱好者群、微博超话等进行数据收集，以大学生群体为主。在问卷设计中，第一题设置了"是否使用过运动健身类 App 应用"作为跳转题，筛选出研究对象——运动健身类 App 用户。本次共回收问卷 381 份，通过跳转题项排除非运动健身类 App 用户，以及填写时间过短的无效问卷进行剔除，共回收问卷 355 份，问卷回收率为 93.1%，有效问卷的数量达到了实证分析的要求。

4. 样本描述性统计

本书的调查对象明确针对运动健身类 App 使用者，本次调查样本以大学生为主，并且通过收集的问卷可以看出女性的占比较高，基本情况如表 4-27 所示。

表 4-27　样本描述性统计

用户特征	分布	人数	占比（%）
性别	男	156	44
	女	199	56
年龄	18 岁及以下	9	2
	18~25 岁	286	80
	26~30 岁	53	15
	31~40 岁	4	1
	41 岁及以上	3	1
学历	初中及以下	1	2
	高中	9	3
	中/大专	22	6
	本科	255	72
	硕士及以上	68	19
使用频率	每周 5 次以上	46	13
	每周 3~5 次	144	41
	每周 1 次	98	28
	偶尔 1 次	67	19

三、结果分析

1. 信度检验

本书通过 SPSS 软件对问卷的测量问项的有效性和一致性进行检验，变量的 Cronbach's α 系数用来反映该变量各个测量问项之间的内部相关度，通常情况下，系数在 0.7 以上表明量表信度良好，系数越大表明量表的内部一致性越好。如表 4-28 所示，空间临场感、社会临场感、涉入度、潜在示能性、信任和持续使用意愿的 Cronbach's α 值分别为 0.901、0.881、0.879、0.813、0.859、0.885，均大于 0.8，各变量的问项 CITC 值均大于 0.5，说明本书的研究变量的信度良好。

表 4-28　测量量表信度分析结果

维度	测量题项	CITC	α if item deleted	Cronbach's α
空间临场感	Ph1	0.805	0.863	0.901
	Ph2	0.825	0.858	
	Ph3	0.790	0.869	
	Ph4	0.710	0.901	
社会临场感	Sh1	0.801	0.824	0.881
	Sh2	0.722	0.856	
	Sh3	0.709	0.861	
	Sh4	0.743	0.847	
涉入度	IN1	0.758	0.839	0.879
	INV2	0.829	0.811	
	INV3	0.643	0.889	
	INV4	0.748	0.842	
潜在示能性	PA1	0.584	0.787	0.813
	PA2	0.555	0.800	
	PA3	0.742	0.708	
	PA4	0.650	0.756	
信任	DIS1	0.670	0.861	0.859
	DIS2	0.768	0.770	
	DIS3	0.769	0.772	
持续使用意愿	INT1	0.740	0.869	0.885
	INT2	0.817	0.802	
	INT3	0.781	0.834	

2. 效度检验

通过 SPSS 21.0 软件分析得出测量量表的 KMO 值为 0.862，说明各测量题项间关系良好；Bartlett 球形检验的显著性概率为 0.000，小于 0.05 的显著性水平，因此球形假设被拒绝。因此，本书收集的样本数据适合进一步做因子分析。主成分因子分析结果具体内容如表 4-29 所示。

表 4-29　主成分因子分析结果

变量	测量编项	因子载荷值
空间临场感	Ph1	0.837
	Ph2	0.881
	Ph3	0.769
	Ph4	0.698
社会临场感	Sh1	0.755
	Sh2	0.718
	Sh3	0.719
	Sh4	0.713
涉入度	IN1	0.762
	INV2	0.784
	INV3	0.608
	INV4	0.734
潜在示能性	PA1	0.708
	PA2	0.621
	PA3	0.684
	PA4	0.714
信任	DIS1	0.739
	DIS2	0.757
	DIS3	0.707
持续使用意愿	INT1	0.740
	INT2	0.764
	INT3	0.808

3. 相关分析

在相关性分析中，没有前置变量和结果变量的区分，所有变量之间的关系是对等的。因此，变量之间是否存在相关关系可以用相关性分析得到初步判定，从而判断模型构建和假设演绎的合理性。本书使用 SPSS 24.0 对所有变量进行 Person 相关性检验，从表 4-30 中可以看出空间临场感、社会临场感、涉入度、潜在示能性、信任和持续使用意愿之间存在显著的相关关系，因此本书提出的假设和模型设置较为合理。变量之间不存在多重共线性，因为各变量之间的相关系数的绝对值都在 0.8 以下。但是，相关性分析只能说明空间临场感、社会临场感、涉入度、潜在示能性、信任和持续使用意愿变量之间存在相关性，并不能指出变量间存在的因果关系，也就无法验证因果关系的大小，故本书接下来的研究通过回归分析验证因果关系。

表 4-30　相关性

		Ph	Sh	INV	INTS	INDS	DIS	INT
Ph	Pearson 相关性	1						
Sh	Pearson 相关性	0.582**	1					
INV	Pearson 相关性	0.411**	0.487**	1				
PA	Pearson 相关性	0.414**	0.595**	0.558**	1			
DIS	Pearson 相关性	0.585**	0.632**	0.731**	0.484**	0.699**	1	
INT	Pearson 相关性	0.402**	0.499**	0.647**	0.468**	0.523**	0.740**	1

注：**表示在 1%水平下显著。

4. 主效用检验

空间临场感对用户持续使用的主效用检验。为验证空间临场感对用户持续使用的影响，本书采用 SPSS 的线性回归功能构建回归方程，选择回归方法为逐步排除可能存在的共线性关系，结果如表 4-31、表 4-32、表 4-33 所示。空间临场感对用户持续使用的影响显著（p=0.000），假设 H1a 得到验证。

表 4-31　模型汇总

模型	R	R^2	调整后 R^2	标准估算的误差
1	0.585[a]	0.342	0.339	0.92791

注：a 为预测变量（常量），Ph。

表 4-32　Anova[a]

模型		平方和	df	均方	F	Sig.
	回归	113.246	1	113.246	131.527	0.000[b]
1	残差	217.836	353	0.861		
	总计	331.082	354			

注：a 为因变量，INT；b 为预测变量（常量），Ph。

表 4-33　系数[a]

模型		非标准化系数		标准系数	t	Sig.
		B	标准误差	Beta		
1	（常量）	2.392	0.209	—	11.433	0.000
	Ph	0.522	0.045	0.585	11.469	0.000

注：a 为因变量，INT。

为验证社会临场感对用户持续使用的影响，本书采用 SPSS 的线性回归功能构建回归方程，选择回归方法为逐步排除可能存在的共线性关系，结果如表 4-34、表 4-35、表 4-36 所示。社会临场感对用户持续使用的影响显著（p = 0.000），假设 H1b 得到验证。

表 4-34　模型汇总

模型	R	R²	调整后 R²	标准估算的误差
1	0.632ᵃ	0.400	0.398	0.886

注：a 为预测变量（常量），Sh。

表 4-35　Anovaᵃ

模型		平方和	df	均方	F	Sig.
1	回归	132.403	1	132.403	168.602	0.000ᵇ
	残差	198.680	353	0.785		
	总计	331.082	354			

注：a 为因变量，INT；b 为预测变量（常量），Sh。

表 4-36　系数ᵃ

模型		非标准化系数		标准系数	t	Sig.
		B	标准误差	Beta		
1	（常量）	2.141	0.205	—	10.461	0.000
	Sh	0.567	0.044	0.632	12.985	0.000

注：a 为因变量，INT。

5. 中介效应检验

中介作用分析：本书使用 Bootstrap 方法进行并列中介作用检验，在 Process 插件中选择模型 4，样本量设定为 5000，在 95% 置信区间下，检验结果显示：信任（LLCI = 0.3021，ULCI = 0.5147，不包含 0）在空间临场感对用户持续使用意愿的影响中均发挥了中介作用，信任（LLCI = 0.3044，ULCI = 0.5249，不包含 0）在社会临场感对用户持续使用意愿的影响中均发挥了中介作用。此外，当控制中介变量后，自变量空间临场感对因变量用户持续使用意愿的影响不再显著（LLCI = −0.511，ULCI = 0.1439，包含 0），自变量社会临场感对因变量用户持续使用意愿的影响不再显著（LLCI = −0.1354，ULCI = 0.0498，包含 0），结果如图 4-3 所示。信任在空间临场感和社会临场感对用户持续使用意愿的影响中均发挥了完全中介作用，因此假设 H2a 和 H2b 成立。

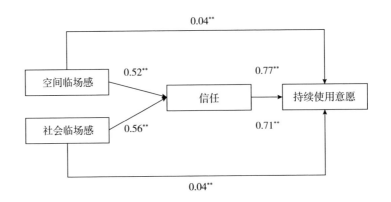

图 4-3 中介效应分析

注：**表示在 1%水平下显著。

6. 调节检验

调节作用分析（潜在示能性对空间临场感）。为验证潜在示能性在空间临场感与信任之间的调节效应，对空间临场感与信任进行中心化处理，再构造两变量间的交互项，结果如表 4-37 所示，潜在示能性调节空间临场感与信任（F = 31.817，p<0.01），假设 H3a 得到有效验证，即潜在示能性会调节空间临场感对信任的影响。

表 4-37 潜在示能性在空间临场感与信任之间的调节效应

模型		平方和	df	均方	F	Sig.
1	回归	91.845	3	45.922	46.822	0.000[b]
	残差	247.159	352	0.981		
2	回归	93.399	3	31.133	31.817	0.000[c]
	残差	245.605	351	0.979		
总计		339.004	354			

注：a 为因变量，DIS；b 为预测变量（常量），Ph，PA；c 为预测变量（常量），Ph，PA，ZPHDIS。

调节作用分析（潜在示能性对社会临场感）。为验证潜在示能性在社会临场感与信任之间的调节效应，对社会临场感与信任进行中心化处理，再构造两变量间的交互项，结果如表 4-38 所示。潜在示能性调节社会临场感与信任（F = 43.603，p<0.01），假设 H3b 得到有效验证，即潜在示能性会调节社会临场感对

信任的影响。

表4-38 潜在示能性在社会临场感与信任之间的调节效应

模型		平方和	df	均方	F	Sig.
1	回归	109.583	2	54.792	60.184	0.000[b]
	残差	229.421	352	0.910		
2	回归	116.144	3	38.715	43.603	0.000[c]
	残差	222.860	351	0.888		
总计		339.004	354			

注：a 为因变量，DIS；b 为预测变量（常量），Ph，PA；c 为预测变量（常量），Ph，PA，ZPHDIS。

调节作用分析（涉入度对空间临场感）。为验证涉入度在空间临场感与信任之间的调节效应，对空间临场感与信任进行中心化处理，再构造两变量间的交互项，结果如表4-39所示。涉入度调节空间临场感与信任（F = 66.205，p < 0.01），假设H4a得到有效验证，即涉入度会调节空间临场感对信任的影响。

表4-39 涉入度在空间临场感与信任之间的调节效应

模型		平方和	df	均方	F	Sig.
1	回归	149.464	2	74.732	99.359	0.000[b]
	残差	189.540	352	0.752		
2	回归	149.753	3	49.918	66.205	0.000[c]
	残差	189.251	351	0.754		
总计		339.004	354			

注：a 为因变量，DIS；b 为预测变量（常量），INV，Ph；c 为预测变量（常量），INV，Ph，ZPHDIS。

调节作用分析（涉入度对社会临场感）。为验证涉入度在社会临场感与信任之间的调节效应，对社会临场感与信任进行中心化处理，再构造两变量间的交互项，结果如表4-40所示。涉入度调节社会临场感与信任（F = 72.372，p < 0.01），假设H4b得到有效验证，即涉入度会调节社会临场感对信任的影响。

表4-40 涉入度在社会临场感与信任之间的调节效应

模型		平方和	df	均方	F	Sig.
1	回归	156.969	2	78.485	108.650	0.000[b]
	残差	182.035	352	0.722		

模型		平方和	df	均方	F	Sig.
2	回归	157.233	3	52.411	72.372	0.000[c]
	残差	181.771	351	0.724		
	总计	339.004	354			

注：a 为因变量，DIS；b 为预测变量（常量），Sh，INV；c 为预测变量（常量），Sh，INV，ZSHDIS。

7. 假设检验结果汇总

基于以上的描述性统计、相关分析、回归分析、主效应分析、调节效应及中介效应分析结果，假设的验证结果如表 4-41 所示。

表 4-41　假设验证结果汇总

假设	假设内容	结果
H1	运动健身类 App 用户临场感对持续使用意愿的影响	支持
H1a	运动健身类 App 用户空间临场感正向影响持续使用意愿	支持
H1b	运动健身类 App 用户社会临场感正向影响持续使用意愿	支持
H2	信任是运动健身类 App 用户临场感与持续使用意愿的中介变量	支持
H2a	信任是运动健身类 App 用户空间临场感与持续使用意愿的中介变量	支持
H2b	信任是运动健身类 App 用户社会临场感与持续使用意愿的中介变量	支持
H3	潜在示能性会调节用户临场感与信任之间的关系	支持
H3a	潜在示能性会调节用户空间临场感与信任之间的关系	支持
H3b	潜在示能性会调节用户社会临场感与信任之间的关系	支持
H4	涉入度会调节用户临场感与信任之间的关系	支持
H4a	涉入度会调节用户空间临场感与信任之间的关系	支持
H4b	涉入度会调节用户社会临场感与信任之间的关系	支持

四、研究结论与启示

1. 研究结论

本书基于社会影响理论和 S—O—R 理论，将运动健身类 App 临场感划分为空间临场感和社会临场感，通过回归分析，实证检验运动健身类 App 临场感对持续使用意愿的影响。实证结果表明，空间临场感和社会临场感都将影响消费者信任，进而影响用户持续使用意愿，信任在临场感和持续使用意愿之间发挥了完全中介作用。潜在示能性和涉入度在空间临场感和社会临场感与信任之间都起到了调节作用，解释了用户个体差异的心理感知对行为决策的影响。

2. 理论贡献

第一，本书立足于运动健身类 App 用户的心理认知和行为特点，探析用户临场感对持续使用意愿的影响机制，本书研究了丰富临场感理论内涵和外延以及运动健身类 App 用户的相关理论研究；第二，本书基于信任理论，探讨信任在临场感和持续使用意愿之间的中介效应，丰富信任的中介作用相关研究；第三，本书以提高用户使用过程的体验感为目标，从用户个体与 App 的交互中的变化出发，探讨涉入度和潜在示能性在临场感和信任的调节效应，丰富涉入度和潜在示能性的相关研究。

3. 管理启示

对临场感而言，随着交互技术和智能终端的社交属性的提高，运动健身类 App 平台的用户规模不断扩大，但是使用频率不高、用户黏性不强的问题成为运动健身类 App 的痛点。鉴于本书的研究结果，运动健身类 App 应从空间临场感和社会临场感的角度出发，提高 App 平台的互动功能，提升用户的"身临其境"感。同时，由于目前运动健身类 App 产品层出不穷，这就导致了同质化严重，竞争力不高，对运动健身类 App 开发商而言，如何从众多产品中突出重围，就需要从提高用户临场感角度出发，利用大数据和 AI 技术不断扩大对运动健身功能的延伸，让用户在平台中更愿意分享自身信息，增强用户信任，保障其社交属性的延伸，促使用户达到沉浸状态，进一步激发用户对运动健身类 App 信息的关注与功能的使用。

对潜在示能性而言，个体不仅有不同的性格，而且有不同的性格倾向。对于运动健身类 App 而言，用户多为运动健身爱好者，受环境刺激的影响比较大，在平台的多功能作用下，用户不同倾向的性格特征会被激发出来，这给运动健身类 App 设置个性化课程和特色功能加大了难度，后台数据要经过对用户的个性问卷或搜索偏好进行长期性的调研，掌握用户的动态情绪变化才能更好地为用户提供针对性的运动健身体验。对于不同性格的用户可以增设不同分享程度的社区分享平台，可以设置匿名，但须经过平台审核分享体验。

对涉入度而言，涉入度越高的用户，临场感对持续使用意愿的促进作用越大。鉴于此，平台可以通过后台数据精准推送，让用户更多地接触到运动健身产品的功能，增加用户接触到相关产品的机会，进一步提高产品涉入度，提高用户的忠诚度。同时，在运动商城发展过程中也要根据用户运动类型和频次推送相关商品，为用户打造一站式运动健身服务。

对运动健身类 App 的自身发展而言，近年来大数据分析带来的隐私问题频发，在社交媒体中加强用户个人信息的安全管理成为影响用户行为的重要因素。运动健身类 App 的设计开发者应针对用户个人敏感信息进行安全防护管理，采用多重加密方式保障用户的信息安全，通过提升软件自身的操作性和用户反馈机制，修补存在的安全或需要修正的功能漏洞。临场感所带来的社交沉浸式体验的同时，因过度社交而忽略运动健身类 App 本身的初衷和理念是不利于其长期发展的。同样，正是由于社交功能的不断开发以及运动商城的运营逐步上线，应用开发者更应该加强平台的用户的行为管理。对于用户而言，也要提高自身的自律意识，避免陷入负面信息传播和不良网络行为的产生。

4. 研究局限及展望

本书通过实证的研究方法证明了运动健身类 App 用户临场感对持续使用意愿的影响机制研究的影响，但研究内容仍存在一定局限性和未来延伸探讨之处。

第一，本书的问卷发放渠道主要是通过网络，由于网络的开放性，导致发放电子问卷收集的样本质量各有不同，无法克服问卷填写过程中的外界干扰性。同时，样本数据多集中于年轻的大学生群体，样本的范围不够广泛，层次性不够明显，不能代表不同年龄阶段和身份的用户特征。由于运动健身类 App 使用频率高的用户不多，导致收集的可用样本量较少。并且，本书采用问卷方式不能动态地追踪调查对象在不同时间段使用的感知差异，从而只能得到用户在短期内的心理认知和行为水平，无法准确预测反映用户行为的变化过程。后续可通过实验法对用户持续使用行为的影响效应进行研究。另外，参与本书调查的用户里中年群体较少，后续研究会进一步考虑扩大年龄范围和身份类型，让样本数据更具有广泛性。

第二，现有研究有关临场理论较为丰富，本书只考虑了空间临场感和社会临场感，在已有的研究中也有将空间临场感和社会临场感单独进行研究的，划分为不同的自变量，结合运动健身类 App 的临场感涉及的较多平台功能，在未来的研究中可以根据其度量指标逐一进行细化，更好地解释运动健身类 App 临场感的内涵。同时，对于临场感的研究也是从不同的维度进行划分，后续研究可以引入情感临场感和认知临场感等丰富运动健身类 App 临场感理论。

第三，涉入度和潜在示能性是个体的心理认知和状态，虽然引入这两个调节变量能更好地解释用户个体差异的心理感知对行为决策的影响，但是仅通过访谈和问卷的形式无法准确判断个体在一段时间内的变化情况。未来可以采用实验法的方式探究涉入度的不同程度对用户持续使用意愿的影响，通过实验情境和控制变量，更好地把握用户的心理状态变化。同时，本书只探究了涉入度和潜在示能性在临场感和信任之间的调节效应，但没有对其调节作用的大小和方向做出具体的论证。

　　第四，借助抖音等平台的运动直播兴起也影响着用户持续参与运动直播的意愿，这其中可能存在在线运动背景音乐、运动场景和主播个人风格等因素对用户临场感的影响，这也是后续研究在线运动临场感的方向。

第五章 圈子特征的作用机制

第一节 在线量化自我社区用户
参与行为的影响机制研究

——基于社会认知理论

一、研究模型与假设

1. 研究模型

本书基于社会认知理论，并结合社会支持理论，探究在线 QS（量化自我）社区用户参与行为的影响机制，并提出自我效能在情感支持、信息支持对在线 QS 社区用户参与行为的作用间起中介作用，成员数量在信息支持和在线 QS 社区用户参与行为之间起调节作用。研究模型如图 5-1 所示。

2. 研究假设

（1）环境因素对在线 QS 社区用户参与行为的影响。

1）社区氛围对在线 QS 社区用户参与行为的影响。Cai 和 Shi（2020）发现，在线问答社区氛围可以有效促进用户知识共享的意愿。Chen 等（2021）研究表明，在线社区氛围可以激励消费者参与价值共创活动。Zhang 等（2021）将在线社区气氛分为支持性气氛和控制性气氛，建设良好的社区气氛对社区成员产生社区信任有显著效用。尚永辉等（2012）将社区氛围划分为互惠、公平、创新三个维度，研究表明社区氛围与在线社区成员的知识共享行为显著正相关。因此，本节提出如下假设：

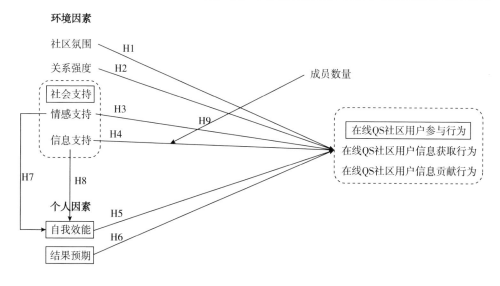

图 5-1　研究模型

H1a：社区氛围正向影响在线 QS 社区用户信息获取行为。

H1b：社区氛围正向影响在线 QS 社区用户信息贡献行为。

2）关系强度对在线 QS 社区用户参与行为的影响。现实生活中，联系紧密的群体比联系松散的群体互动更为频繁，这一情况在在线社区中也同样成立。当在线社区的用户与其他成员较为熟络时，更容易产生信息贡献的倾向（蔡小筱和张敏，2015）。此外，成员也会对自己较为重要的其他成员保持关注，促进了成员的信息获取。张敏等（2015）揭示了大学生之间的社会关系强度正向影响其在微信平台发帖、回帖等知识共享行为。在 QS 社区中，这一情况也类似，社区中如果有成员关系较为紧密或者较为关注的个体，那么成员会主动搜寻与其有关的信息，并主动贡献信息给与自己关系紧密的成员。因此，本节提出如下假设：

H2a：关系强度正向影响在线 QS 社区用户信息获取行为。

H2b：关系强度正向影响在线 QS 社区用户信息贡献行为。

3）社会支持对在线 QS 社区用户参与行为的影响。用户加入在线 QS 社区通常是为了获得更良好的自我管理能力，而社区所提供的信息支持和情感支持都有助于此。如果 QS 社区能够为用户提供对其自身有价值的知识或精神鼓励，那么他会倾向于日后继续从该社区获取信息，出于感激，该用户日后也会帮助其他成员，向他们提供有用的知识和心理的激励。秦敏和李若男（2020）发现，在线用户社区内，在线信息支持和在线情感支持既能直接对用户贡献行为产生正向显著影响，又能间接影响其贡献行为。张帅等（2021）发现，在线健康社区用户持续参与行为策略与其他用户的付出成本、声誉收益和社会支持收益密切相关。Yan 等（2016）发现，感知自我价值、面子关注、声誉和社会支持对在线健康社区用户的健康信息分享行为有正向影响。因此，本节提出如下假设：

H3a：情感支持正向影响在线 QS 社区用户信息获取行为。

H3b：情感支持正向影响在线 QS 社区用户信息贡献行为。

H4a：信息支持正向影响在线 QS 社区用户信息获取行为。

H4b：信息支持正向影响在线 QS 社区用户信息贡献行为。

（2）个人因素对在线 QS 社区用户参与行为的影响。

1）自我效能对在线 QS 社区用户参与行为的影响。当个体对自身的知识和能力充满自信时，为不断改善自己以维护自身所具有的知识和能力上的优势地位，他会不断地获取信息以提升自己；相同地，出于对自身能力和所掌握知识的高度自信，也不会吝啬向他人分享自身的信息，不会对他人的提升产生忧虑（黄新萍等，2015）。有学者发现自我胜任感、自我效能感分别会作用于在线用户社区用户贡献行为和用户健康信息搜寻行为（秦敏和李若男，2020；金帅岐等，2020）。在 QS 社区中，这一情况同样类似，成员若具有较高的自我效能，会更加积极地在社区中获取贡献信息。因此，本节提出如下假设：

H5a：自我效能正向影响在线 QS 社区用户信息获取行为。

H5b：自我效能正向影响在线 QS 社区用户信息贡献行为。

2）结果预期对在线 QS 社区用户参与行为的影响。张薇薇等（2021）研究均认为如果在线社区的成员对知识共享行为抱有获取其他成员认可、加强联系、获取收益等积极期望，那么社区成员将倾向于在社区内进行知识共享，即结果预期将促进在线社区中用户的知识分享行为。与之类似，如果在线 QS 社区成员认为，参与 QS 社区活动获得可以为自己带来精神上的愉悦，他人对自己的认可等积极作用，那么成员倾向于参与在线 QS 社区的活动。因此，本节提出如下假设：

H6a：结果预期正向影响在线 QS 社区用户信息获取行为。

H6b：结果预期正向影响在线 QS 社区用户信息贡献行为。

（3）自我效能在情感支持、信息支持与在线 QS 社区用户参与行为之间起中介作用。外部环境会作用于个体认知进而对个体的行为产生影响（范钧和吴丽萍，2021）。社会支持是一种重要的环境作用力，人们受来自环境支持的作用会产生对自我能力认知的变化，通常这种变化是积极的，进而会影响人们的后续行为。已有研究表明，外界提供的支持正向影响有效个体的自我效能（宋灵青等，2010），且自我效能同样会对用户社区参与产生正向影响。黄新萍等（2015）发现，员工的自我效能在其所感知到的企业提供的支持与其知识贡献和获取行为之间存在中介作用。对在线 QS 社区成员而言，获得的信息和情感上的帮助可以帮助成员缓解精神压力，如因一时的中断使自己未能达成自己的持续量化自我目标造成的心情低落，帮助成员更深层次地了解自己并设计出更有效的自我提升方案，也为受帮助成员向他人提供支持增加了经验，有助于树立起社区成员对自身完成社区活动能力和向社区贡献知识的信心，日后会更积极地参与社区贡献行为，同时为提升自己也会更积极地从社区中获取信息。因此，本节提出如下假设：

H7a：自我效能在情感支持和在线 QS 社区用户信息获取行为之间起中介作用。

H7b：自我效能在情感支持和在线 QS 社区用户信息贡献行为之间起中介作用。

H8a：自我效能在信息支持和在线 QS 社区用户信息获取行为之间起中介作用。

H8b：自我效能在信息支持和在线 QS 社区用户信息贡献行为之间起中介作用。

（4）成员数量在信息支持和在线 QS 社区用户信息获取、贡献行为之间起调节作用。网络外部性理论指出，网络的价值给个人带来的价值取决于网络成员数量，成员数量越多，网络给个人带来的价值越大（Katz and Shapiro，1985）。网络外部性可以直接通过网络内的消费者数量的增加，增加消费者的利益；此外，网络内的消费者数量的增加激发该网络内产品的互补品出现，使用户使用网络内产品的意愿更强烈。Lin 和 Lu（2011）在研究人们持续使用社交网站的因素时引入了网络外部性理论，发现社交网络的好友数量正向影响人们在社交网站的持续参与行为。当网络社区中成员数量越多，可以为其他用户提供的有用信息就越多，因此，本书将引入成员数量作为调节变量。因此，本节提出如下假设：

H9a：成员数量在信息支持和在线 QS 社区用户信息获取行为之间起调节作用。

H9b：成员数量在信息支持和在线 QS 社区用户信息贡献行为之间起调节作用。

通过梳理各环境因素、个人因素与在线 QS 社区用户成员行为的关系，提出研究假设（见表5-1）。

表 5-1　研究假设

假设	假设内容
H1a	社区氛围正向影响在线 QS 社区用户信息获取行为
H1b	社区氛围正向影响在线 QS 社区用户信息贡献行为
H2a	关系强度正向影响在线 QS 社区用户信息获取行为
H2b	关系强度正向影响在线 QS 社区用户信息贡献行为
H3a	情感支持正向影响在线 QS 社区用户信息获取行为
H3b	情感支持正向影响在线 QS 社区用户信息贡献行为
H4a	信息支持正向影响在线 QS 社区用户信息获取行为
H4b	信息支持正向影响在线 QS 社区用户信息贡献行为
H5a	自我效能正向影响在线 QS 社区用户信息获取行为
H5b	自我效能正向影响在线 QS 社区用户信息贡献行为
H6a	结果预期正向影响在线 QS 社区用户信息获取行为
H6b	结果预期正向影响在线 QS 社区用户信息贡献行为
H7a	自我效能在情感支持和在线 QS 社区用户信息获取行为之间起中介作用
H7b	自我效能在情感支持和在线 QS 社区用户信息贡献行为之间起中介作用
H8a	自我效能在信息支持和在线 QS 社区用户信息获取行为之间起中介作用
H8b	自我效能在信息支持和在线 QS 社区用户信息贡献行为之间起中介作用
H9a	成员数量在信息支持和在线 QS 社区用户信息获取行为之间起调节作用
H9b	成员数量在信息支持和在线 QS 社区用户信息贡献行为之间起调节作用

二、研究设计与实证分析

本书在问卷设计前首先进行了大量的文献整理，收集了国内外关于研究变量较为成熟的量表；其次对部分在线量化自我社区用户进行深度访谈，根据访谈结果对量表各题项进行删改、明确题意等调整，形成用于预调研的问卷；再次在小规模的范围发布预调研问卷，测试问卷的信度及效度；从次根据预调研人员的反馈，对预调研量表进行调整，形成正式发布的最终问卷；最后在线上和线下发布最终问卷，并收集处理问卷数据得出研究结论。

（一）研究设计

1. 变量测量

首先通过查找以往研究中关于研究变量较为成熟的量表及定义，并根据本书的研究对象——在线 QS 社区用户做出适当的题项调整。其中，社区氛围变量参考了乐承毅等（2022）、赵建彬和景奉杰（2016）的研究，共设计了 A1~A3 三个题项；关系强度变量参考了 Liang 等（2011）和金华送（2020）的研究，共设计了 B1~B4 四个题项；情感支持变量和信息支持变量均参考了梁晓燕（2008）、Liang 等（2011）和王盈颖（2020）的研究，共设计了 C1~C4 四个题项和 D1~D4 四个题项；自我效能变量参考了范钧和吴丽萍（2021）、朱玲梅和钱晴晴（2015）的研究，共设计了 E1~E4 四个题项；结果预期变量参考了 Zhou 等（2014）、Deborah 和 Christopher（1995）及张薇薇等（2021）的研究，共设计了 F1~F3 三个题项；成员数量变量参考了 Lin 和 Lu（2011）、傅亚平和赵晓飞（2011）的研究，共设计了 G1~G4 四个题项；在线 QS 社区用户信息获取行为变量参考了 Ridings 等（2002）、庞立君和杨洲（2021）、马向阳等（2017）的研究，共设计了 Y1~Y3 三个题项；在线 QS 社区用户信息贡献行为变量参考了庞立君和杨洲（2021）、马向阳等（2017）的研究，共设计了 Y5~Y6 三个题项。各题项如表 5-2 所示。

表 5-2　测量题项

变量	题项序号	题项内容	参考文献
社区氛围	A1	该社区中的氛围是积极的	乐承毅等（2022）；赵建彬和景奉杰（2016）
	A2	该社区中的气氛是和谐的	
	A3	社区成员之间能够相互帮助	
关系强度	B1	我跟社区其他成员交往频繁、密切	Liang 等（2011）；金华送（2020）
	B2	社区有其他成员对我来说很重要	
	B3	我们之间的关系比较亲密	
	B4	我与其他成员可以探讨个人问题	
情感支持	C1	当我在社区里发布和自己有关的好消息时，会有人向我祝贺	梁晓燕（2008）；Liang 等（2011）；王盈颖（2020）
	C2	当我把自己的成果发到社区里时，会得到别人的认可	
	C3	通过这些社区能与别人分享思想、情感、体验	
	C4	当我遇到挫折时，社区的其他成员安慰我和鼓励我	
信息支持	D1	通过该社区，我可以获取一些有用的学习资料	
	D2	通过该社区，我可以获取一些感兴趣的信息	
	D3	该社区的其他成员会在我需要帮助时提供建议	
	D4	当我遇到问题时，该社区的其他成员向我提供信息帮助解决问题	

变量	题项序号	题项内容	参考文献
自我效能	E1	我有能力完成社区的活动	范钧和吴丽萍（2021）；朱玲梅和钱晴晴（2015）
	E2	我具备完成社区活动的知识和毅力	
	E3	我有信心为社区里的其他人提供有价值的信息	
	E4	我有信心能帮助到社区其他成员	
结果预期	F1	我认为参与社区能交到志同道合的朋友	Zhou 等（2014）；Deborah 和 Christopher（1995）；张薇薇等（2021）
	F2	我认为参与社区能给我带来收益	
	F3	当我有问题时，我认为可以从社区获取有价值的信息	
成员数量	G1	有很多人都在玩该类型的社区	Lin 和 Lu（2011）；傅亚平和赵晓飞（2011）
	G2	我周围的很多朋友都在玩该类型的社区	
	G3	我觉得玩该类型的社区的人将越来越多	
	G4	我觉得以后我的朋友大多都会玩该类型的社区	
在线 QS 社区用户信息获取行为	Y1	我经常在该社区阅读信息、获取知识	Ridings 等（2002）；庞立君和杨洲（2021）；马向阳等（2017）
	Y2	我在该社区阅读了大量的信息	
	Y3	当我想了解有关信息时，我会想到该社区	
在线 QS 社区用户信息贡献行为	Y4	我尽自己努力积极参与社区的活动或讨论	庞立君和杨洲（2021）；马向阳等（2017）
	Y5	我会提供有用的信息或评论给社区的其他成员	
	Y6	我会帮助或回复社区中寻求帮助的成员	

2. 预调研

本书在对在线 QS 社区深度用户进行访谈的基础上，结合受访对象特点，对成熟量表进行调整形成预调研调研问卷，调研问卷的主要内容如下：

筛选题。此题作用为筛选出具有在线 QS 社区使用经验的社区用户，如果问卷填写人没有该经历，则不成为本书的研究对象，直接跳出问卷。

基本信息题。设置此部分题目是为了获取问卷填写人员的人口统计特征，包括性别、年龄、职业、学历等。

变量量表题。本书为社区氛围、关系强度、情感支持、信息支持、自我效能、结果预期、成员数量、在线 QS 社区用户信息获取行为、在线 QS 社区用户信息贡献行为 9 个研究变量均设计了 3 个及以上题项，符合变量对问项数量的要求。此部分题项均采用李克特 7 级量表，数字 1~7 分别代表"非常不符合""不符合""有点不符合""中立""有点符合""符合""非常符合"，问卷填写人依据自身实际情况选择最符合的一项。

在形成预调研问卷后，通过微信朋友圈，向身边亲朋好友小规模发放问卷，得到预调研问卷结果。预调研问卷共发放 66 份，其中有效问卷 50 份，问卷回收率为 75.8%。在回收完成后，使用 SPSS 26.0 对有效问卷进行信效度分析，其中，社区氛围的 Cronbach's α 系数为 0.839；关系强度的 Cronbach's α 系数为 0.934；情感支持的 Cronbach's α 系数为 0.906；信息支持的 Cronbach's α 系数为 0.909；自我效能的 Cronbach's α 系数为 0.832；结果预期的 Cronbach's α 系数为 0.802；成员数量的 Cronbach's α 系数为 0.840；在线 QS 社区用户信息获取行为的 Cronbach's α 系数为 0.899；在线 QS 社区用户信息贡献行为的 Cronbach's α 系数为 0.898。且问卷总体的 Cronbach's α 系数为 0.945，与各变量均大于 0.70，说明该预调研问卷的信度较为理想。

为测试问卷的效度，本书对预调研问卷进行 KMO 检验和 Bartlett 球形检验，检验结果如表 5-3 所示。KMO 值为 0.719>0.50，Bartlett's 的显著性水平为 0.000<0.05，说明该预调研问卷的效度也较为理想。

表 5-3 KMO 和巴特利特检验

KMO		0.719
Bartlett 球形检验	卡方检验值	1543.143
	自由度	465
	显著性	0.000

3. 正式调研

在根据预调研问卷填写人员的反馈，对预调研问卷中的部分问项进行删减、调整后形成正式发放的问卷。考虑到在线 QS 社区的用户多为年轻群体，且多具有目标追求，因此发放问卷多集中于大学生群体。本书以当前国内较为专业的问卷调查网站为平台，向朋友圈、豆瓣打卡交流小组、学习打卡交流微信群、花粉俱乐部中的运动圈、Keep 的减脂营等发放线上问卷，以及向具有在线 QS 社区使用经验的部分用户发放线下问卷 333 份。删除第一题中"请问您是否有使用在线量化自我社区的经历"选择"否"的问卷，回答问卷时长过短，所有问项均选择相同答案等无效问卷，最终回收有效问卷 230 份，问卷回收率为 69.1%，符合数据分析对于样本量的要求。

（二）实证分析

1. 描述性统计分析

正式问卷收集共计 230 份，样本的描述性统计如表 5-4 所示。其中，在性别分布中，女性 150 人，占比为 65.217%；男性 80 人，占比为 34.783%。在年龄分布中，18~25 岁群体人数最多，为 212 人，占比为 92.174%；18 岁以下群体 8 人，占比为 3.478%；26~35 岁群体 10 人，占比为 4.348%。在职业分布中，学生人数最多，为 214 人，占比为 93.043%；公务员 3 人，占比为 1.304%；企事业员工 6 人，占比为 2.609%；私有及个体工商企业主 2 人，占比为 0.870%。其他职业 5 人，占比为 2.174%。学历分布中，本科人数最多，为 207 人，占比为 90.000%；初中及以下 1 人，占比为 0.435%；研究生及以上 22 人，占比为 9.565%。年轻群体是在线 QS 用户的主力军，选择其作为研究对象，具有一定的代表性；学生群体的空闲时间较多，且具有明显的学习提升的要求，也是在线 QS 用户的重要人群；绝大部分调查对象的学历在本科及以上，说明调查对象具有理解本次问卷调研的能力。

表 5-4 样本描述性统计

	选项	频数	百分比（%）
性别	女	150	65.217
	男	80	34.783
年龄	18 岁以下	8	3.478
	18~25 岁	212	92.174
	26~35 岁	10	4.348
职业	学生	214	93.043
	公务员	3	1.304
	企事业员工	6	2.609
	私有及个体工商企业主	2	0.870
	其他	5	2.174
学历	初中及以下	1	0.435
	本科	207	90.000
	研究生及以上	22	9.565

综上所述，问卷调研对象的知识水平较高，具有理解问卷题意的能力；且与在线 QS 用户的年龄及职业分布较为符合。因此，此次问卷调研具有科学性和合理性，适宜进行后续的分析。

2. 信效度检验

（1）信度检验。为检验问卷所收集的数据是否真实可信，本书对问卷数据进行了信度分析。在统计学意义中，通常用 Cronbach's α 系数进行信度分析。Cronbach's α 系数越高，则说明问卷信度越好；通常情况下，Cronbach's α 系数大于0.7表示问卷信度较佳。问卷中各变量的Cronbach's α系数如表5-5所示。社区氛围、关系强度、情感支持、信息支持、自我效能、结果预期、成员数量、在线QS社区用户信息获取行为和在线QS社区用户信息贡献行为的Cronbach's α系数分别为 0.900、0.897、0.879、0.859、0.826、0.789、0.843、0.841 和 0.809，均大于0.7，说明本书的研究变量的信度较佳。

表5-5　信度分析结果

变量	题项序号	Cronbach's α
社区氛围	A1	0.900
	A2	
	A3	
关系强度	B1	0.897
	B2	
	B3	
	B4	
情感支持	C1	0.879
	C2	
	C3	
	C4	
信息支持	D1	0.859
	D2	
	D3	
	D4	
自我效能	E1	0.826
	E2	
	E3	
结果预期	F1	0.789
	F2	
	F3	
成员数量	G1	0.843
	G2	
	G3	
	G4	

续表

变量	题项序号	Cronbach's α
在线 QS 社区用户 信息获取行为	Y1	0.841
	Y2	
	Y3	
在线 QS 社区用户 信息贡献行为	Y4	0.809
	Y5	
	Y6	

（2）效度检验。本书采用因子分析对问卷数据进行效度分析，通过 SPSS 26.0 计算得 KMO 值为 0.919，说明问卷的题项之间相关性较强；Bartlett 球形检验显著性水平为 0.000，小于 0.05 的临界值，较为显著。这表明研究收集的样本数据适合进行因子分析。因子分析结果如表 5-6 所示。

表 5-6　因子分析结果

变量	题项序号	因子载荷值
社区氛围	A1	0.806
	A2	0.868
	A3	0.807
关系强度	B1	0.784
	B2	0.807
	B3	0.821
	B4	0.761
情感支持	C1	0.803
	C2	0.807
	C3	0.772
	C4	0.720
信息支持	D1	0.751
	D2	0.811
	D3	0.663
	D4	0.664
自我效能	E1	0.821
	E2	0.846
	E3	0.664

续表

变量	题项序号	因子载荷值
结果预期	F1	0.790
	F2	0.842
	F3	0.818
成员数量	G1	0.620
	G2	0.741
	G3	0.681
	G4	0.724
在线 QS 社区用户信息获取行为	Y1	0.667
	Y2	0.752
	Y3	0.567
在线 QS 社区用户信息贡献行为	Y4	0.666
	Y5	0.758
	Y6	0.548

3. 相关分析

在进行回归分析之前,本书先采用 SPSS 26.0 对研究变量进行皮尔逊相关性检验,检验结果如表 5-7 所示,可以看出社区氛围、关系强度、情感支持、信息支持、自我效能、结果预期、成员数量、在线 QS 社区用户信息获取行为和在线 QS 社区用户信息贡献行为之间的相关关系均较为显著,且双变量之间的相关系数均小于 0.6,因此,变量之间不存在明显的多重共线性的问题。

表 5-7 皮尔逊相关性

	社区氛围	关系强度	情感支持	信息支持	自我效能	结果预期	成员数量	获取行为	贡献行为
社区氛围	1								
关系强度	0.299**	1							
情感支持	0.409**	0.438**	1						
信息支持	0.448**	0.361**	0.576**	1					
自我效能	0.298**	0.465**	0.400**	0.393**	1				
结果预期	0.452**	0.418**	0.404**	0.553**	0.432**	1			
成员数量	0.314**	0.620**	0.538**	0.478**	0.422**	0.428**	1		
获取行为	0.334**	0.524**	0.491**	0.634**	0.489**	0.453**	0.629**	1	
贡献行为	0.407**	0.582**	0.491**	0.518**	0.572**	0.433**	0.552**	0.655**	1

注:** 表示在 1% 水平下显著。

4. 假设检验

（1）在线 QS 社区用户参与行为检验。为验证自变量（社区氛围、关系强度、情感支持、信息支持、自我效能、结果预期）与因变量（在线 QS 社区用户信息获取行为和贡献行为）之间的因果关系，本章采用 SPSS 26.0 进行线性回归分析以验证假设 H1a、H1b、H2a、H2b、H3a、H3b、H4a、H4b、H5a、H5b、H6a 和 H6b，选择回归方法为步进法，将社区氛围、关系强度、情感支持、信息支持、自我效能、结果预期分别与在线 QS 社区用户信息获取行为和在线 QS 社区用户信息贡献行为进行回归，回归结果如表 5-8 所示，假设 H1a、H1b、H2a、H2b、H3a、H3b、H4a、H4b、H5a、H5b、H6a 和 H6b 均得到验证。

表 5-8 线性回归结果

路径	β 值	T 值	p 值	假设	检验结果
社区氛围→获取行为	0.436	7.371	0.000	H1a	成立
社区氛围→贡献行为	0.409	6.761	0.000	H1b	成立
关系强度→获取行为	0.459	8.510	0.000	H2a	成立
关系强度→贡献行为	0.536	10.400	0.000	H2b	成立
情感支持→获取行为	0.460	7.556	0.000	H3a	成立
情感支持→贡献行为	0.467	7.739	0.000	H3b	成立
信息支持→获取行为	0.624	11.843	0.000	H4a	成立
信息支持→贡献行为	0.493	8.571	0.000	H4b	成立
自我效能→获取行为	0.508	8.337	0.000	H5a	成立
自我效能→贡献行为	0.601	10.531	0.000	H5b	成立
结果预期→获取行为	0.660	10.840	0.000	H6a	成立
结果预期→贡献行为	0.602	9.584	0.000	H6b	成立

（2）自我效能的中介作用检验。为验证自我效能分别在情感支持、信息支持和在线 QS 社区用户信息获取行为、贡献行为之间起的中介作用，本书使用 SPSS 26.0 和插件 Process 3.5，样本量设定为 5000，在 95% 置信区间内进行检验，检验结果如表 5-9 所示。自我效能在情感支持和在线 QS 社区用户信息获取行为之间（总效应为 0.4597，直接效应为 0.3218，间接效应为 0.1379，LLCI = 0.0737，ULCI = 0.2123，不包含 0）；信息支持与在线 QS 社区用户信息贡献行为之间（总效应为 0.6136，直接效应为 0.5055，间接效应为 0.1081，LLCI = 0.0535，ULCI = 0.1818，不包含 0）；情感支持与在线 QS 社区用户信息获取行为之间（总效应为 0.4663，直接效应为 0.2908，间接效应为 0.1755，LLCI =

0.1009，ULCI＝0.2636，不包含0）；信息支持与在线QS社区用户信息贡献行为之间（总效应为0.4942，直接效应为0.3304，间接效应为0.1638，LLCI＝0.0973，ULCI＝0.2443，不包含0）。因此，自我效能在情感支持、信息支持和在线QS社区用户信息获取行为、贡献行为之间均发挥了部分中介效应，假设H7a、H7b、H8a和H8b成立。

表5-9 自我效能的中介作用检验结果

	总效应	直接效应	间接效应	Boot SE	Boot LLCI	Boot ULCI
情感支持→自我效能→获取行为	0.4597	0.3218	0.1379	0.0354	0.0737	0.2123
信息支持→自我效能→获取行为	0.6136	0.5055	0.1081	0.0329	0.0535	0.1818
情感支持→自我效能→贡献行为	0.4663	0.2908	0.1755	0.0420	0.1009	0.2636
信息支持→自我效能→贡献行为	0.4942	0.3304	0.1638	0.0367	0.0973	0.2443

（3）成员数量的调节作用检验。为验证成员数量分别在信息支持与在线QS社区用户信息获取、贡献行为之间的调节作用，本章使用SPSS 26.0和插件Process 3.5，样本量设定为5000，在95%置信区间内进行检验，检验结果如表5-10和表5-11所示。

表5-10 成员数量在信息支持与在线QS社区用户信息获取行为之间的调节作用检验

	β	t	p	R^2-chng	F
信息支持	9.9356	5.1342	0.000		
成员数量	0.9812	4.8357	0.000		
成员数量×信息支持	−0.1090	−2.8317	0.005	0.0168	8.0187
模型 R^2	0.5253				
模型显著性	0.0000				

表5-11 成员数量在信息支持与在线QS社区用户信息贡献行为之间的调节作用检验

	β	t	p	R^2-chng	F
信息支持	0.4988	2.3646	0.0189		
成员数量	0.6098	2.5963	0.0100		
成员数量×信息支持	−0.0381	−0.8558	0.3930	0.0021	0.7325
模型 R^2	0.3674				
模型显著性	0.0000				

因变量为在线 QS 社区用户信息获取行为时，模型的显著性水平较低，说明该模型具有统计学意义，信息支持和成员数量在 $p<0.05$ 的水平上显著，成员数量和信息支持的交互项和获取行为在 $p<0.05$ 的水平上的影响关系显著（$\beta=-0.1090$，$t=-2.8317$，$p=0.005$），所以可以认为信息支持与在线 QS 社区用户信息获取行为之间受到成员数量的负向调节作用，带来 R^2 的变化量为 0.0168，F 较大，为 8.0187。因此，成员数量在信息支持与在线 QS 社区用户信息获取行为的关系中的调节效应显著，假设 H9a 成立。

因变量为在线 QS 社区用户信息贡献行为时，虽然模型的显著性水平较低，且信息支持和成员数量在 $p<0.05$ 的水平上显著，但成员数量和信息支持的交互项和贡献行为在 $p<0.05$ 的水平上的影响关系不显著（$\beta=-0.0381$，$t=-0.8558$，$p=0.3930$），带来 R^2 的变化量为 0.0021，F 较小，为 0.7325。因此，成员数量在信息支持与在线 QS 社区用户信息贡献行为之间的关系中的调节效应不显著，假设 H9b 不成立。

5. 假设检验结果

本书通过回归分析检验了在线 QS 社区用户参与行为的各个影响因素，并检验了自我效能在情感支持、信息支持与在线 QS 社区用户信息获取、贡献行为之间发挥的部分中介作用。各项假设的检验结果如表 5-12 所示。

表 5-12　假设检验结果

假设	假设内容	结果
H1a	社区氛围正向影响在线 QS 社区用户信息获取行为	支持
H1b	社区氛围正向影响在线 QS 社区用户信息贡献行为	支持
H2a	关系强度正向影响在线 QS 社区用户信息获取行为	支持
H2b	关系强度正向影响在线 QS 社区用户信息贡献行为	支持
H3a	情感支持正向影响在线 QS 社区用户信息获取行为	支持
H3b	情感支持正向影响在线 QS 社区用户信息贡献行为	支持
H4a	信息支持正向影响在线 QS 社区用户信息获取行为	支持
H4b	信息支持正向影响在线 QS 社区用户信息贡献行为	支持
H5a	自我效能正向影响在线 QS 社区用户信息获取行为	支持
H5b	自我效能正向影响在线 QS 社区用户信息贡献行为	支持
H6a	结果预期正向影响在线 QS 社区用户信息获取行为	支持
H6b	结果预期正向影响在线 QS 社区用户信息贡献行为	支持
H7a	自我效能在情感支持和在线 QS 社区用户信息获取行为之间起中介作用	支持

续表

假设	假设内容	结果
H7b	自我效能在情感支持和在线 QS 社区用户信息贡献行为之间起中介作用	支持
H8a	自我效能在信息支持和在线 QS 社区用户信息获取行为之间起中介作用	支持
H8b	自我效能在信息支持和在线 QS 社区用户信息贡献行为之间起中介作用	支持
H9a	成员数量在信息支持和在线 QS 社区用户信息获取行为之间起调节作用	支持
H9b	成员数量在信息支持和在线 QS 社区用户信息贡献行为之间起调节作用	不支持

三、研究结论与展望

基于社会认知理论，本章结合了社会支持理论，构建了在线 QS 社区用户参与行为的理论模型，提出了社区氛围、关系强度、情感支持、信息支持、自我效能、结果预期与在线 QS 社区用户信息获取、贡献行为的关系。并通过预调研小规模收集问卷和正式问卷形成之后收集问卷，使用统计软件 SPSS 26.0 和 Process 3.5 对研究假设进行实证检验。基于上述研究，本章将对研究结论做出归纳，并指出对在线 QS 企业提供更精准的 QS 社区服务的管理启示，分析当前研究尚且存在的不足，最后，对未来的相关研究进行展望。

（一）研究结论

当前量化自我运动浪潮盛行，迅速改变了人们的生活方式。本章顺应这一发展趋势，将研究视角投向量化自我活动配套的在线社区服务，大量在线 QS 社区存在活跃程度低，用户参与程度不高，用户黏性差的问题，导致社区在运行不久后即变得"沉寂"。如何清除 QS 社区发展过程中的"阻碍"，提高社区的用户参与程度，使社区保持活跃，是企业亟待解决的问题。本章以在线 QS 社区的用户为研究对象，探究哪些因素会对该社区用户参与行为产生影响，他们是怎么影响的。本章提出理论模型后，通过发放调查问卷，借助于统计软件进行实证分析，得到以下结论：

社区氛围、关系强度、情感支持、信息支持、自我效能、结果预期都对在线 QS 社区用户信息获取、贡献行为具有正向影响。这表明，在线 QS 社区用户在使用它时，不仅受到自身因素驱使，也受到环境因素影响。积极热烈的氛围会吸引用户参与社区活动，与社区其他成员的亲密关系、社区其他成员给予用户情感和信息上的帮助，都会吸引用户积极参与社区活动，并以贡献的形式回报社区；对于自我能力的信心和对于行为结果的美好期盼同样会鼓励用户积极参与社区活动。

自我效能分别在情感支持、信息支持和在线 QS 社区用户信息获取行为、贡献行为之间起到了部分中介作用。QS 社区内其他成员为用户提供的信息和情感上的帮助，有助于解决用户在量化自我过程中存在的疑惑，化解其在这一过程产生的心理压力和负面情绪，可以增强用户对于自身知识和能力的信心，并对未来在线 QS 社区发挥的作用抱有更积极的向往，从而使用户更加积极地参与社区。

成员数量在信息支持和在线 QS 社区用户信息获取行为之间起负向调节作用，而在信息支持与贡献行为之间这一作用不显著，原因可能由于随着社区成员数量增加，社区将出现海量的信息，容易淹没对用户真正有用的信息，增加用户的搜索难度，降低用户在社区搜索信息的意愿；而成员数量的增加通常是普通用户由于本身所掌握的信息较少，为了寻求社区的帮助才成为社区成员，其在社区的行为主要表现为信息的接收，缺乏为社区贡献新信息的能力，对于有能力做出贡献的社区用户来说不一定能提供有效的信息支持，因而调节作用不显著。

(二) 研究意义

1. 理论意义

当前关于在线社区的研究多集中于知识型社区、问答型社区、品牌社区，较少关注量化自我领域。且量化自我运动虽然发展速度快，但发展时间较短，有关于该领域的研究多集中于运动本身，如量化自我的参与意愿或探寻量化自我技术的运用。但作为其配套服务的在线社区，较少有研究将目光投放于此。因而，本章将目光聚焦于在线 QS 社区领域，对于当前的在线社区和量化自我相关研究来说都较为新颖，具有一定的理论创新性。

本章基于社会认知理论视角，同时结合社会支持理论的相关内容，探究在线 QS 社区用户参与行为的影响机制，研究结论表明，社区氛围、关系强度、情感支持、信息支持、自我效能、结果预期都对在线 QS 社区用户的信息获取、贡献行为具有正向影响，且自我效能分别在情感支持、信息支持和在线 QS 社区用户信息获取行为、贡献行为之间起部分中介作用。本章的研究视角较为新颖，丰富了社会认知理论的相关研究，并对在线社区用户参与行为的研究做出了有益的补充。

2. 管理启示

通过上述研究结论分析可得，社区氛围、关系强度、情感支持、信息支持、自我效能、结果预期都正向作用于在线 QS 社区用户信息获取和贡献行为；且自我效能分别在情感支持、信息支持和该社区用户信息获取、贡献行为之间发挥部分中介作用。根据分析得出的研究结论，本章提出以下管理启示，以期为提供在线 QS 社区服务的企业提供参考建议。

(1) 打造社区积极良好的氛围。只有社区的整体氛围是积极向上的，成员才愿意参加社区活动。企业应该在 QS 社区内设置一定的物质奖励，如积分、优惠券等，鼓励用户积极参与社区活动；同时可将较为活跃的用户设置为社区的管理员，让其发挥积极参与社区活动的热情，并带动其他成员参与；企业也要注意维护社区之间的和谐，化解成员之间的矛盾，将氛围保持在一个融洽的状态，对于在社区内辱骂他人、发布无关广告和恶意违规内容者则应当予以一定的处罚；此外，企业还应该鼓励社区内互帮互助的行为，对成员间的互帮互助予以表彰，使用户意识到社区是一个友好的集体，值得自己深度参与。

（2）拉近成员之间的关系。不同关系亲密程度的他人对个体行为的影响有显著的不同，与个体关系越是亲密的个人，对个体行为的影响越大。因此，企业作为在线 QS 社区的平台方和管理人员，应该主动与用户拉近距离，打造熟络的企业—消费者关系，让用户认识到企业能够与自己亲密交流，解答用户的问题，反馈对企业的意见；此外，企业还应该鼓励社区的用户之间建立起亲密的关系，如设置两人一组的打卡任务，小组成员互相监督，对出色完成任务的小组可以给予适当的物质奖励，以吸引更多社区内成员结成联系较强的关系。在社区发展到用户数量较多且黏性较强时，可以举办一些线下活动，如发布会、开发者大会，让成员之间的关系从线上走到线下，形成更亲密的关系。

（3）适时给予成员情感及信息支持。获取情感上的激励及对自己有用的信息是人们参与在线 QS 社区的重要驱动因素，且社区提供的情感及信息支持有利于提升用户的自我效能和结果预期，进而也能更深层次地卷入在线 QS 社区中。因此，企业可令 QS 社区管理人员多关注社区用户，适时地予以情感上的支持，在用户没有达到预期目标时予以精神上的鼓励，使其不要气馁，在用户出色地完成自身的目标时，也要给予表扬，激励其再接再厉；企业还应该在社区内设置专门的信息交流板块，令专业人士在板块内解答用户问题，并在社区内上传对用户有用的信息资源，供用户自行下载阅览。同时，还要对积极给予他人情感和信息上的支持的成员予以奖励，鼓励其继续帮助其他成员，并以其为榜样吸引更多成员加入在情感和信息上帮助他人的队伍中。

（4）建立智能推荐机制。企业可以建立起智能推荐机制，根据用户自身情况向 QS 社区用户有针对性地推送内容，如帖子、相关意见领袖等，让用户在信息获取时可以更精准有效地了解到自身实际情况及改善自身的方式方法，帮助用户更深层次地了解自己，并建立科学的量化自我计划，可以增加 QS 社区用户的自我效能，同时也更深程度地参与社区活动。

（5）建立合理的奖励机制。企业应该为 QS 社区的深度用户，如经常贡献高质量内容帖子、给经常花费大量时间阅读社区内容的成员以奖励，如账号经验、积分、特殊标签、企业产品的优惠券等，并在社区公告的明显板块发布。以此，建立起 QS 社区成员对参与社区活动更加积极的结果预期，使用户有更大的动力加入社区中。

（6）降低检索难度。企业可在社区信息较多时，增设检索功能，降低用户的检索难度，如建立以标签、关键词为管理依据的信息板块，并设置广告、不感兴趣等信息屏蔽功能，使用户在面临众多用户发布的海量信息时，提高检索效率。

3. 研究局限与展望

本章虽然对在线 QS 社区用户参与行为的影响机制做出探索，并进行了实证研究，但依然存在一定的局限性，待后续研究进行更深层次的探究。

第一，本章受限于时间、精力和成本，仅发放了 230 份正式问卷，虽已经达到样本数量大于题项数量 5 倍的要求，但绝对数量仍然较少，在结论普遍性上存在一定的不足。因此，后续应扩大样本选取范围、增加样本数量，以获得更具有普遍性的结论。

第二，本章未对研究对象在线 QS 社区中的身份进行区分，社区的管理人员、普通用户参与 QS 社区的影响因素很可能存在明显差异，甚至普通用户中深度用户和不活跃用户的 QS 社区参与行为的影响因素也可能存在差异。因此，后续研究可分别对在线 QS 社区中不同身份的成员进行调研，探究身份特征是否会对用户的参与行为产生影响。

第三，由于问卷发放时主要依托于网络平台，网友由于受时间和精力限制，在问卷填写时可能出现缺乏耐心的情况，且线下发放的问卷，由于并未给予填写人酬劳，因此在填写时难免出现敷衍了事的态度。虽然本章已在实证分析前对问卷进行了清洗，但可能依然存在质量不佳的问卷难以被识别出，影响实证研究的质量，因此，后续研究可以以实验或给予问卷填写人酬劳的形式，吸引其认真填写，获得更真实的数据。

第二节　跨境电商 UGC 社群氛围对消费者购买意愿的影响机制研究

一、研究模型与假设

1. 研究模型

本章从跨境电商 UGC 社群氛围视角出发，以 S—O—R 理论模型为框架，通过实证分析探讨跨境电商 UGC 社群氛围（支持性氛围、控制性氛围、引导性氛围）对消费者购买意愿的影响，进一步提出沉浸体验这一解释机制，以及涉入度在沉浸体验对消费者购买意愿之间可能产生的调节作用。基于文献梳理，提出研究模型，如图 5-2 所示。

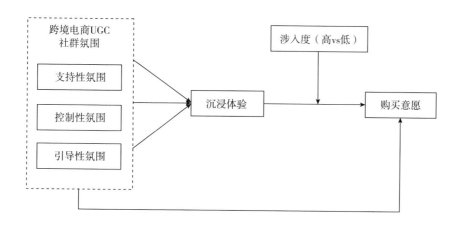

图 5-2　研究模型

2. 跨境电商 UGC 社群氛围对消费者购买意愿的影响

基于 S—O—R 模型理论，外部环境作为刺激因素会对个体的情感状况产生影响，进而使个体做出接近或回避行为的反应，该理论为社群氛围对消费者行为的影响提供了理论依据。用户能够在社群中自由发表言论并在其中处于舒适状态是保持其成员身份的重要原因。赵建彬（2018）指出，当社区中支持性氛围浓郁时，消费者对于互动变得积极，能够浏览并获取更多有关商品资讯从而降低其风险认识，进而增强购买意愿；肖灵（2012）提出，企业若能提高社群氛围的开放、支持、创新程度，那么消费者对产品的满意度也就会增加，进而提高品牌忠诚度，而品牌忠诚度是影响消费者购买意愿的关键因素。

跨境电商 UGC 社区营造的控制性氛围对用户来说具有一定的约束，使用户创作的内容更具真实性和可靠性，合适的规则不仅能让消费者迅速找到所需的高质量信息，而且也能让社区更稳定地发展。曾穗媛（2017）在对虚拟品牌社群的消费者行为调查中发现，若消费者在社群中感知控制性氛围越高，消费者参与活动越多，进而影响其购买决策。

跨境电商 UGC 社区会通过组织产品活动使更多用户参与到内容创作中，当用户参加活动并获得了一定的奖品时，就会提高其对虚拟社区的好感。当社区中的引导性氛围较高时，消费群体可以从中得到更多的优惠活动消息并参加社区活动，而这些经济收益和成就感将会直接影响消费群体对品牌的认可（王佳，2017），从而影响消费者的决策行为。因此，本节提出如下假设：

H1a：跨境电商 UGC 社群支持性氛围对消费者购买意愿有显著正向作用。

H1b：跨境电商 UGC 社群控制性氛围对消费者购买意愿有显著正向作用。

H1c：跨境电商 UGC 社群引导性氛围对消费者购买意愿有显著正向作用。

3. 跨境电商 UGC 社群氛围对消费者沉浸体验的影响

沉浸体验作为一种大脑无意识的体验，对事物具有一定的控制性、沉迷性，在跨境电商 UGC 社区中，当用户浏览社区平台和相关内容时，外部环境会激发其好奇心，使其处于继续浏览或参与的的状态。S—O—R 模型指出，环境刺激因素（S）会影响人们的内部情感评价（O），跨境电商 UGC 社群氛围（支持性氛围、控制性氛围、引导性氛围）可以给消费者带来环境条件、空间和功能、规则和激励等方面的刺激。相关研究指出，社区成员感受到良好的社群氛围会使其产生正向情绪，从而激发消费者的体验感（Kim，2015）。龚潇潇等（2019）通过实证分析证实氛围线索作为外部环境，会引发消费者的情绪，这种情绪会引起消费者产生心流体验感。因此，跨境电商 UGC 社区用户在发生浏览、交流、创作、购买等行为中体验到的社群氛围（支持性氛围、控制性氛围、引导性氛围）会影响消费者的内部情感评价，使其处于沉浸状态。因此，本节提出如下假设：

H2a：跨境电商 UGC 社群支持性氛围对消费者沉浸体验有显著正向作用。

H2b：跨境电商 UGC 社群控制性氛围对消费者沉浸体验有显著正向作用。

H2c：跨境电商 UGC 社群引导性氛围对消费者沉浸体验有显著正向作用。

4. 消费者沉浸体验对其购买意愿的影响

沉浸体验意味着消费者在该氛围中注意力集中、完全投入及内心产生满足、愉悦的主观感受。有研究表明，积极的情绪反应可能会增强消费者购买意愿，影响消费者行为决策（Lee and Chen，2010）。从某种程度上来说，消费者的购买意愿很大程度上取决于消费者对产品的态度，沉浸体验是个体达到某种目标的心理体验，能够给人带来幸福感、兴奋感和充实感，这种积极的体验会提升消费者对产品的好感度。Skadberg 和 Kimmel（2004）基于旅游网站为背景，提出关于心流体验的理论模型，并指出处于沉浸状态的消费者产生的满足感对游客态度与行为有积极的影响。因此，当跨境电商 UGC 社区的用户发生浏览、互动、创作等行为时，个体会产生一定的满足感与愉悦感，即消费者处于沉浸状态，这种状态常常忽略了时间的流逝感，伴随着激励的快乐感受，与此同时用户可能会在社区中展开更加探索性的浏览，或者会被界面的营销活动吸引，从而产生购买意愿。因此，在跨境电商 UGC 社群中，消费者沉浸体验感越强，其购买意愿就越强。因此，本节提出如下假设：

H3：消费者沉浸体验正向影响其购买意愿。

5. 沉浸体验的中介作用

S—O—R 模型在购买意愿的研究中也得到了成功的应用，跨境电商 UGC 社群氛围（刺激）影响消费者的积极情绪反应（有机体），进而影响消费者购买意愿（反应）。许多学者将沉浸体验作为中介变量，并对其影响机制进行研究。Fan 等（2013）将网站质量作为一种外部刺激，从内容性、美观性、交互性等角度进行了分析，研究发现，网站外部环境可以使消费者产生沉浸感，并提高其满意度，进而对购买意向产生正向影响。Gao 和 Bai（2014）以刺激—机体—反应（S—O—R）模型为研究框架，将沉浸体验作为中介变量，证实了网站的信息性、有效性、娱乐性等因素可以影响消费者沉浸体验的形成，最终对消费者的持续购买意愿产生正向影响。薛杨和许正良（2016）以消费者沉浸状态为中介，构建了微信营销中企业平台信息特征模型，并证明了平台的高度交互性和易用性可以促使使用者产生沉浸体验，而沉浸状态又可以推动使用者对微博的长期关注行为。分析跨境电商 UGC 社群氛围对消费者购买意愿作用的微观机制，跨境电商 UGC 社区营造的支持性氛围、控制性氛围和引导性氛围使用户在浏览或创作中享受内部状态，达到沉浸状态，进而产生强烈的购买意愿。因此，本节提出如下假设：

H4a：沉浸体验中介了跨境电商 UGC 社群支持性氛围对购买意愿的影响。

H4b：沉浸体验中介了跨境电商 UGC 社群控制性氛围对购买意愿的影响。

H4c：沉浸体验中介了跨境电商 UGC 社群引导性氛围对购买意愿的影响。

6. 涉入度在沉浸体验与消费者购买意愿中的调节作用

在虚拟社区中，涉入度通常是指消费者与社群的关联程度，具体包括消费者对社区的重视程度、活动积极参与程度、对产品的熟悉程度等方面，而涉入度的高低对相同环境中消费者的认知也具有重要影响，消费者获取信息的途径不同，最终对其行为或心理产生不同影响。因此，社群中消费者涉入度的高低程度很有可能会影响其感知、状态，并进一步影响行为，当消费者涉入度较高时，会甘愿花费大量时间和精力去搜寻相关产品或信息，并积极地参与社群活动，营造良好的社群氛围，而涉入度低的消费者总是被动地去接受信息，也不会刻意地吸收信息，其认为这些信息存在不确定性并持以谨慎态度，Chen 和 Huang（2013）在对涉入度的研究中表明，涉入度会影响消费者的心理状态，当涉入度越高时，消费者对外界的感知不确定性越低，从而产生购买意愿。因此，当消费者在社群中处于沉浸状态，涉入度越高时，越容易产生购买意愿；而涉入度较低的消费者，感知风险较高，对产品信息持以谨慎态度，则购买意愿较低。因此，本节提出如下假设：

H5：涉入度正向调节沉浸体验与消费者购买意愿之间的关系。

7. 本章小结

通过梳理跨境电商 UGC 社群氛围、沉浸体验、涉入度与消费者购买意愿之间的关系，构建了研究框架并提出研究假设（见表5-13）。

表5-13　研究假设

假设	假设内容
H1a	跨境电商 UGC 社群支持性氛围对消费者购买意愿有显著正向作用
H1b	跨境电商 UGC 社群控制性氛围对消费者购买意愿有显著正向作用
H1c	跨境电商 UGC 社群引导性氛围对消费者购买意愿有显著正向作用
H2a	跨境电商 UGC 社群支持性氛围对消费者沉浸体验有显著正向作用
H2b	跨境电商 UGC 社群控制性氛围对消费者沉浸体验有显著正向作用
H2c	跨境电商 UGC 社群引导性氛围对消费者沉浸体验有显著正向作用
H3	消费者沉浸体验正向影响其购买意愿
H4a	沉浸体验中介了跨境电商 UGC 社群支持性氛围对购买意愿的影响
H4b	沉浸体验中介了跨境电商 UGC 社群控制性氛围对购买意愿的影响
H4c	沉浸体验中介了跨境电商 UGC 社群引导性氛围对购买意愿的影响
H5	涉入度正向调节沉浸体验与消费者购买意愿之间的关系

二、研究设计与数据收集

1. 问卷的设计

本书采用问卷调查法对使用跨境电商 UGC 平台的用户进行调查，结合市场上跨境电商平台的比对，选取并使用小红书的用户作为主要调查对象。根据现有研究成果对问卷进行科学设计，通过问卷星平台发放问卷并收集其数据，再进行实证分析，本书的问卷调查设计过程主要包括：

（1）阅读国内外大量的 S—O—R 理论、跨境电商 UGC 社区、社群氛围、沉浸体验、涉入度以及消费者购买意愿的相关文献，归纳并整理相关资料，确立研究框架，借鉴变量的已有成熟量表，从而确定问项的基本内容。

（2）借鉴以往研究的成熟量表，并从中选取最符合研究内容的测试题项，再根据本书的现实情境设计问卷调查和测量题项，同时，增添表头和用户的基本个人信息研究题项，包括性别、年龄、学历、收入、经常使用小红书的时间，最后完成问卷调查的初稿。

（3）问卷预研究与定稿。根据已有文献进行反复确立，并多次与导师沟通交流，就测量问项进行修改、调整，剔除问卷中表述不当的和意思相近的测量问项。选取了50位同学和网友对问卷进行填写，根据被试的反馈情况，对问卷进行订正并确定问卷终稿。最终，研究问卷共31题，其中用户基本信息6题，变量测量题项25项，问卷所有问项均采用李克特5级量表。

2. 调研对象的选择

根据目前市场上跨境电商UGC平台，最终选取小红书的UGC社区用户为调研对象，原因如下：

（1）小红书的产品定位。"UGC+直营海淘"体现了它的社区价值不可忽略，对比现在市场上跨境电商App，越来越多的传统跨境电商平台加入到社区引流的竞争中，尽管其也打造了UGC社区，但在产品功能上，小红书更强调优质内容，并将种草页面、笔记功能前置，在海淘的市场渗透率逐渐下滑的形势下，小红书的整体发展状态良好。

（2）小红书作为境外购物种草平台，赋予了社区内消费者更多互动分享的空间，其社区体验对它的电商发展不可或缺。《2021小红书活跃用户画像趋势报告》显示，2020年小红书有超1亿月活跃用户，远超于其他跨境电商UGC平台，2020年笔记发布量近3亿条，平均每天产生100亿次的笔记曝光。小红书通过获客更加高效、用户黏性更强方式，以社群方式促进电子商务发展，并营造良好的社群氛围，打造高质量内容社群，是跨境电商UGC社区中的典型代表，因此，本书选取使用小红书使用者为调研对象并展开调查。

3. 变量的测量

（1）自变量的测量。本书中自变量跨境电商UGC社群氛围具体分为支持性氛围、控制性氛围、引导性氛围，对自变量的测量总共有12个题项，其中对支持性氛围的测量题项为ZC1～ZC4，参考Kim等（2008）和董学兵等（2018）的研究，包含4个测量题项；控制性氛围的测量题项为KZ1～KZ4，参考赵建彬和景奉杰（2016）的研究，包含4个测量题项；引导性氛围的测量题项为YD1～YD4，参考Litwin等（1969）的研究，包含4个测量题项，具体如表5-14所示。

表 5-14　自变量测量问项

维度	测量题项	测量编项	理论依据
支持性氛围	在小红书中，我感觉舒适自由	ZC1	Kim 等（2008）；董学兵等（2018）
	在小红书中，我能很快找到自己需要的产品的相关信息	ZC2	
	在小红书中，无论是创作还是互动可以让我赢得更多人的赞许	ZC3	
	在小红书中，发布内容会得到相应的奖励	ZC4	
控制性氛围	在小红书中，发布的内容会受到审核	KZ1	赵建彬和景奉杰（2016）
	在小红书中，可以购买的产品都为正规渠道产品	KZ2	
	在小红书中，进行创作时有许多规则需要遵守	KZ3	
	在小红书中，如果发布了不良内容，将会被警告	KZ4	
引导性氛围	在小红书中，时不时会有某类产品的优惠券	YD1	Litwin 等（1969）
	在小红书中，我会点开热门内容观看	YD2	
	小红书会依据我的喜好推荐内容或产品	YD3	
	在小红书中，会鼓励你对购买的产品发表创作内容	YD4	

（2）中介变量的测量。本书的中介变量为沉浸体验，对其测量共有 5 个问项，参 Koufaris（2002）、Chang 和 Zhu（2012）研究的量表，再结合研究情景进行修改，如表 5-15 所示。

表 5-15　中介变量测量题项

维度	测量题项	测量编项	理论依据
沉浸体验	我会控制不住自己反复使用小红书的行为	CJ1	Koufaris（2002）；Chang 和 Zhu（2012）
	如果长时间没有浏览小红书我会感到焦虑	CJ2	
	在使用小红书时，我经常认为自己只用了一小会儿，但是却用了很久	CJ3	
	对我而言，使用小红书让我沉浸在快乐的心情中	CJ4	
	我现在接触小红书的时间，比我一开始接触它的时候多	CJ5	

（3）调节变量的测量。本书的调节变量为涉入度，对其测量共有 5 个题项，主要参考 Zaichkowsky（1994）的量表，并结合本书情景进行修改，具体如表 5-16 所示。

表 5-16 调节变量测量问项

维度	测量题项	测量编项	理论依据
涉入度	您在小红书中发布内容的频率	SR1	Zaichkowsky（1994）
	您在小红书中参与互动（点赞、评论）的频率	SR2	
	您在小红书中查看其他用户创作内容的频率	SR3	
	小红书对您的重要程度	SR4	
	您对小红书中 UP 主的关注程度	SR5	

（4）因变量的测量。本书的因变量为消费者购买意愿，对其测量共有 3 个题项，主要是参考 Schiffma 和 Kanuk（2009）的研究，再结合研究情景进行修改，如表 5-17 所示。

表 5-17 因变量测量问项

维度	测量题项	测量编项	理论依据
购买意愿	我愿意使用小红书购物	GM1	Schiffma 和 Kanuk（2009）
	我会向熟人推荐小红书的电商功能	GM2	
	我未来可能经常使用小红书购买产品	GM3	

（5）数据的搜集。本书主要以使用过小红书进行内容创作、交流或购物商品的用户为研究对象，并对其开展社会调查，题项内容包括跨境电商 UGC 社群氛围（支持性氛围、控制性氛围、引导性氛围）、沉浸体验、涉入度、消费者购买意愿。对于这些用户来说，他们在使用小红书时更易感受到 UGC 社群氛围，并且根据小红书 App 的用户画像来看，使用该 App 的多为年轻人，这些用户在网络购物方面也有更多的经验。故本书以年轻群体为主，通过线上线下共发放问卷 458 份，剔除无效问卷以及回收 422 份，问卷回收率为 92.14%，有效问卷的数量达到了实证分析要求的样本量。

（6）样本描述性统计。本书的研究样本为使用小红书的个人用户，描述性统计情况如下：从样本男女比例分析，男性占总人数的 26.08%，女性占总人数的 73.91%，男女比例虽不平均，但与普遍使用小红书的性别比例相符。在年龄方面，调研样本中 30 岁以下人群占比超过 90%，用户比较年轻化，与实际情况相符，所以样本年龄比例有效。在学历方面，专科及以下学历占比为 15.84%，本科及以上学历占比 84.16%，用户平均受教育程度偏高，对产品具有一定的辨别能力；在收入方面，4000 元以下可支配收入的占比超过 60%，用户平均月收入不高，学生群体是小红书种草社区的活跃用户。在使用情况方面，超过 70% 的小红书用户存在一周浏览小红书多次的情况，这些用户可能存在一定的购买需求。具体数据如表5-18所示。

表5-18　样本人口统计特征描述（N=422）

	选项	样本数	占比（%）
性别	男	110	26.08
	女	312	73.91
年龄	20岁及以下	74	17.70
	21~30岁	311	73.60
	31~40岁	34	8.08
	41岁及以上	3	0.62
学历	高中及以下	21	4.97
	专科	46	10.87
	本科	274	64.90
	硕士及以上	81	19.26
每月可支配金额	2000元以下	168	39.76
	2001~4000元	97	22.98
	4001~6000元	66	15.53
	6001~8000元	74	17.70
	8001~10000元	9	2.17
	10001元以上	8	1.86
浏览社区的频率	经常（每天至少一次）	16	22.36
	有时（一周几次）	205	48.76
	偶尔（几周一次）	103	24.53
	很少（一个月一次）	18	4.35

三、结果分析

1. 信度检验

变量的Cronbach's α系数主要用于表达该变量与各个测量问项的内在相关度，而Cronbach's α系数越大则说明量表的内在准确性越高，本书通过SPSS 24.0来进行信度分析，测试量表总体系数与各个因子之间的关系。

（1）问卷量表总体变量的信度分析。如表5-19所示，本书总体变量Cronbach's α值为0.890，说明调查数据信度水平高，量表的内部一致性较好，因此量表具有较高的信度，可用于进一步分析。

表 5-19 问卷量表总体变量的信度检验

可靠性统计量	
Cronbach's α	项数
0.890	25

（2）问卷量表各个因素的信度分析。跨境电商 UGC 社群氛围（支持性氛围、控制性氛围、引导性氛围）、沉浸体验、涉入度、购买意愿的 Cronbach's α 系数分别为 0.946、0.912、0.859、0.871、0.854、0.925，均大于 0.8，说明本书的变量的信度良好，如表 5-20 所示。

表 5-20 问卷量表各个因素的信度检验

变量	测量题项	α if item deleted	Cronbach's α
支持性氛围	ZC1	0.922	0.946
	ZC2	0.832	
	ZC3	0.891	
	ZC4	0.914	
控制性氛围	KZ1	0.812	0.912
	KZ2	0.842	
	KZ3	0.853	
	KZ4	0.901	
引导性氛围	YD1	0.812	0.859
	YD2	0.821	
	YD3	0.806	
	YD4	0.832	
沉浸体验	CJ1	0.783	0.871
	CJ2	0.805	
	CJ3	0.798	
	CJ4	0.814	
	CJ5	0.853	
涉入度	SR1	0.801	0.854
	SR2	0.798	
	SR3	0.832	
	SR4	0.768	
	SR5	0.790	

续表

变量	测量题项	α if item deleted	Cronbach's α
购买意愿	GM1	0.883	0.925
	GM2	0.892	
	GM3	0.903	

2. 效度检验

本书对各变量进行主成分分析，用来检验该问卷的结构效度。通过 SPSS 24.0 软件进行因子分析，结果显示：KMO（0.864>0.5）表明样本充分，巴特利特球形度检验（p=0.000<0.05）表明各指标具有统计学意义。因此，收集的样本数据适合进一步做因子分析。主成分因子分析结果如表 5-21 所示。

表 5-21　主成分因子分析结果

变量	测量题项	因子载荷值
支持性氛围	ZC1	0.872
	ZC2	0.901
	ZC3	0.923
	ZC4	0.911
控制性氛围	KZ1	0.748
	KZ2	0.704
	KZ3	0.824
	KZ4	0.834
引导性氛围	YD1	0.810
	YD2	0.721
	YD3	0.725
	YD4	0.758
沉浸体验	CJ1	0.738
	CJ2	0.806
	CJ3	0.826
	CJ4	0.786
	CJ5	0.749

续表

变量	测量题项	因子载荷值
	SR1	0.826
	SR2	0.793
涉入度	SR3	0.813
	SR4	0.812
	SR5	0.792
	GM1	0.823
购买意愿	GM2	0.815
	GM3	0.836

3. 相关性分析

本书利用 Pearson 相关系数来表示相关关系的强弱情况，没有前置变量和结果变量的区分，所有变量之间的关系是对等的，通过研究支持性氛围、控制性氛围、引导性氛围、沉浸状态、涉入度、购买意愿共 6 项之间的相关关系，从而判断模型构建和假设演绎的合理性，从表 5-22 中可以看出跨境电商 UGC 社群支持性氛围、控制性氛围、引导性氛围、沉浸状态、涉入度、消费者购买意愿之间的相关系数绝对值都在 0.8 以下，存在显著的相关关系。因此，本书提出的假设和模型设置较为合理。

模型的判别效度与各测量维度的 AVE 值的开方数据密切相关，各构念 AVE 平方根值均大于任意两个构念间的相关系数绝对值，表明判别效度显著。本书采用 AMOS 进行确认性因子分析（CFA）的数据结果来验证测量模型的判别效度，如表 5-22 所示。各变量 AVE 的平方根都高于任意两个因子间的相关系数，说明各个变量都具有较好的判别效度。由此可见，本书的测量模型的判别效度合适。

表 5-22 潜变量相关系数与 AVE 平方根

测量变量	ZC	KZ	YD	CJ	SR	GM
ZC	0.687					
KZ	0.434**	0.719				
YD	0.235**	0.521**	0.745			
CJ	0.384**	0.425**	0.486**	0.706		
SR	0.205**	0.339**	0.390**	0.512**	0.686	
GM	0.258**	0.372**	0.464**	0.505*	0.427**	0.727

注：*、**、***分别表示在 5%、1%、0.1%水平下显著。

4. 主效用检验

本书通过 Amos 21.0 软件计算路径系数并验证假设，结果显示，模型的拟合指标为：$\chi^2/df = 2.081$，$p = 0.000$，GFI $= 0.983$，AGFI $= 0.967$，RMESA $= 0.072$（<0.08），NFI $= 0.965$，CFI $= 0.819$，IFI $= 0.924$，所有指标均为 0.8 以上，综合显示该研究模型具有良好的拟合度，并在统计学上具有合理性。结果如表 5-23 所示，在跨境电商 UGC 社群氛围对消费者购买意愿的影响中，支持性氛围、控制性氛围和引导性氛围对消费者购买意愿的直接影响均通过显著性检验，假设 H1a、H1b 和 H1c 得到验证；在跨境电商 UGC 社群氛围对消费者沉浸体验的影响中，支持性氛围和引导性氛围对沉浸体验的正向影响通过了显著性检验，假设 H2a 和 H2c 得到验证，控制性氛围对沉浸体验的影响不显著，假设 H2b 未得到验证；在消费者沉浸体验对购买意愿的影响中，沉浸体验对购买意愿的影响通过显著性检验，假设 H3 得到验证。

表 5-23　模型验证结果

假设	假设路径	标准化回归系数	C. R.	p 值	检验结果
H1a	支持性氛围→购买意愿	0.326***	5.634	<0.001	支持
H1b	控制性氛围→购买意愿	0.275*	3.226	0.039	支持
H1c	引导性氛围→购买意愿	0.208*	2.564	0.011	支持
H2a	支持性氛围→沉浸体验	0.166*	2.666	0.038	支持
H2b	控制性氛围→沉浸体验	0.057	0.638	0.517	不支持
H2c	引导性氛围→沉浸体验	0.258**	9.392	0.003	支持
H3	沉浸体验→购买意愿	0.239***	8.889	<0.001	支持

注：*、**、***分别表示在 5%、1%、0.1% 水平下显著。

5. 中介效应检验

本节检验沉浸体验在跨境电商 UGC 社群氛围（支持性氛围、控制性氛围、引导性氛围）对消费者购买意愿影响关系中可能起到的中介作用，参照 Preacher 和 Hayes（2004）提出的 Bootstrap 方法进行检验，在 95% 置信区间下，抽样次数设置为 5000，检验结果如表 5-24 所示。沉浸体验在支持性氛围对消费者购买意愿中发挥的总体中介效应作用显著，效应系数为 0.084，95% 置信区间为（0.032，0.096，不包含 0）。沉浸体验在控制性氛围对消费者购买意愿中发挥的总体中介效应作用不显著，效应系数为 0.180，95% 置信区间为（-0.287，0.492，包含 0）。沉浸体验在引导性氛围对消费者购买意愿中发挥的总体中介效应作用显著，效应系数为 0.161，95% 置信区间为（0.031，0.073，不包含 0）。综上所述，沉浸体验在支持性氛围和引导性氛围对消费者购买意愿中发挥总体中介作用，在控制性氛围对消费者购买意愿中不发挥中介作用，假设 H4a、H4c 得到验证，假设 H4b 未得到验证。

表 5-24　中介效应检验的 Bootstrap 分析

路径	总效应系数	95% 置信区间		检验结果
		下限	上限	支持
支持性氛围→沉浸体验→购买意愿	0.084	0.032	0.096	支持
控制性氛围→沉浸体验→购买意愿	0.180	-0.287	0.492	支持
引导性氛围→沉浸体验→购买意愿	0.161	0.031	0.073	支持

6. 调节效应检验

为验证假设 H5，本部分以消费者购买意愿为因变量，采用分层回归的方法检验涉入度的调节作用。将性别、年龄、学历、每月可支配金额作为控制变量，自变量为涉入度、沉浸体验以及涉入度和沉浸体验的交互项，为消除共线性问题，对涉入度和沉浸体验进行中心化处理，结果如表 5-25 所示。涉入度和沉浸体验的交互项与消费者购买意愿呈显著正相关（$\beta = 0.076$，$p < 0.001$），表明消费者涉入度越高，沉浸体验对购买意愿的正向影响作用会越强，即涉入度正向调节沉浸体验对消费者购买意愿的影响，假设 H5 得到验证。

表 5-25　调节效应检验

研究变量	消费者购买意愿		
	模型 1	模型 2	模型 3
性别	0.076	-0.045	-0.034
年龄（对数）	0.286	0.067	0.074
学历	0.074	0.007	0.038
每月可支配金额	0.016	-0.008	-0.008
沉浸体验		0.764***	0.710***
涉入度		0.146***	0.142***
沉浸体验×涉入度			0.076***
R^2	0.009	0.788	0.794

续表

研究变量	消费者购买意愿		
	模型 1	模型 2	模型 3
ΔR^2	0.009	0.121	0.137
F	0.612	76.012***	72.834***

注：＊、＊＊、＊＊＊分别表示在 5%、1%、0.1% 水平下显著。

7. 假设检验结果

本书借助描述性统计分析、探索性因子分析、验证性因子分析、主成分分析、路径分析、中介效应分析、调节效应分析，验证了跨境电商 UGC 社群氛围（支持性氛围、控制性氛围、引导性氛围）对消费者购买意愿的影响，沉浸体验在跨境电商 UGC 社群氛围（支持性氛围、控制性氛围、引导性氛围）与消费者购买意愿的中介作用，涉入度的调节效应。验证结果汇总如表 5-26 所示。

表 5-26　假设验证结果汇总

路径	假设内容	结果
H1a	跨境电商 UGC 社群支持性氛围对消费者购买意愿有显著正向作用	支持
H1b	跨境电商 UGC 社群控制性氛围对消费者购买意愿有显著正向作用	支持
H1c	跨境电商 UGC 社群引导性氛围对消费者购买意愿有显著正向作用	支持
H2a	跨境电商 UGC 社群支持性氛围对消费者沉浸体验有显著正向作用	支持
H2b	跨境电商 UGC 社群控制性氛围对消费者沉浸体验有显著正向作用	不支持
H2c	跨境电商 UGC 社群引导性氛围对消费者沉浸体验有显著正向作用	支持
H3	消费者沉浸体验正向影响其购买意愿	支持
H4a	沉浸体验中介了跨境电商 UGC 社群支持性氛围对购买意愿的影响	支持
H4b	沉浸体验中介了跨境电商 UGC 社群控制性氛围对购买意愿的影响	不支持
H4c	沉浸体验中介了跨境电商 UGC 社群引导性氛围对购买意愿的影响	支持
H5	涉入度正向调节沉浸体验与消费者购买意愿之间的关系	支持

四、研究结论及展望

1. 研究结论

在移动社会化网络"电商+社区+内容"模式快速发展的形势下，本书以跨境电商 UGC 社群中的消费者为研究对象，以 S—O—R 模型为框架，探索跨境电商 UGC 社群氛围对消费者购买意愿的影响及内在机制，即跨境电商 UGC 社群氛围（支持性氛围、控制性氛围、引导性氛围）、沉浸体验、涉入度与消费者购买意愿之间的框架模型，并提出假设。得到以下结论：

（1）跨境电商 UGC 社群氛围与消费者购买意愿之间的关系。跨境电商 UGC 社群氛围（支持性氛围、控制性氛围、引导性氛围）对消费者购买意愿有显著正向影响。即用户在跨境电商 UGC 社区感受到的支持性氛围，如用户在平台中自由地发表观点、获得其他成员情感上的鼓励；控制性氛围，如平台对盗版产品、不良言论的监管；引导性氛围，如平台会依据用户喜好推荐产品等。社区营造的支持性、控制性、引导性氛围越强，消费者产生的购买意愿越强烈。

（2）跨境电商 UGC 社群氛围、沉浸体验与消费者购买意愿之间的关系、跨境电商 UGC 社群支持性氛围、引导性氛围对消费者沉浸体验有显著正向影响，控制性氛围对消费者沉浸体验影响不显著，可能是由于社区的一些规章制度，以及对消费者言论的管控，使消费者在这种氛围中不能体会到满足感与愉悦感，反而会对平台产生抵触情绪，因此控制性氛围不会影响消费者沉浸体验。消费者沉浸体验对其购买意愿具有显著正向影响，即消费者沉浸状态越强，购买意愿越强。此外，沉浸体验在跨境电商 UGC 支持性氛围、引导性氛围对消费者购买意愿中起中介作用，在控制性氛围对购买意愿的路径中不起中介作用。

（3）涉入度的调节作用。涉入度在消费者沉浸体验对购买意愿的路径中具有正向调节作用，即当消费者处于沉浸状态时，涉入度越高，消费者沉浸体验对其购买意愿的影响越强。由于涉入度低的消费者，习惯于被动地去接受信息，并认为这些产品信息存在不确定性，持以谨慎态度，因此，他们的购买意愿相较于涉入度高的消费者而言较低。

2. 管理启示

基于以上研究结论，本书将对中国企业认识和合理利用跨境电商 UGC 社区，进行低成本且有效的市场营销产生一定的指导意义。

第一，营造良好的社群环境氛围。平台需要意识到好的社区氛围对用户黏性的重要性，在万物互联的时代，更多消费者依靠互联网途径获得所需产品与信息。对于企业而言，营造良好的社群氛围，尤其是能让消费者更为快速地获取高质量内容至关重要。例如，平台提供产品的相关活动加强消费者参与积极性与购买率，鼓励消费者带话题发表相关内容，管控匿名成员发布内容的文明性、真实性以及可靠性，但也不能过度干预消费者参与，营造包容多样的社群氛围。

第二，积极触发用户的沉浸体验，沉浸体验会对消费者购买意愿产生重要影响，跨境电商 UGC 平台应该重视消费者的实时互动反馈，鼓励消费者在社区中参与互动，提高 UGC 社群内容的高质量性，丰富跨境产品种类，让消费者体会到存在感。同时，平台嵌入体验性因素，如产品直播、短视频创作活动等，加深消费者愉悦感与沉浸感。

第三，根据涉入度的差异，合理推送产品内容，适应不同消费者的需求。当消费者处于沉浸状态时，涉入度的高低会影响其购买意愿。对于涉入度较低的消费者，平台可以根据消费者的喜好，向其推送比较容易完成的活动，如转发、互动等活动赚取积分；对于涉入度较高的消费者，可以鼓励其发布关于产品的软文、短视频，发挥其影响优势，提高营销效果。

3. 研究局限与研究展望

本书以 S—O—R 模型作为理论基础，研究跨境电商 UGC 社群氛围、沉浸体验、涉入度以及消费者购买意愿之间的关系。本书采用问卷调查的方式搜集到 422 份有效问卷，使用 SPSS 和 AMOS 数据统计分析软件进行实证分析。但研究内容仍存在一定局限，未来将从以下几个方面进行探索：

第一，本书以跨境电商 UGC 社区为研究背景，只讨论了该背景下跨境电商 UGC 社群氛围对消费者购买意愿的影响，但影响虚拟社群的因素有很多，如虚拟社群中的互动性、社群价值、社群体验等，在后续研究中，可以从这些角度进行探讨，使对影响消费者购买意愿的研究更加全面。

第二，对于以不同平台为载体的跨境电商 UGC 社区，消费者可能会受到不同平台特性的影响，本书仅以小红书用户为调研对象，调查样本过于单一，可能会降低数据的质量。此外，本书的样本数量只有 422 份，大部分以网络形式发放问卷，无法很好地保证问卷的可靠性和代表性，同时也在一定程度上限制了研究结论的普适性，在后续研究中，可以使用多种调研方式，对多平台的社群氛围进行具体分析，使结论更具有普适性。

第三，由于精力有限，本书以跨境电商 UGC 社群用户为主要调研对象，在探讨跨境电商 UGC 社群氛围及其对消费者购买意向产生影响的边界条件时，未将本国用户与外国用户进行区别，不同种族的消费者所感受到的社群氛围与沉浸体验可能有所不同，在今后的研究中，可以从该角度进行更深层次的探讨。

第六章　影响量化自我意识对消费者参与行为作用的其他因素

第一节　量化自我意识对在线消费者参与行为的影响机制

——基于自我概念理论

一、研究模型与假设

1. 唤醒

Cannon（1914）是最早为唤醒（Arousal）界定定义的学者，他认为唤醒是当个体面对突发事件时，调动身体力量来进行斗争的动员器。Duffy（1957）则认为唤醒是一种准备状态，为了随时应对资源调动。随着唤醒被引入情绪维度，其内涵进一步发生了变化。Mehrabia 和 Russell（1974）先后提出了情绪三维论，即 PAD 范式和情绪二维论。前者由愉悦、唤醒和支配构成，后者在前者的基础上整合为效价和唤醒。唤醒在理论发展过程中，从体现个体能量被激活的程度、表现个体心理和生理上的活跃程度，到衡量机体的清醒程度（Barrett and Russell，1999）。唤醒构成了个体的情绪，也是一种属于自我的状态。Kusserow 等（2013）通过建立模型量化个体的唤醒度研究个人唤醒特征，以促进个体幸福感。

尽管唤醒被应用于多个领域，但在自我量化过程中的作用尚未得到良好发掘。本书将采用 Russell（1980）对唤醒的定义，即唤醒是机体调动资源的调动器，反映了机体做出反应前准备程度的指标。在消费者量化自我的过程中，通过收集个体数据，进入唤醒的状态，从而对个人参与行为产生影响。这为探究量化自我意识对消费者参与行为的作用提供了更清晰的路径。

2. 提出假设

（1）探究消费者量化自我意识对参与行为的影响路径与过程。消费者的量化自我意识对消费者行为具有重要影响（Kumar and Venkateshwarlu，2017），消费者的量化自我意识越高，越有可能参与到量化自我社区或移动社交网络之中（Xiang and Fesenmaier，2017）。自我概念理论认为，人的社会自我包括现实社会自我与理想社会自我两部分，消费者为了缩小现实社会自我与理想社会自我的差距以达到理想社会自我，从而会调整自身行为以提升自己在他人心目中的形象（Sirgy，1982，1985）。在量化自我社区或者移动社交网络中，他人对消费者的看法与消费者自身想要给予他人的印象会存在一定的差距，因此消费者会做出一系列行为去弥补这种差距。

信息共享可能是消费者达到理想社会自我概念的方式之一。消费者的信息分享行为能够为其带来一系列社会性价值（Chen，2017），信息分享有助于提升消费者在社群或移动社交网络中的地位与形象（Lupton，2014；Crawford et al.，2015），并获得更多的社会资本（Berger，2014），从而有利于消费者实现理想社会自我。因此，本节提出如下假设：

H1a：消费者的量化自我意识会正向影响其信息分享。

消费者在量化自我社区或移动社交网络中往往会表现出责任行为。消费者通过量化自我意识的产生进而达到更理想的自我。他们将自己想象成社区的管理者或是企业的一员，与企业积极合作共同打造良性社区以促进社区的健康发展（Algesheimer et al.，2005；Black and Veloutsou，2017）。已有研究发现，这种责任行为不仅能够给企业带来价值，还会给消费者自身带来一系列社会性价值（黄嘉涛，2017）。消费者的责任行为会提高其在社区中的权威性，责任性越强，消费者在社区中的形象越佳（Black and Veloutsou，2017；Zhang et al.，2017），则越有利于消费者向理想社会自我靠近。因此，本节提出如下假设：

H1b：消费者的量化自我意识会正向影响其责任行为。

人际互动是消费者在量化自我社区与移动社交网络中最基本的参与行为之一（Nambisan and Watt，2011）。有学者指出，消费者通过与他人进行互动，以增强与他人的联系从而获得社会认同。同时，人际互动能够提升消费者在他人心中的形象，改善与他人之间的人际关系（Nambisan and Watt，2011；黄敏学等，2015）。这有利于消费者缩小现实社会自我与理想社会自我的差距以达到理想社会自我。因此，本节提出如下假设：

H1c：消费者的量化自我意识会正向影响其人际互动。

（2）唤醒的中介作用。在消费者行为领域，自我概念是指个人将其本身作为一种客观对象所具有所有思想和情感的总和，是个体的自我感知或情感指向（Malhotra，1988）。自我概念理论不仅包含人们看待自己的方式，而且包含人们关于自己是怎样的和希望是怎样的认知。根据 ABC 态度模型中"认知—情感—行为"的路径，认知会通过情感影响行为。情绪为情感状态的形式（费孝通，1985；何佳讯，2008），其中，作为情绪维度之一的唤醒被认为是机体调动资源的调动器，反映了机体做出反应前准备程度的指标（Russell，1980；邹迪等，2022）。唤醒水平对冲动消费（Wu et al.，2021）、口碑传播（朱振等，2022）等行为均有不同的影响。消费者在量化自我意识的过程中通过收集、分析、分享关于自我的生理、物理、行为或环境等信息，使自我进入资源调动的状态，即唤醒的提升，继而影响自身的参与行为。因此，本节提出如下假设：

H2a：消费者的量化自我意识通过唤醒正向影响其信息共享行为。

H2b：消费者的量化自我意识通过唤醒正向影响其责任行为。

H2c：消费者的量化自我意识通过唤醒正向影响其人际互动行为。

（3）探究圈子特征的调节作用。关系强度是指移动社交网络圈子中人与人之间社会关系的紧密程度，可分为强关系和弱关系（Granovetter，1973）。关系强度的不同会导致人们对信息的分享意愿存在显著差异。强关系下更容易出现知识共享、口碑分享等深度交互行为（Zhang et al.，2014）；而弱关系下更适合求职信息、技术咨询等新信息、新机会的传播和流通。一方面，与弱关系型圈子相比，强关系型圈子感情更加亲密，互动性更强，能够有效减少在危机时期背叛和伤害他人的可能性（罗家德，2012）。另一方面，圈子的关系强度会显著影响成员对该圈子所产生的认同感和归属感，在网络圈子凝聚力较强时会产生"内群体偏好"（阎云翔，2006）。由此可见，圈子的关系强度越强，对量化自我意识的规范作用越大，进而影响消费者的参与行为。因此，本节提出如下假设：

H3a：圈子的关系强度会调节消费者量化自我意识与其信息共享行为之间的关系。

H3b：圈子的关系强度会调节消费者量化自我意识与其责任行为之间的关系。

H3c：圈子的关系强度会调节消费者量化自我意识与其人际互动行为之间的关系。

圈子的信任度是指移动社交网络圈中的成员从心理上对该网络圈所产生的信任感。圈子是可以用人情交换来积累社会资本、发展自我的社会关系网络（罗家德，2012）。人情交换作为一种社会交换，具有交换范围广、资源多、时间长等特点。在持续的社会交换中，人际信任网络逐步拓展，将以"人脉"为自我中心的信任网络不断延伸至血缘以外的圈子（Jar-Der and Meng-Yu，2015）。同样地，网络圈子作为社会交换的表现场所，通常以交换双方的善意、信任等品格为基础（Tierney and Farmer，2002），在移动社会化网络中，人们更易出于社会交换的动机对网络圈子产生信任。Krackhardt（1992）指出，强关系能建立特殊信任的原因在于：通过增加分享冗余信息的概率、有效增强互动的机会，互动各方能增加情感交流，减少了一个人伤害强连带中其他成员或在危机时期背叛的可能性。所以当圈子的信任度较高时，消费者更易受到圈子成员的影响，强化自己的量化自我意识，并积极参与圈子组织的各种活动。因此，本节提出如下假设：

H4a：圈子的信任度会调节消费者量化自我意识与其信息共享行为之间的关系。

H4b：圈子的信任度会调节消费者量化自我意识与其责任行为之间的关系。

H4c：圈子的信任度会调节消费者量化自我意识与其人际互动行为之间的关系。

（4）人格特质的调节效应研究。神经质是指个体情绪稳定和冲动控制的程度，反映了一个人经历消极情绪状态的倾向（Ross et al.，2009）。量化自我是个体对自身生理、行为或周边环境等数据信息自我追踪的过程（Melanie，2013）。在这一过程中，高神经质个体会更加关注个人隐私信息的安全问题，时刻担心自身数据的泄露，从而避免参与企业的量化活动。而对低神经质人格来说，他们对量化行为可能涉及的自身数据的披露并不敏感性，因此可能不会考虑到量化自我所带来的隐私风险。因此，本节提出如下假设：

H5a：神经质人格特质将会调节消费者量化自我意识与其信息共享行为之间的关系。

H5b：神经质人格特质将会调节消费者量化自我意识与其责任行为之间的关系。

H5c：神经质人格特质将会调节消费者量化自我意识与其人际互动行为之间的关系。

外倾性一般表现出两个极端：外倾性和内倾性。外倾性人格的个体善于交际，具有较高的活力及自信水平，更加外向乐观（Peeters et al.，2006）。此外，与内倾性人格特质相比，外倾性人格特质更易驱动成员的知识分享行为（周志民等，2014），这类人格体质更愿意与他人进行互动并彼此分享经验（Mount and Barrick，1998）。因此，本节提出如下假设：

H6b：外倾性人格特质将会调节消费者量化自我意识与其信息共享行为之间的关系。

H6b：外倾性人格特质将会调节消费者量化自我意识与其责任行为之间的关系。

H6c：外倾性人格特质将会调节消费者量化自我意识与其人际互动行为之间的关系。

最终的研究模型如图 6-1 所示。

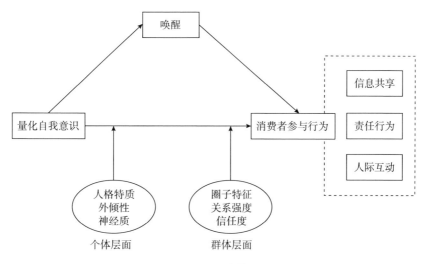

图 6-1　研究模型

二、研究设计与实证分析

1. 问卷设计

本书通过研读大量国内外文献，严格依照各变量的定义收集成熟的量表，并按照本书在线量化自我社区参与行为的情境加以修改、完善，经过小范围的预调研将一些题项剔除或改进，形成了最终的量表。问卷统一采用李克特 5 级量表（1＝非常不同意，2＝不同意，3＝不能确定，4＝同意，5＝非常同意），具体量表如表 6-1 所示。

表 6-1　量表各测量题项

变量	题项	文献来源
量化自我意识	ZW1：我愿意使用可穿戴设备或智能软件记录、追踪自我数据［如使用运动手环、使用 Keep（一款运动软件）进行每日数据记录等］	Hong 等（2022）
	ZW2：我愿意根据量化自我数据（如监测心率、记录体重等）反馈改变自己的行为	
	ZW3：我认为参与量化自我活动能帮助我成为更好的自己	

续表

变量	题项	文献来源
唤醒	请在以下最能描述我参与在线自我量化活动时的状态的形容词之间选择： HX1：唤醒、未唤醒 HX2：兴奋、平静 HX3：狂热、迟缓	Das 和 Varshney（2017）
信息共享	XX1：我愿意在在线量化自我社区分享自己的观点和想法 XX2：我和在线量化社区的其他参与者之间能够彼此提供所需的信息 XX3：我能够通过参与在线量化社区发现可能存在的问题或变化（关于个人或社区）	Fang（2008）
责任行为	ZR1：在参与在线量化社区的过程中，我会在社区的规章制度下规范自己的行为 ZR2：在参与在线量化社区的过程中，我实现了预先为自己制定的目标 ZR3：在参与在线量化社区的过程中，我维护了社区的环境（如引导他人文明参与社区、对违反条例的行为及时举报）	Youjae 和 Taeshik（2013）
人际互动	RJ1：在参与在线量化社区的过程中，我希望获得其他参与者的认可和赞同 RJ2：我愿意完成在线量化社区其他参与者期待我做的事情（如提供他人所需帮助或完成他人认为你做得到的事） RJ3：其他参与者的态度会影响我对在线量化社区的评价	Bearden 等（1989）
外倾性	WQ1：在参与在线量化自我社区的活动时，我常常是健谈的 WQ2：在参与在线量化自我社区的活动时，我常常是善于社交的 WQ3：在参与在线量化自我社区的活动时，我常常是精力旺盛的	
神经质	SJ1：在参与在线量化自我社区的活动时，我常常是情绪多变的 SJ2：在参与在线量化自我社区的活动时，我常常是敏感的 SJ3：在参与在线量化自我社区的活动时，我常常是羡慕他人的	Saucier（1994）
关系强度	GX1：我愿意与在线量化自我社区的其他参与者进行私信交流 GX2：在在线量化自我社区的其他参与者面前，我会表现得很自信	Frenzen 和 Davis（1990）
信任度	XR1：我认为在线量化自我社区的其他参与者拥有专业知识，能够为社区提供很多价值 XR2：我相信大家参与在线量化自我社区的意图是良好的	Mpinganjira（2018）

2. 研究样本

针对参与在线自我量化社区的主要是年青一代，数据样本集中在学生群体。在正式调研中回收了 344 份问卷，剔除无效问卷后共计 306 份，对样本的描述性统计如表 6-2 所示。男女比例平衡，且都集中于 18~25 岁，符合本书认为年轻群体是参与在线量化自我社区的主力军观点。

表 6-2　样本描述性统计

	选项	频数	占比（%）
性别	男	143	46.73
	女	163	53.27
年龄	18 岁以下	3	0.98
	18~25 岁	257	83.99
	26~33 岁	39	12.75
	33 岁以上	7	2.28
学历	本科以下	13	4.25
	本科	155	50.65
	硕士研究生	123	40.2
	博士研究生及以上	15	4.9
收入	1000 元以下	131	42.81
	1000~2000 元	85	27.78
	2001~3000 元	24	7.84
	3000 元以上	66	21.57

3. 信度和探索性因子分析

本书使用 SPSS 26.0 对各量表维度均用 Cronbach's α 系数进行信度分析。如表 6-3 所示，各变量测量量表的 Cronbach's α 系数均达标，可见量表信度较佳。

表 6-3　信度检验结果

变量	维度	题项	Cronbach's α
量化自我意识	无	ZW1	0.873
		ZW2	
		ZW3	

续表

变量	维度	题项	Cronbach's α
唤醒	无	HX1	0.781
		HX2	
		HX3	
消费者参与行为	信息共享	XX1	0.857
		XX2	
		XX3	
	责任行为	ZR1	0.755
		ZR2	
		ZR3	
	人际互动	RJ1	0.787
		RJ2	
		RJ3	
人格特质	外倾性	WQ1	0.866
		WQ2	
		WQ3	
	神经质	SJ1	0.807
		SJ2	
		SJ3	
圈子特征	关系强度	GX1	0.697
		GX2	
	信任度	XR1	0.799
		XR2	

本书通过 SPSS 26.0 对本量表主路径的量表进行探索性因子分析，得出 KOM 值为 0.896，且 Bartlett 球形检验显著性水平为 0.000（$p < 0.05$），具有统计学上的意义，适合进一步进行因子分析。表6-4 为具体因子分析结果，成功提取了五个因子，且每个因子载荷值均大于 0.5。

表6-4　主效应变量量表因子分析结果

变量	维度	题项	因子载荷
量化自我意识	无	ZW1	0.798
		ZW2	0.848
		ZW3	0.812

续表

变量	维度	题项	因子载荷
唤醒	无	HX1	0.724
		HX2	0.797
		HX3	0.840
消费者参与行为	信息共享	XX1	0.800
		XX2	0.823
		XX3	0.718
	责任行为	ZR1	0.766
		ZR2	0.677
		ZR3	0.676
	人际互动	RJ1	0.773
		RJ2	0.723
		RJ4	0.755

本书将另外对调节变量维度进行探索性因子分析，采用主路径因子分析相同的方式，KMO 值为 0.826，Bartlett 球形检验结果 p = 0.000（p<0.05），表明适合进行因子分析且具有统计学上的意义，具体因子结果如表 6-5 所示。

表 6-5 调节变量量表因子分析结果

变量	维度	题项	因子载荷
人格特质	外倾性	WQ1	0.886
		WQ2	0.901
		WQ3	0.654
	神经质	SJ1	0.853
		SJ2	0.851
		SJ3	0.778
圈子特征	关系强度	GX1	0.673
		GX2	0.803
	信任度	XR1	0.821
		XR2	0.855

探索性因子分析的结果表明每一构成因子的因子载荷均大于 0.50，验证了本书的因子分析模型构建的合理性。

4. 验证性因子分析

本书使用 Amos 24.0 首先对量表进行模型适配度检验，表 6-6 结果显示，卡方与自由度的比值小于 3，RMSEA 小于 0.08，GFI、AGFI、NFI、CFI 以及 IFI 值均大于 0.8。因此，量表具有良好的适配度。

表 6-6 模型适配度各指标结果

指标	实测结果
χ^2/df	2.842
RMSEA	0.078
GFI	0.902
AGFI	0.860
NFI	0.899
CFI	0.931
IFI	0.932

在模型具有良好适配度的情况下，本书继续使用 Amos 24.0 检验量表各维度的收敛效度（AVE）和组合信度（CR）。检验结果如表 6-7 所示，可见各维度 CR 值均大于 0.7，AVE 值均大于 0.5，证明量表具有良好的收敛效度和组合信度。

表 6-7 验证性因子分析结果

变量	题项	标准载荷系数	CR	AVE
量化自我意识	ZW1	0.864	0.904	0.758
	ZW2	0.897		
	ZW3	0.850		
唤醒	HX1	0.749	0.777	0.538
	HX2	0.706		
	HX3	0.745		
信息共享	XX1	0.804	0.870	0.690
	XX2	0.850		
	XX3	0.837		
责任行为	ZR1	0.793	0.779	0.542
	ZR2	0.751		
	ZR3	0.658		

续表

变量	题项	标准载荷系数	CR	AVE
人际互动	RJ1	0.856	0.806	0.584
	RJ2	0.770		
	RJ3	0.653		

5. 相关分析

本书采用 SPSS 26.0 对各变量进行 Person 相关性检验。检验结果如表 6-8 所示，可见自我量化意识、信息共享、责任行为、人际关系、唤醒、人格特质（外倾性、神经质）和圈子特征（关系强度、信任度）之间相关性显著。

表 6-8　皮尔逊相关性

	量化自我意识	信息共享	责任行为	人际互动	唤醒	外倾性	神经质	关系强度	信任度
量化自我意识	1								
信息共享	0.524**	1							
责任行为	0.521**	0.635**	1						
人际互动	0.486**	0.569**	0.593**	1					
唤醒	0.396**	0.477**	0.523**	0.503**	1				
外倾性	0.375**	0.643**	0.515**	0.538**	0.538**	1			
神经质	0.219**	0.300**	0.289**	0.409**	0.368**	0.391**	1		
关系强度	0.370**	0.561**	0.519**	0.521**	0.593**	0.656**	0.421**	1	
信任度	0.498**	0.600**	0.600**	0.628**	0.574**	0.503**	0.417**	0.595**	1

注：＊＊表示在1%水平下显著。

6. 主效应检验

为验证量化自我意识对消费者参与行为中信息共享的影响，本书采用 Amos 24.0 构建结构方程模型，以此检验本研究假设，结果如表 6-9 所示。三条路径的 p 值均小于 0.001，标准化回归系数均大于 0，说明量化自我意识对信息分享、责任行为、人际互动都发挥了正向影响作用。假设 H1a、H1b、H1c 得到验证。

表 6-9　模型检验结果

假设	假设路径	标准化回归系数	C. R.	p	检验结果
H1a	量化自我意识→信息分享	0.458	7.459	***	支持

续表

假设	假设路径	标准化回归系数	C. R.	p	检验结果
H1b	量化自我意识→责任行为	0.232	3.861	***	支持
H1c	量化自我意识→人际互动	0.405	7.105	***	支持

注：***表示在0.1%水平下显著。

7. 中介效应检验

为了研究唤醒在量化自我意识对消费者参与行为中可能起到的中介作用，本书使用Process 3.5，通过Bootstrap方法来验证中介效应，选择95%的置信区间以及模型4进行分析。分别以信息共享、责任行为、人际互动为因变量，检验结果如表6-10所示。显而易见，唤醒在量化自我意识对信息分享（LLCI=0.0382，ULCI=0.1738，不包含0）、责任行为（LLCI=0.0357，ULCI=0.1538，不包含0）、人际互动（LLCI=0.0629，ULCI=0.1984，不包含0）的影响中发挥了正向中介作用。因此，假设H2a、H2b、H2c均得到验证。

表6-10　量化自我意识对信息共享的中介效应路径检验结果

路径	间接效应值	Boot LLCI	Boot ULCI
量化自我意识→唤醒→信息共享	0.0952	0.0382	0.1738
量化自我意识→唤醒→责任行为	0.0401	0.0357	0.1538
量化自我意识→唤醒→人际互动	0.1216	0.0629	0.1984

8. 调节效应检验

本书将采用分层回归分析的方法来检验调节效应，由于各调节变量和自变量都为连续变量，因此将它们进行中心化处理后再进行乘积处理。调节效应检验结果如表6-11、表6-12、表6-13所示。结果显示，圈子特征中的关系强度在量化自我意识对责任行为的影响中起到了负向调节作用，而对信息共享、人际互动并无显著的调节作用；而信任度在量化自我意识对消费者参与行为的影响中不起调节作用，因此假设H3b得到了验证，假设H3a、H3c和H4均不成立。人格特质中的外倾性在量化自我意识对消费者参与行为的三个维度影响中都发挥了正向调节作用；而神经质在其中对信息共享、人际互动起到了负向调节作用，对责任行为的调节作用并不显著，因此假设H5a、H5c和H6都得到了验证，假设H5b并不成立。另外，本书还发现性别在量化自我意识作用于信息分享中的调节效应，即女性更倾向于进行信息共享。

表6-11 因变量为信息共享的分层回归分析结果

变量	模型1	模型2	模型3
（常量）	10.057	−0.783	−1.275
性别	0.145	0.469*	0.419*
年龄	−0.007	−0.070	0.003
学历	−0.094	0.040	0.012
收入	0.066	0.000	−0.004
量化自我意识		0.335***	0.373***
外倾性		0.354***	0.290***
神经质		0.014	0.081
关系强度		0.228*	0.239*
信任度		0.171	0.160
量化自我意识×外倾性			0.067*
量化自我意识×神经质			−0.061**
量化自我意识×关系强度			−0.062
量化自我意识×信任度			0.037
R^2	0.003	0.548	0.569
ΔR^2	0.003	0.545	0.550
ΔF	0.215	0.021***	3.574**

注：*、**、***分别表示在5%、1%、0.1%水平下显著。

表6-12 因变量为责任行为的分层回归分析结果

变量	模型1	模型2	模型3
（常量）	10.728	2.715	2.738
性别	0.055	0.243	0.233
年龄	0.040	−0.061	−0.027
学历	0.021	0.139	0.183
收入	0.170	0.140	0.143
量化自我意识		0.293***	0.284***
外倾性		0.091	0.039
神经质		0.036	0.041
关系强度		0.076	0.150
信任度		0.358***	0.345***

续表

变量	模型 1	模型 2	模型 3
量化自我意识×外倾性			0.065 *
量化自我意识×神经质			−0.012
量化自我意识×关系强度			−0.118 **
量化自我意识×信任度			0.013
R^2	0.009	0.431	0.454
ΔR^2	0.009	0.422	0.022
ΔF	0.708	43.948 ***	2.964 *

注：*、**、***分别表示在5%、1%、0.1%水平下显著。

表 6-13　因变量为人际互动的分层回归分析结果

变量	模型 1	模型 2	模型 3
（常量）	10.896	2.711	2.735
性别	−0.085	0.158	0.091
年龄	0.027	−0.064	0.003
学历	−0.020	0.126	0.066
收入	0.194	0.157	0.145
量化自我意识		0.171 ***	0.195 ***
外倾性		0.239 ***	0.163 **
神经质		0.091 *	0.146 **
关系强度		0.039	0.021
信任度		0.323 **	0.342 ***
量化自我意识×外倾性			0.081 **
量化自我意识×神经质			−0.048 *
量化自我意识×关系强度			0.010
量化自我意识×信任度			−0.045
R^2	0.011	0.410	0.438
ΔR^2	0.011	0.399	0.028
ΔF	0.818	39.989 ***	3.693 **

注：*、**、***分别表示在5%、1%、0.1%水平下显著。

由以上结果可推测，在强关系圈里，当消费者进行量化自我活动时，并不会过多地在意高关系强度的个体的看法，即他们在自己亲人、好友面前是放松、不需要过于恪守规矩的，因此关系强度在量化自我意识对责任行为的影响中发挥负向调节作用。而对于信息分享和人际互动行为来说，由于本书选取的是消费者线上参与行为的情境，与消费者高关系强度的亲朋好友相比于线下的来说少之又少，大多数情况下消费者都是在与陌生且匿名的其他参与者打交道，因此关系强度发挥的作用是有限的。而信任度在其中完全不发挥调节作用的结果与关系强度的解释相类似，本书选取的线上情境相较于线下情境来说，信任度更难以被感知。具备量化自我意识的个体通常是具有目的和规划的，对社区或其他线上参与者的信任度不会过多影响量化自我意识个体的步伐。

外倾性发挥的调节效应则是意料之中的，性格各异的不同个体的行为也一定是迥异的，与外倾性个体相反，神经质个体具有敏感的特质，因此也更容易感到沮丧和隐私忧虑（张凯亮等，2022），从而影响他们的分享欲和参与行为（Sergio et al.，2010），然而神经质在量化自我意识对责任行为的影响中并不发挥调节作用。可能的原因是神经质个体由于情绪化、高敏感等特质导致他们在行为上避免与他人交流，但内心还是守序、以自我为中心的。因此神经质个体对责任行为是保持默认的态度，既不会参与社区活动与他人交往，也不会破坏规则，污染社区氛围。

9. 假设结果总结

假设结果汇总，如表 6-14 所示。

表 6-14　假设结果总结

假设	假设内容	结果
H1a	消费者的量化自我意识会正向影响其信息分享	支持
H1b	消费者的量化自我意识会正向影响其责任行为	支持
H1c	消费者的量化自我意识会正向影响其人际互动	支持
H2a	消费者的量化自我意识通过唤醒正向影响其信息共享行为	支持
H2b	消费者的量化自我意识通过唤醒正向影响其责任行为	支持
H2c	消费者的量化自我意识通过唤醒正向影响其人际互动行为	支持
H3a	圈子的关系强度会调节消费者量化自我意识与其信息共享行为之间的关系	不支持
H3b	圈子的关系强度会调节消费者量化自我意识与其责任行为之间的关系	支持

假设	假设内容	结果
H3c	圈子的关系强度会调节消费者量化自我意识与其人际互动行为之间的关系	不支持
H4a	圈子的信任度会调节消费者量化自我意识与其信息共享行为之间的关系	不支持
H4b	圈子的信任度会调节消费者量化自我意识与其责任行为之间的关系	不支持
H4c	圈子的信任度会调节消费者量化自我意识与其人际互动行为之间的关系	不支持
H5a	神经质人格特质将会调节消费者量化自我意识与其信息共享行为之间的关系	支持
H5b	神经质人格特质将会调节消费者量化自我意识与其责任行为之间的关系	不支持
H5c	神经质人格特质将会调节消费者量化自我意识与其人际互动行为之间的关系	支持
H6a	外倾性人格特质将会调节消费者量化自我意识与其信息共享行为之间的关系	支持
H6b	外倾性人格特质将会调节消费者量化自我意识与其责任行为之间的关系	支持
H6c	外倾性人格特质将会调节消费者量化自我意识与其人际互动行为之间的关系	支持

三、研究结论及展望

(一) 研究结论

1. 研究结论

本章基于自我概念理论，探寻了量化自我意识对消费者参与行为的影响因素，验证唤醒在其中起到的中介作用以及其他起到调节作用的变量。采用问卷调查通过因子分析、相关分析、回归分析、中介效应检验和多元回归分析等方法进行检验，本章得出以下结论：

(1) 量化自我意识对消费者在线信息共享、责任行为、人际互动等具有正向影响作用。量化自我意识越高的个体越倾向于参与在线量化自我社区的各种活动，基于自我概念理论，他们更具有自我行为优化的渴望，更加追求理想自我，也更希望得到社会认同，因此反映到行为上是更加积极地与其他参与者分享信息、互动，对在线社区也更有责任意识。

(2) 唤醒在量化自我意识对消费者参与行为的影响中起到中介作用。当个体具备量化自我意识和自我优化的倾向时，更愿意调动自身能量、所具备的资源进入唤醒的状态，进而更加积极地参与在线量化行为。

(3) 外倾性人格特质在量化自我意识对消费者参与行为的影响中起到了正向调节作用。外倾性高的个体更热衷于分享信息、经验和反馈，更愿意进行自我呈现和人际互动，因此也更倾向于积极参与在线消费者参与（Omar et al.,

2020）。

（4）神经质人格特质对消费者信息共享、人际互动行为起负向调节作用，但是对责任行为的调节作用不显著。具有更高的隐私担忧神经质个体，在产生量化自我意识后，他们面对收集到的自我量化数据会难以进行分享以及与他人互动。而对于维护在线社区氛围和秩序，他们更倾向于持有一种无所谓的态度。

（5）关系强度在量化自我意识对责任行为的影响中起到了负向调节作用，而对信息共享和人际互动的调节效应并不显著。导致这个结果的原因可能在于在线上量化社区中，具有高关系强度的圈子几乎只是一种理想状态，现实中个体的高关系强度圈子也难以在线上复制。

（6）信任度在量化自我意识对消费者参与行为的影响中的调节作用并不显著。与关系强度所面临的情况相似，本章探讨的情境是具备量化自我意识的个体对在线消费者参与行为的影响，并不仅限于微信朋友圈这种高关系强度、高信任度的在线圈子里，个体面对更多的都只是具有相似的量化自我意识但陌生且匿名的其他参与者，涉及自我呈现、隐私忧虑等问题，难以对在线量化社区产生信任以及培养高关系强度的新成员。

2. 研究意义

（1）理论贡献。本章基于自我概念理论，探寻量化自我意识对在线消费者参与行为的影响机制，且在自我概念理论关于自我和他人的论述中衍生了个体层面和社会层面对该影响机制的研究。整个研究路径和机制都是完善且具有理论意义的，下面具体阐述本书的理论贡献：

首先，本章完善了量化自我的体系，探究了量化自我意识的结果变量。唤醒作为中介变量的提出，创造性地解释了从量化自我意识发展到行为之中的具体作用机制。

其次，本章深化了自我概念理论。自我概念理论提出他人是影响自我概念形成的重要因素，他人的反馈会影响理想自我的形成。而在线上参与的情境中，圈子特征中的关系强度、信任度所代表的群体或者说是他人层面并不在其中发挥完全的调节作用，互联网和社交媒体的发展使得人际交往、信息流动、实现自我价值的方式都发生了巨大的变化，线下的交往和信任难以在线上复刻。因此，对于自我概念理论的应用也可以发掘线上和线下的差异，在不同情境下发挥着不同的作用。

最后，本章丰富了消费者参与行为的内涵，扩充了其适用情境。本书将En-new 和 Binks（1999）在客户服务情境下提出的消费者信息共享、责任行为、人际互动行为与在线量化活动相结合，更符合当下日新月异的时代发展变化。

（2）管理启示。本书对"量化自我"时代下，企业如何鼓励消费者参与到线上量化自我活动中去具有实际的管理意义；而对于消费者个人来说，针对自我不同的特征、需求，培养量化自我意识也具有重要意义。

1）企业或运营者可以在线上社区中多添加一下能够调动唤醒情绪的元素，例如，声音或音乐刺激、更鲜亮的颜色或一些独特的称呼，使尚处于观望态度的参与者通过唤醒调动促进信息共享、责任行为、人际互动的参与。

2）对于具有不同人格特质的个体，企业应当采取相应的措施。对于神经质个体对隐私问题的担忧，企业可以制定更为严格的隐私保护措施，做到让高度关注隐私的用户放心；对于外倾性用户，企业可以通过追踪此类用户平时的自我呈现内容向他们推荐更多的相关活动或其他相投的用户，鼓励其继续进行在线参与。

3）对于不同性别的消费者，在线上信息分享行为上的表现是有显著差异的，企业可增加对女性消费者的宣传，以便她们能够更为积极自发地进行用户生成内容的推广。

4）针对不同的社区，企业也应当有不同的鼓励方式。例如，微信朋友圈这种高关系强度的线上圈子，企业更应当注意在线参与活动的隐私性和面子因素；而在 Keep 社区等难以形成高关系强度和高信任度的开放性圈子，企业应该注重社区氛围的营造，采用新技术尽量打破线上壁垒，打造出一个互动氛围良好、值得信赖的在线社区。

5）对于消费者个人来说，具备良好的量化自我意识更有利于线上行为的参与，得到他人的反馈，更有利于理想自我的实现。

3. 局限与展望

（1）尽管本章对于个人和群体层面的视角都有所考虑，然而忽视了圈子特征的情境区分。尽管存在高关系强度的在线圈子（如微信朋友圈），但是在消费者在线参与活动中也会受到面子意识、隐私关注、个人习惯的影响，因此以后的研究中可以进一步发掘线上圈子的特征，以及其在量化自我意识对消费者参与行为中起到的作用。

（2）本章只探讨了大五人格中外倾性和神经质人格特质的调节作用，在以后的研究中也可以对其他特质，如宜人性、开放性、责任性，进行进一步探究。

（3）问卷调查法总是存在局限的，并且本研究的调查对象主要集中于年轻的学生群体；而随着越来越多的人参与到量化自我的活动中，以后的研究可以扩大调查对象的范围，并结合实验法加以完善。

第二节　移动社会化网络中影响消费者量化自我意识的技术和社会层面因素探究

一、研究假设与模型构建

1. 影响移动社会化网络中消费者量化自我意识的社会层面因素

（1）社会规范。社会规范是指特定的社会群体或文化情境中受到民众普遍认可并共同遵守的行为规范（Cialdini and Trost，1998），简言之，即个体期望他人或他人期望个体应该表现出的行为。Cialdini 等（1991）认为，社会规范可具体细分为两大类型，即描述性规范（Descriptive Norm）和指令性规范（Injunctive Norm）。描述性规范描写阐述了大多数人在没有外部指示的情况下，在社会环境中所做的行为，代表着个体对社会群体中大多数行为的认知。指令性规范则基于社会规范应然层面阐述了个体应做的行为，指示个体应遵循的行为方式，传达了不同群体对特定行为持有的一致性态度。与强制性法律制度相比，社会规范是特定群体中约定俗成的标准，虽然社会规范并非成文规定，但得到了大部分群体成员的一致认同。为了减少行为不确定性、融入群体获取群体认同，个人自然会以社会规范约束自身行为（张福德，2016）。

（2）社会支持。社会支持概念源自康复心理学和社会心理学，目前已拓展至市场营销学领域（骆紫薇和陈斯允，2018）。Cobb（1976）和 House（1981）将社会支持定义为个人在其社会群体中受到照顾、回应和帮助的经历，它可以为个人带来温暖和理解，也可以被视为满足心理需求的反应（Maslow，1954）。

事实上，社会支持是一种多维结构，其组成部分可能因环境而异（Huang et al.，2010；Madjar，2008；Xie，2010）。House（1981）将社会支持划分为情感支持、工具支持、信息支持、评估支持四种类型，并且证实了这四种类型的社会支持可减轻工作负荷、缓解工作压力。在互联网时代，在线互动成为新潮流，但在线互动本质上是依赖于信息的"虚拟"互动，而在线社会支持包括信息支持、情感支持，决定了在线社会支持的无形性（Coulson，2005；Huang et al.，2010；Madjar，2008）。上述两种类型的信息是移动社会化网络中消费者社交互动的主要支持机制。

（3）影响移动社会化网络中消费者量化自我意识的技术层面因素。Venkatesh 等（2003）在 TAM 及其扩展模型的基础上，提出了技术接受与利用整合模型（Unified Theory of Acceptance and Use of Technology，UTAUT），该模型包含四个核心变量，分别是绩效期望（Performance Expectancy，PE）、努力期望（Effort Expectancy，EE）、社会影响（Social Influence，SI）和便利条件（Facilitating Conditions，FC）。既有的实证研究结果显示，UTAUT 能解释 70% 的技术采纳和使用行为，说明该模型较为成熟，并可有效地应用到技术采纳和使用的研究中（陈美和梁乙凯，2021）。

事实上，自提出以来，UTAUT 模型就一直被广泛应用于各种组织和非组织环境中的技术研究中（Venkatesh et al.，2012）。在公共管理领域，陈美和梁乙凯（2021）以 UTAUT 为基础，建立了开放政府数据用户采纳模型，以检验影响用户接受开放政府数据的意愿以及其实际采纳行为的因素。在旅游管理领域，Herrero 等（2017）以 UTAUT 模型为基础，深入分析了 UGC 类旅游服务平台上消费者交流经验的影响因素。而在医药健康领域，由于主要研究对象是消费者在线购买药物的意愿，而非消费者的实际购物行为，殷猛（2020）在设计研究模型时，摒弃了便利条件的影响，并在传统 UTAUT 模型中引入了风险感知因素和信任感知因素，研究发现 UTAUT 综合模型中的绩效预期、社会影响、信任感知和风险感知消费者在线购买药物的意愿均有显著影响。

（4）工具理性。德国社会学家马克斯·韦伯提出"合理性"范畴，是"工具理性"概念的雏形。马克斯·韦伯（2004）在《经济与社会》中，将社会行为具体细分为合理性行为、非理性行为，其中合理性行为包括价值合理性行为、目的合理性行为，即价值理性的社会行为和工具理性的社会行为。工具理性的社会行为是指主体为追求最大效益，借助理性手段和理性行动达成最终目标。在工具理性支配下，社会个体更倾向于追求效率和功效（许鸿艳和金毅，2021），注重手段有效性和手段实用性，强调现实利益和效率优先，是追求效率和目的的理性意识（毛华兵和夏卓然，2021）。移动社会化网络为消费者实现工具理性创造了良好的条件。

2. 社会规范与消费者量化自我意识

消费者作为社会化的行为主体，总是受到社会规范潜移默化的影响。若在相同情况下有更多社会个体以相同方式行动，则该行为越有可能成为社会公认的规范标准（Thibaut and Kelley，1959）。具体到移动社会化网络中，身边参与量化自我的人越多，越容易促使消费者运用现代化追踪工具测量自我数据、收集自我数据和监管自我数据，并通过数据监管分析反省自我行为，和周围环境建立良性的互动关系（Almalki et al.，2016）。因此，本节提出如下假设：

H1a：在移动社会化网络中，社会规范正向影响消费者量化自我意识。

3. 社会支持与消费者量化自我意识

随着社交媒体的普及，互联网的作用已经转变为促进社会互动的重要渠道。有学者研究发现，社会支持是互联网用户可以从在线社区获得的主要社会价值（Huang et al.，2010；Obst and Stafurik，2010；Shaw and Gant，2002）。通过社会网络成员间频繁分享支持性信息，能增进社会网络成员间的信任，拉近社会网络成员间的距离，增强社会网络成员分享自身信息的意愿。因此，我们可以在社会支持与量化自我意识的产生之间建立联系。因此，本节提出如下假设：

H1b：在移动社会化网络中，社会支持正向影响消费者量化自我意识。

4. 绩效期望、努力期望、便利条件与消费者量化自我意识

就技术层面而言，移动社会化网络中的网络技术、移动通信技术等都为消费者进行量化自我提供了便利条件。因此，选取 UTAUT 模型中的绩效期望、努力期望和便利条件这三个变量进行研究。

（1）绩效期望。绩效期望（PE）是指个体能感知到的使用新技术对自身工作绩效、学习绩效和研究绩效的提升程度（明均仁等，2018）。当绩效期望处于较高水平时，用户对网络化学习平台、电子政务网站、景区智慧旅游系统和农业新技术的采纳和使用意愿就越强烈（李燕和朱春奎，2017；El-Masr and Tarhini，2017；徐菲菲和黄磊，2018；郑继兴等，2021）。移动社会化网络中，如果消费者在运用量化自我技术后提升了工作或学习绩效，那么绩效期望就越高，消费者就萌生了更强烈的量化自我意愿。因此，本节提出如下假设：

H2a：在移动社会化网络中，绩效期望正向影响消费者量化自我意识。

（2）努力期望。努力期望（EE）是个人对使用新技术的容易程度的预期。努力期望越高，使用者越愿意使用依托于信息技术的服务平台（Cheung and Vogel，2013；Lee et al.，2014）。移动社交网络平台操作方便、界面简洁、设计合理，有助于强化消费者体验，提升消费者绩效预期，增强消费者量化自我意识。因此，本节提出如下假设：

H2b：在移动社会化网络中，努力期望正向影响消费者量化自我意识。

（3）便利条件。便利条件（FC）是个体能感知的周围环境、组织对使用新技术给予的支持程度（明均仁等，2018）。互联网的蓬勃发展、移动终端的广泛普及、移动网络全面覆盖，这些外部便利条件为消费者参与量化自我提供了基本

支持,同时,及时的在线帮助将增强其量化自我意识。因此,本节提出如下假设:

H2c:在移动社会化网络中,便利条件正向影响消费者量化自我意识。

5. 工具理性的调节作用

工具理性作为追求效率和目的的一种理性意识,需要通过成本收益计算、手段择取、程序约束等来达成预期目标,即重点解决"如何做"的问题,换言之,就是要利用外部条件,使用最优方法和路径连接理想与现实(孟宪斌,2020)。在这一过程中,需要消费者充分发挥理性思维,通过合理的逻辑推导得到确定的结果,这可能与绩效期望、努力期望等消费者主观意愿相矛盾,此外,便利条件的存在可能会使消费者过于依赖移动社会化网络提供的各种便利,从而限制其理性思维的发挥,因此,本节提出如下假设:

H3a:在移动社会化网络中,工具理性在绩效期望与消费者量化自我意识之间起负向调节作用。

H3b:在移动社会化网络中,工具理性在努力期望与消费者量化自我意识之间起负向调节作用。

H3c:在移动社会化网络中,工具理性在便利条件与消费者量化自我意识之间起负向调节作用。

综上所述,本书构建的研究模型如图6-2所示。

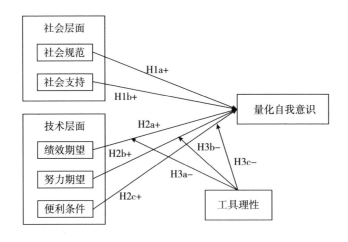

图6-2 移动社会化网络中消费者量化自我意识影响因素模型

二、研究方法

1. 问卷设计

本书在参考国内外成熟量表的基础上，结合本书的研究情境，设计了各变量的测量问项。社会规范的测量参考了 Ajzen（1991）和 Park 等（2009）的量表，社会支持的测量参考了 Krause 和 Markides（1990）以及 Liang 等（2011）的量表，绩效期望和努力期望的测量参考了 Venkatesh 等（2003）和徐若然（2021）的量表，便利条件的测量参考了 Thompson 等（1991）和 Venkatesh 等（2012）的量表，量化自我意识的测量借鉴了 Hong 等（2022）基于扎根理论划分出的量化自我意识的维度，工具理性的测量则参考了马克斯·韦伯（2004）和毛华兵等（2021）对该概念的定义。采用李克特 7 级量表进行测试，1~7 分别代表"非常不符合"到"非常符合"的情况。

2. 样本收集

本书通过线上发布问卷链接、线下发放纸质问卷的方式收集数据，共回收 288 份有效问卷。其中，被试年龄在 18~25 岁的占总人数的 41.3%，在 26~35 岁的占总人数的 31.6%，36~45 岁的占总人数的 22.6%，18 岁以下和 45 岁以上的则分别占总人数的 3.5% 和 1%；受教育程度方面，高中（含中专）及以上学历的被试共有 252 人，占总人数的 87.5%，其中拥有本科和研究生及以上学历的占总人数的 48.8%。从上述人口统计特征来看，样本结果较为合理。

三、数据分析

1. 信度检验

如表 6-15 所示，测量量表的各变量的 Cronbach's α 系数介于 0.720~0.841，均高于 Nunnally（1978）界定的临界值 0.7，表明量表内在一致性和稳定性较高，且信度良好。

表 6-15　量表信度分析结果

变量	题项编码	Cronbach's α
社会规范	SN1	0.841
	SN2	
	SN3	
社会支持	SS1	0.720
	SS2	

续表

变量	题项编码	Cronbach's α
绩效期望	PE1	0.760
	PE2	
努力期望	EE1	0.838
	EE2	
	EE3	
便利条件	FC1	0.739
	FC2	
量化自我意识	QSC1	0.792
	QSC2	
	QSC3	
工具理性	IR1	0.782
	IR2	
	IR3	

2. 效度检验

使用 SPSS 26.0 软件进行因子分析，得出量表的 KMO 值为 0.968，表明变量之间具有较强的相关性。此外，Bartlett 球形检验结果（p = 0.000 < 0.05）表明各指标具有统计学意义。因此量表整体效度较好，表明样本数据适合进行因子分析。具体分析结果如表 6-16 所示。

表 6-16　量表效度分析结果

变量	题项编码	因子载荷
社会规范	SN1	0.642
	SN2	0.722
	SN3	0.716
社会支持	SS1	0.543
	SS2	0.763
绩效期望	PE1	0.662
	PE2	0.566
努力期望	EE1	0.620
	EE2	0.714
	EE3	0.655

续表

变量	题项编码	因子载荷
便利条件	FC1	0.765
	FC2	0.562
量化自我意识	QSC1	0.699
	QSC2	0.589
	QSC3	0.657
工具理性	IR1	0.763
	IR2	0.547
	IR3	0.640

3. 相关分析

对所有变量进行 Person 相关性检验，结果如表 6-17 所示，变量之间不存在明显的多重共线性，因此本章提出的假设和模型设置较为合理。

表 6-17　相关性分析结果

		SN	SS	PE	EE	FC	IR	QSC
SN	Pearson 相关性	1						
SS	Pearson 相关性	0.673**	1					
PE	Pearson 相关性	0.728**	0.641**	1				
EE	Pearson 相关性	0.733**	0.717**	0.706**	1			
FC	Pearson 相关性	0.631**	0.624**	0.648**	0.700*	1		
IR	Pearson 相关性	0.698**	0.643**	0.697**	0.695**	0.673**	1	
QSC	Pearson 相关性	0.627**	0.636**	0.665**	0.706**	0.692**	0.702*	1

注：＊＊表示在 1% 水平下显著。

4. 主效用检验

本书选取 SPSS 26.0 进行回归分析，得出如表 6-18 所示的回归分析结果。社会规范、社会支持、绩效期望、努力期望、便利条件对量化自我意识均有显著影响（$p = 0.000 < 0.05$），假设 H1a、H1b、H2a、H2b、H2c 均得到验证。

表 6-18　模型验证结果

假设	路径	β	t	Sig.	检验结果
H1a	SN→QSC	0.627	13.624	0.000	成立
H1b	SS→QSC	0.636	13.945	0.000	成立
H2a	PE→QSC	0.665	15.055	0.000	成立
H2b	EE→QSC	0.706	16.838	0.000	成立
H2c	FC→QSC	0.692	16.232	0.000	成立

5. 调节效应检验

如表 6-19、表 6-20、表 6-21 所示，绩效期望与工具理性的交互项与消费者量化自我意识呈显著负相关（$\beta = -0.1328$，$p < 0.05$），即工具理性负向调节绩效期望对消费者量化自我意识的影响，假设 H3a 得到验证。努力期望与工具理性的交互项与消费者量化自我意识呈显著负相关（$\beta = -0.1145$，$p < 0.05$），即工具理性负向调节努力期望对消费者量化自我意识的影响，假设 H3b 得到验证。便利条件与工具理性的交互项对消费者量化自我意识的影响不显著（$\beta = -0.0384$，$p > 0.05$），假设 H3c 未得到验证。

表 6-19　工具理性在绩效期望与量化自我意识之间的调节效应

	β	t	p	R^2-chng	F
PE	0.9534	6.8765	0.0000		
IR	0.9495	8.3483	0.0000		
PE×IR	−0.1328	−4.9728	0.0000	0.0358	24.7291
模型 R^2	0.5890				
模型显著性	0.0000				

表 6-20　工具理性在努力期望与量化自我意识之间的调节效应

	β	t	p	R^2-chng	F
EE	0.9296	6.3397	0.0000		
IR	0.8524	6.6228	0.0000		
EE×IR	−0.1145	−3.8841	0.0001	0.0292	15.0864
模型 R^2	0.6057				
模型显著性	0.0000				

表 6-21　工具理性在便利条件与量化自我意识之间的调节效应

	β	t	p	R^2-chng	F
CC	0.5577	4.2515	0.0000		
IR	0.5705	4.6642	0.0000		
CC×IR	−0.0384	−1.4194	0.1569	0.0029	2.0148
模型 R^2			0.5845		
模型显著性			0.0000		

四、研究结论与未来展望

1. 研究结论

（1）移动社会化网络中，社会规范、社会支持、绩效期望、努力期望、便利条件均正向影响消费者量化自我意识。

在移动社会化网络中，拥有相似爱好或经历的人们往往会聚集到同一个虚拟社区中，通过社交应用更加高效、灵活地进行交流，从而形成一个具有更高认同感、归属感和凝聚力的集体，这一集体既受到集体内部强有力的规范监督，促使成员为了团体利益采取集体行动，又能从中获得有用的信息，得到关心和理解，增进成员之间的友谊和信任，从而进一步增强分享自身信息的意愿。加之可穿戴设备等量化自我工具的使用便捷性以及网络技术、移动通信技术等的飞速发展，都使消费者进行量化自我变得越发便利，感知到的使用新技术对提高自身工作学习绩效的程度越大，用数据方式认知自我、呈现自我的意愿也越强。

（2）工具理性在绩效期望与量化自我意识、努力期望与量化自我意识之间均起负向调节作用，而在便利条件与量化自我意识之间这一作用不显著。之所以出现这一结果，可能是因为工具理性强调的是需要完全理性地考虑并权衡目的、手段和后果，而绩效期望和努力期望更多的是以消费者主观意愿的形式呈现出来，这与"理性"的原则相矛盾。此外，在移动社会化网络中，广泛覆盖的网络、便携的移动终端等便利条件本身就对激发消费者量化自我意识起到促进作用，工具理性的发挥只是借助这些客观条件，因此它在便利条件与量化自我意识之间不会产生显著的影响。

2. 理论贡献与管理启示

（1）理论贡献。本书通过构建社会规范、社会支持、绩效期望、努力期望、便利条件、工具理性与消费者量化自我意识之间的概念模型，从社会层面和技术层面对移动社会化网络中消费者量化自我意识的前置因素进行探究，丰富了量化自我意识的相关理论研究；与 UTAUT 模型相结合，拓展了这一理论模型的应用范围；同时探讨了工具理性在其中的调节作用，是对工具理性的相关研究的有益补充。

（2）管理启示。第一，发挥社会规范和社会支持对消费者量化自我意识的引导、示范作用。在如今互联网、移动通信技术等快速发展的时代，人们在社会化网络中投入的时间精力越来越多，受到的影响也越来越大，企业可以通过在自己的在线社群中建立起相应的规范，如打卡奖励制度、排名制度等，激励消费者产生分享自身数据的意愿。同时企业也需要为消费者提供有用的信息，如详细的使用说明、活动参与方式介绍等，有效帮助消费者解决在量化自我过程中遇到的问题和困难，提高其量化自我的意识和积极性。

第二，触发消费者的绩效期望和努力期望，为其提供便利条件。量化自我依托于各种可穿戴设备、移动终端、社交应用功能和网络技术，企业应积极探索新技术、开发新功能，如更加便携的设备、更加精准的数据测量功能等，提高消费者对新技术能够提高自身效率的帮助程度的感知，降低其功能和技术的使用难度，从而增强其量化自我意识。

第三节　消费者个体因素对量化自我意识与消费者参与行为的影响研究
——性别的调节作用

一、研究假设与模型构建

1. 消费者个体因素

（1）自我了解。威廉·詹姆斯（2013）在《心理学原理》中将"自我"分为"主我"和"宾我"两部分。其中，"主我"是指人们在认识自我过程中产生的知觉、记忆、思维等一切心理和积极思考的过程。"宾我"描述的则是人们感觉和思考自己的过程，如"我是谁""我是一个什么样的人"等。自我了解包括对这两部分自我的认知。

自我认知涵盖对自己各个方面的认知，包括兴趣、爱好、性格、欲望等。作为一种复杂的心理过程，自我认知是人们对自我存在的觉察，即对与自我有关的一切方面的观察、认识和评价，包括生理状况、心理特征及与他人的关系等方面

（时蓉华，2007）。

（2）自我提升。自我提升（Self-improvement）是指个体主动寻求个人成长以实现更好发展的动机，包括提升气质、改善形象、提高技能水平、改善健康状况与财富水平等（Sedikides and Strube，1997）。

已有研究证实自我提升能够对个体产生正面影响，如帮助个体提高能力，使其任务完成得更出色、对自己的了解也更全面（Sedikides and Strube，1997；孙晓玲和李晓文，2012），从而完成自我实现（Armenta and Fritz，2017）。

（3）自我呈现。自我呈现（Self-presentation）概念及其理论最早由社会学家戈夫曼（1959）在符号互动论（Symbolic Interactionism）的基础上提出，其核心思想是人类在社会交往过程中，会根据特定需要，选择性地将自己想传达的信息传达给他人。Liu 等（2016）认为，自我呈现是指个体向他人表露自己的想法、感受和经历的过程。个体可以借助自我呈现，实现在线身份的构建（Zhao et al.，2008）。

自我呈现带来的效用通常可分为社会和心理两个层面。社会效用层面，自我呈现对发展在线关系具有积极影响（Gibbs，2006）。如 Park 等（2011）就提出个体在进行自我呈现时，会期望他人也进行自我呈现，与自己交换信息或展开互动，从而增加彼此间的亲密程度。而在心理效用层面，自我呈现是个体发展在线关系的重要手段（Gibbs，2006），人们可以从中获得社会支持，增进自身幸福感。此外，自我呈现也可以满足个体自我表达的需要（Wang and Stefanone，2013）。

2. 消费者个体因素与量化自我意识

（1）自我了解对量化自我意识的影响。对自身性格、兴趣爱好、生理状况等方面的思考和认知形成了人们对自己的看法，同样也形成了自我了解。通过自我了解，可以帮助个人更客观、更自信地认识自己的活动，从而使他们的行为更加理性。由于量化自我对消费者自我精准管控和理性具有增强效用（李东进和张宇东，2018a），加之量化工具帮助并促进了消费者的自我监控活动，允许消费者随时随地追踪自我数据，而这一过程更可能唤起消费者的自我认知意识（Marcengo and Rapp，2014）。因此，为了实现自我了解，消费者会形成驱动个体量化自我行为发生的基础与前提，即量化自我意识。因此，本节提出如下假设：

H1：移动社会化网络中，消费者自我了解正向影响量化自我意识。

（2）自我提升对量化自我意识的影响。自我提升可作为消费者参与量化自我的驱动因素，如 Swan（2013）和 Lupton（2014）就在研究中指出，消费者会出于优化自我行为、提升自我人际声誉和社会关系的动机而参与量化自我。而一切量化自我行为的前提，都是消费者必须具备量化自我意识。因此，本节提出如下假设：

H2：移动社会化网络中，消费者自我提升正向影响量化自我意识。

（3）自我呈现对量化自我意识的影响。与物理空间中直截了当的自我呈现方式相比，在移动社会化网络中，消费者的信息分享行为具有更强的选择性，即消费者通过线上媒体分享信息，不需要像面对面交流一样即时互动，可以花时间、精力来仔细挑选要分享的信息或内容，从而塑造理想的自我形象，达到维系社会交往的目的（Godfrey et al.，2014）。基于此，消费者会出于构建积极的自我形象的目的，形成量化自我意识，并在分享自身量化数据时精心挑选，以表达自我，甚至构建、管理和展示理想自我。基于此，本书提出以下假设：

H3：移动社会化网络中，消费者自我呈现正向影响量化自我意识。

3. 量化自我意识对消费者参与行为的影响

意识是指人所特有的一种对内外部刺激做出反应的差异化认知形式（Lysenko，2018），是驱动个体行为发生的基础，消费者只有首先具备量化自我意识，才可能促使其借助量化工具对自我活动与决策效能进行监测，以干预管控和精准理性化行为选择（张宇东和李东进，2018a）。消费者的量化自我意识对其行为有重要影响（Kumar and Venkateshwarlu，2017），消费者的量化自我意识越高，越有可能参与到量化自我社区或移动社交网络之中（Xiang and Fesenmaier，2017）。因此，本节提出如下假设：

H4a：移动社会化网络中，消费者量化自我意识在消费者自我了解对消费者参与行为的影响中起中介作用。

H4b：移动社会化网络中，消费者量化自我意识在消费者自我提升对消费者参与行为的影响中起中介作用。

H4c：移动社会化网络中，消费者量化自我意识在消费者自我呈现对消费者参与行为的影响中起中介作用。

4. 性别的调节作用

在消费者行为的研究中，性别经常被用来作为调节变量（Cramphorn，2011），用于解释人们之间的需求差异及其原因。在信息处理过程中，女性往往关注细节，对信息采取全面的处理方式；而男性在评价事物或做出决策前往往不关注信息的细节，而是更倾向于采取选择性、启发式的处理方式（Meyers-Levy and Maheswaran，1991）。

也有学者关注性别与意识的关系。如在阐述生态文明意识的性别差异及其培育的过程中，帅庆和平欲晓（2014）提出，人们的生态意识存在性别差异：女性比男性有更强的生态意识，这一差异会进一步体现在环保行为上。李亮和宋璐（2013）基于苏州大学社会学系 2010 年组织的大学生环境意识调查获得的数据，证实环境意识的确存在显著性别差异，女性比男性更关心环境，社会性别意识将显著影响环境意识。

可见，不同性别的消费者具有不同的心理特征，在此基础上形成的量化自我意识自然也存在差异。因此，本节提出如下假设：

H5a：移动社会化网络中，性别在消费者自我了解对量化自我意识的影响中起调节作用，女性自我了解对量化自我意识的影响要大于男性。

H5b：移动社会化网络中，性别在消费者自我评价对量化自我意识的影响中起调节作用，女性自我提升对量化自我意识的影响要大于男性。

H5c：移动社会化网络中，性别在消费者自我提升对量化自我意识的影响中起调节作用，女性自我呈现对量化自我意识的影响要大于男性。

综上所述，本书构建了如图 6-3 所示的研究模型。

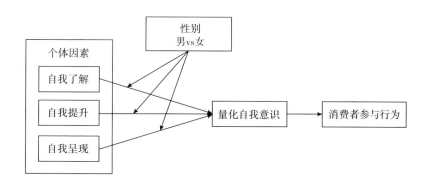

图 6-3　移动社会化网络中消费者个体因素对量化自我意识与消费者参与行为的影响模型

二、研究方法

1. 样本收集

本书共回收有效问卷 354 份。其中男性 164 人，占比为 46.3%，女性 190 人，占比为 53.7%；年龄方面，被试的年龄集中在 18～25 岁，占总人数的 45.3%；在职业分布方面，样本以学生为主体，占比为 30.2%；而从受教育程度来看，拥有高中（含中专）及以上学历的被试共占比 89.2%，其中拥有本科和研究生及以上学历的共占比 50.5%。结合上述样本的人口统计特征，说明样本结果较为合理。

2. 变量测量

本书在参考国内外成熟量表的基础上，结合本书的研究情境，设计了各变量的测量问项。自我了解的测量借鉴了 Feningstein 等（1975）编制的自我意识量表（Self-Consciousness Scale，SCS），自我提升的测量借鉴了 Hepper 等（2010）的量表，自我呈现借鉴了 Kim 和 Lee（2011）、Govern 和 Marsch（2001）的量表，量化自我意识的测量借鉴了 Jin 等（2022）基于扎根理论划分出的量化自我意识的维度，消费者参与行为借鉴了 Fang 等（2017）的量表。采用李克特（Likert）7级量表进行测试，1~7分别代表"非常不符合"到"非常符合"的情况。具体测量题项如表6-22所示。

表6-22 量表题项与文献来源

变量	题量项	文献来源
自我了解	（1）我经常试图用数据描述自己（如身高体重） （2）我很关心自己的内在感受 （3）我对自己的外表很关注	Feningstein 等 （1975）
自我提升	（1）我想要得到别人对我的肯定的评价 （2）避免和那些让我感觉不好的人在一起	Hepper 等（2010）
自我呈现	（1）我想通过数据在别人面前保持良好的形象 （2）我想通过数据向别人凸显我的优点	Kim 和 Lee（2013）； Govern 和 Marsch（2001）
量化自我意识	（1）我想收集自己生理方面的数据（如身高、体重、血压、心率等） （2）我想收集自己心理方面的数据（如通过心理健康症状自评量表 SCL-90 了解自己的心理健康状况） （3）我想收集自己行为方面的数据（如学习打卡时长、运动时长等）	Jin 等（2022）
消费者参与行为	（1）我会通过参与企业的量化活动进行口碑传播，帮助企业提升服务 （2）我会参与企业的量化活动（如线下跑步记录） （3）我会在参与量化活动后为企业提供有用的反馈	Fang 等（2017）

三、数据分析

1. 信度检验

从表6-23可以看出，本书的研究测量量表的各变量的 Cronbach's α 系数均达到0.7以上，表明量表的内在一致性和稳定性较高，且具有良好的信度（Nunnally，1978）。

表 6-23 量表信度分析结果

变量	题项编码	Cronbach's α
自我了解	SU1	0.793
	SU2	
	SU3	
自我提升	SI1	0.701
	SI2	
自我呈现	SP1	0.783
	SP2	
量化自我意识	QSC1	0.792
	QSC2	
	QSC3	
消费者参与行为	CPB1	0.847
	CPB2	
	CPB3	

2. 效度检验

量表的 KMO 值为 0.893，表明各变量之间相关性较强。Bartlett 球形检验结果（p=0.000<0.05）表明各指标具有统计学意义。因此，量表整体效度较好，表明样本数据适合进行因子分析。具体分析结果如表 6-24 所示。

表 6-24 量表效度分析结果

变量	题项编码	因子载荷
自我了解	SU1	0.805
	SU2	0.741
	SU3	0.583
自我提升	SI1	0.796
	SI2	0.709
自我呈现	SP1	0.741
	SP2	0.829
量化自我意识	QSC1	0.692
	QSC2	0.805
	QSC3	0.762

续表

变量	题项编码	因子载荷
	CPB1	0.866
消费者参与行为	CPB2	0.883
	CPB3	0.873

3. 假设检验

（1）自我了解、自我提升、自我呈现对量化自我意识的影响。本书采用 SPSS 26.0 进行回归分析，来验证自我了解、自我提升、自我呈现对量化自我意识的影响。回归分析结果如表 6-25 所示。自我了解、自我提升、自我呈现对量化自我意识均有显著影响（p=0.000<0.05），假设 H1、H2、H3 均得到验证。

表 6-25　模型验证结果

假设	路径	β	t	Sig.	检验结果
H1	SU→QSC	0.622	14.887	0.000	成立
H2	SI→QSC	0.615	14.636	0.000	成立
H3	SP→QSC	0.612	14.527	0.000	成立

（2）量化自我意识的中介作用。本书通过 Bootstrap 方法来进行中介效应检验。结果显示，量化自我意识在自我了解（LLCI=0.0060，ULCI=0.1632，不包含0）、自我提升（LLCI=0.0129，ULCI=0.1309，不包含0）、自我呈现（LLCI=0.0141，ULCI=0.1478，不包含0）对消费者参与行为的影响中均发挥了中介作用。结果如表 6-26 所示。假设 H4a、H4b、H4c 均得到验证。

表 6-26　中介效应检验结果

假设	路径	效应值	Boot LLCI	Boot ULCI	检验结果
H4a	SU→QSC→CPB	0.0857	0.0060	0.1632	成立
H4b	SI→QSC→CPB	0.0795	0.0129	0.1309	成立
H4c	SP→QSC→CPB	0.0794	0.0141	0.1478	成立

（3）性别的调节作用。由于本书的调节变量为类别变量，因此按照类别变量的取值进行分组回归，通过判断回归系数的差异来检验调节效应。

性别在消费者自我了解对量化自我意识的影响中有调节作用。通过方差分析可知，男性组和女性组的回归模型均有意义（$F_男 = 75.380$，$p = 0.000 < 0.05$；$F_女 = 149.663$，$p = 0.000 < 0.05$），具体结果如表 6-27 所示。通过回归分析可知，男性组和女性组的回归系数存在差异（$\beta_男 = 0.564$，$p = 0.000 < 0.05$；$\beta_女 = 0.666$，$p = 0.000 < 0.05$），说明性别会调节消费者自我了解对量化自我意识的作用。具体结果如表 6-27、表 6-28 所示。假设 H5a 得到验证。

表 6-27 Anova[a]

性别	模型		平方和	df	均方	F	Sig.
男	1	回归	79.960	1	79.960	75.380	0.000[b]
		残差	171.842	162	1.061		
		总计	251.802	163			
女	1	回归	142.385	1	142.385	149.663	0.000[b]
		残差	178.857	188	0.951		
		总计	321.242	189			

注：a 表示因变量，QSC；b 表示预测变量（常量），SU。

表 6-28 系数[a]

性别	模型		非标准化系数		标准系数	t	Sig.	B 的 95.0% 置信区间	
			B	标准误差	Beta			下限	上限
男	1	（常量）	2.010	0.366		5.493	0.000	1.287	2.733
		SU	0.590	0.068	0.564	8.682	0.000	0.456	0.724
女	1	（常量）	1.873	0.270		6.932	0.000	1.340	2.406
		SU	0.635	0.052	0.666	12.234	0.000	0.533	0.737

注：a 表示因变量，QSC。

性别在消费者自我提升对量化自我意识的影响中的调节作用：通过方差分析可知，男性组和女性组的回归模型均有意义（$F_男 = 67.833$，$p = 0.000 < 0.05$；$F_女 = 154.854$，$p = 0.000 < 0.05$），具体结果如表 6-29 所示。通过回归分析可知，男性组和女性组的回归系数存在差异（$\beta_男 = 0.543$，$p = 0.000 < 0.05$；$\beta_女 = 0.672$，$p = 0.000 < 0.05$），说明性别会调节消费者自我提升对量化自我意识的作用。具体结果如表 6-29、表 6-30 所示。假设 H5b 得到验证。

表 6-29   Anova^a

性别	模型		平方和	df	均方	F	Sig.
男	1	回归	74.317	1	74.317	67.833	0.000[b]
		残差	177.485	162	1.096		
		总计	251.802	163			
女	1	回归	145.093	1	145.093	154.854	0.000[b]
		残差	176.149	188	0.937		
		总计	321.242	189			

注：a 为因变量，QSC；b 为预测变量（常量），SI。

表 6-30   系数^a

性别	模型		非标准化系数		标准系数	t	Sig.	B 的95.0%置信区间	
			B	标准误差	Beta			下限	上限
男	1	常量	2.131	0.371		5.749	0.000	1.399	2.864
		SI	0.541	0.066	0.543	8.236	0.000	0.411	0.671
女	1	常量	1.557	0.290		5.362	0.000	0.984	2.130
		SI	0.663	0.053	0.672	12.444	0.000	0.558	0.768

注：a 为因变量，QSC。

性别在消费者自我呈现对量化自我意识的影响中的调节作用：通过方差分析可知，男性组和女性组的回归模型均有意义（$F_男 = 94.416$，$p = 0.000 < 0.05$；$F_女 = 115.961$，$p = 0.000 < 0.05$），具体结果如表 6-31 所示。通过回归分析可知，男性组和女性组的回归系数存在差异（$\beta_男 = 0.607$，$p = 0.000 < 0.05$；$\beta_女 = 0.618$，$p = 0.000 < 0.05$），说明性别会调节消费者自我呈现对量化自我意识的作用，具体结果如表 6-31、表 6-32 所示。假设 H5c 得到验证。

表 6-31   Anova^a

性别	模型		平方和	df	均方	F	Sig.
男	1	回归	92.717	1	92.717	94.416	0.000[b]
		残差	159.085	162	0.982		
		总计	251.802	163			
女	1	回归	122.554	1	122.554	115.961	0.000[b]
		残差	198.689	188	1.057		
		总计	321.242	189			

注：a 为因变量，QSC；b 为预测变量（常量），SP。

表6-32　系数[a]

性别	模型		非标准化系数		标准系数	t	Sig.	B 的 95.0% 置信区间	
			B	标准误差	Beta			下限	上限
男	1	常量	2.199	0.309		7.110	0.000	1.589	2.810
		SP	0.575	0.059	0.607	9.717	0.000	0.458	0.692
女	1	常量	1.968	0.297		6.628	0.000	1.382	2.554
		SP	0.630	0.059	0.618	10.769	0.000	0.515	0.745

注：a 为因变量，QSC。

四、研究结论与启示

1. 研究结论

量化自我运动从最初的小众行为已然成为今天的大众实践（Crawford et al., 2015）。这也反映了人们正在逐渐接受定量测量和自我追踪的液态消费环境，同时这一环境也为消费者量化自我意识和行为的形成起到了极大的推动作用。为探究消费者量化自我意识及其参与行为的产生机制，本书构建了消费者个体因素（自我了解、自我提升、自我呈现）与量化自我意识及消费者参与行为之间的理论模型，通过假设的提出和验证，得出了以下结论：

（1）自我了解、自我提升、自我呈现对消费者量化自我意识均有显著正向影响。移动社会化网络的开放性为消费者分享自身量化数据或其他活动、经历、兴趣爱好等信息提供了很大的支持，有利于消费者展示自我、吸引同伴，发挥社交价值。为了感知和了解真实的自我，同时在其他社交网络成员面前树立良好的个人形象，消费者希望获取自身量化数据并进行分析。

（2）量化自我意识在自我了解、自我提升、自我呈现对消费者参与行为的影响中均发挥中介作用。消费者的自我追踪过程可能唤起其自我认知意识，带来行为态度的改变（Shin and Biocca, 2017）。意识是驱动个体行为发生的基础，量化自我意识对消费者参与行为具有重要指导作用（Kumar and Venkateshwarlu, 2017）。消费者量化自我的意识越高，越容易进行各种互动、体验、共享、评论等，并促使其更加积极地参与到企业的各种社交网络营销活动中。

（3）性别在消费者自我了解、自我提升、自我呈现对量化自我意识的影响中起调节作用，自我了解、自我提升、自我呈现对量化自我意识的影响均是女性大于男性。在信息处理过程中，女性比男性更加注重细节，因此数据的呈现和产生的变动往往更容易引起她们的关注，她们更加愿意通过数据来了解自身的现状、变化和自己呈现给他人的形象。

2. 理论贡献与管理启示

（1）理论贡献。本书通过构建自我了解、自我提升、自我呈现与量化自我意识及消费者参与行为之间的理论模型，从消费者个人层面探究消费者量化自我意识的影响因素，是对量化自我意识相关理论研究的有益补充；在这一过程中还发现了性别在其中的调节作用，有利于深化对量化自我意识影响消费者参与行为的作用机制的认识。

（2）管理启示。第一，为参与量化自我的消费者营造良好的互动环境。企业在打造移动网络量化自我社区时，可通过便捷的操作、简洁美观的界面、清晰的数据呈现等，为消费者获取自身量化数据、展示自我提供便利，同时，企业可通过积分、排名等各种激励制度激发消费者的量化自我意识，驱使消费者分享自身量化数据，与其他社区成员随时交流信息、分享经验，营造和维持积极的互动氛围，增强消费者对量化自我的参与感。

第二，根据不同性别消费者的心理特征、消费习惯采取差异化的策略。对于女性消费者，应为其提供更多更详细的量化数据，或是在其遇到问题时，提供更详尽的解决方案，以吸引其更加积极地参与到企业的量化活动或其他营销活动中；而对于男性消费者，由于其在对事物进行评价和决策前往往不关注信息的细节，因此企业应为其提供更多数据种类或多种解决方案，以满足其选择性、启发式的处理方式。

（3）研究局限及展望。第一，只探究了自我了解、自我提升、自我呈现三个变量对量化自我意识和消费者参与行为的影响，可能还存在其他变量的影响作用。未来可结合自我概念理论，发掘不同的影响路径，深化对量化自我意识影响消费者参与行为作用机制的认识。

第二，未对消费者参与行为进行更细致的划分。事实上，随着互联网的快速发展，消费者参与的形式也呈现出多样化的特点，不仅可以与企业进行线上互动，还可以通过线上信息的获取参与各种线下活动。因此，比较消费者线上参与和线下参与两者的不同效果是未来可行的研究方向。

第七章 结论与讨论

第一节 研究结论

在 Wolf（2009）看来，"量化自我"是消费者可以用于映射自己的一面镜子，可用帮助消费者发现自我、了解自我、满足自我，从而达到促进系统性自我改进使消费者更好地了解自我，明确自我的诉求和意义。消费者在自我追踪的过程中可能唤起消费者的自我认知意识，带来消费者行为态度的改变，唤起消费者量化自我意识。消费者为实现以上诉求，量化自我意识会引导消费者通过线上活动参与到企业经营管理、产品设计和优化提供建议等就是消费者向企业表达自己的诉求，同时企业产品和服务的优化升级会进一步帮助消费者更好地实现量化自我。

消费者的量化自我意识会正向影响其信息分享。消费者的量化自我意识对消费者行为具有重要影响（Kumar and Venkateshwarlu，2017），消费者的量化自我意识越高，越有可能参与到量化自我社区或移动社交网络中。信息共享可能是消费者达到理想社会自我概念的方式之一。在网络品牌社区中，成员间进行口碑分享和传播，会提升消费者对品牌及产品认同感，增强消费者作为该品牌社区的主人翁意识，激发其参与社区建设的行为。消费者的信息分享行为能够为其带来一系列社会性价值（Chen，2017），信息分享有助于提升消费者在社群或移动社交网络中的地位与形象（Lupton，2014；Crawford et al.，2015），并获得更多的社会资本（Berger，2014），从而有利于消费者实现理想社会自我。

消费者的量化自我意识会正向影响其责任行为。消费者在量化自我社区或移动社交网络中往往会表现出责任行为。在量化自我社区中，消费者量化自我意识越高，越会表现出更高的责任意识，与企业积极合作共同打造良性社区以促进量化自我社区的健康发展，会激发社区其他成员的参与意识，进而促进其线上参与行为。消费者通过量化自我意识的产生进而达到更为理想的自我。他们将自己想象成社区的管理者或是企业的一员，与企业积极合作共同打造良性社区以促进社区的健康发展（Algesheimer et al.，2005；Black and Veloutsou，2017）。已有研究发现，这种责任行为不仅能够给企业带来价值，还会给消费者自身带来一系列社会性价值（黄嘉涛，2017）。消费者的责任行为会提高其在社区中的权威性，责任性越高，消费者在社区中的正面形象越佳（Black and Veloutsou，2017；Zhang et al.，2017），越有利于消费者向理想社会自我靠近。

消费者的量化自我意识会正向影响其人际互动。人际互动是消费者在量化自我社区与移动社交网络中最基本的参与行为之一（Nambisan and Watt，2011）。Nambisan 和 Watt（2011）、黄敏学等（2015）指出，消费者通过与他人进行互动，以增强与他人的联系从而获得社会认同。同时，人际互动也能够提升消费者在他人心中的形象，改善与他人之间的人际关系。这有利于消费者缩小现实社会自我与理想社会自我的差距以达到理想社会自我。

圈子的关系强度会正向影响消费者参与行为。关系强度越强，对消费者参与行为的影响越大。人情交换作为一种社会交换，具有交换范围广、资源多、时间长等特点。在持续的社会交换中，人际信任网络逐步拓展，将以"人脉"为自我中心的信任网络不断延伸至血缘以外的圈子（Jar-Der and Meng-Yu，2015）。同样地，网络圈子作为社会交换的表现场所，通常以交换双方的善意、信任等品格为基础（Tierney and Farmer，2002），在移动社会化网络中，人们更易出于社会交换的动机对网络圈子产生信任。所以当圈子的信任度较高时，消费者更易受到圈子成员的影响，积极参与圈子组织的各种活动。

外倾性人格特质将会调节消费者量化自我意识与消费者参与行为之间的关系。与内倾性人格相比，外倾性个体的量化自我意识对消费者参与行为的促进作用更大。外倾性人格的个体善于交际，具有较高的活力及自信水平，更加外向乐观（Peeters et al.，2006）。此外，与内倾性人格特质相比，外倾性人格特质更易驱动成员的知识分享行为（周志民等，2014），这类人格体质更愿意与他人进行互动并彼此分享经验（Mount and Barrick，1998）。

在移动互联网环境下，消费者量化自我意识不断演进，生活中的不同群体在不同行为中形成了量化比较与分享。量化自我是个体对自身生理、行为或周边环境信息自我追踪的过程，也是个体在可穿戴计算技术、电子表格、统计工具和可视化软件的帮助下，通过使用自我跟踪器来获取、存储和分析他们自身生命活动数据的完整过程。

其内在机制是消费者通过参与量化自我，能够获得精准的量化数据，增强自我控制感，逐渐调整行为方式，最终使行为方式趋向理性。

消费者能够根据监控数据对自己的消费安排进行调整，使消费行为更加理性，企业也能够利用消费者的量化数据进行精准营销和改善产品设计。

国内外关于量化自我研究主要聚焦于对量化自我这一行为变量的探索，为了能够深入挖掘其本质特征，即量化自我意识对其参与行为对人际之间的互动、责任之间的行为、信息之间的共享等不同维度的影响。借鉴自我概念论点，从网络圈子特征和消费者人格特质的作用的维度中，细化了消费者量化自我意识的概念以及具体结果值，探究出了量化自我意识对消费者参与量化行为及其他企业营销活动尤其是营销活动的影响因素，并更进一步地挖掘其中的作用机理，以期为企业科学合理地引导消费者量化自我、成功推广社交网络营销活动而服务。

在消费者参与行为的内容研究中，其生产与服务行业首当其冲，且大多是从单个角度进行阐述。所以，随着越来越多的企业将消费者的参与带入企业的价值创造中，消费者参与行为的研究也扩大至产品开发过程（Fang，2008）、服务失败与恢复（Dong and Wang，2018）等方面。同样地，消费者参与是指与服务的生产和传递相关的精神和物质方面的具体行为、消费者努力的程度和卷入的程度（Cermak et al.，2014）。消费者参与是由认知、情感、行为和社会因素组成的，是个人参与和联系组织产品或组织活动的强度（Vivek et al.，2012）。消费者参与行为定义为消费者对品牌或企业的行为表现，如口碑活动、推荐、帮助其他客户、撰写博客、撰写评论，甚至参与法律行动等，这些都属于消费者参与行为的范畴（Van Doorn et al.，2010）。但在消费者行为学领域，参与是消费者基于内在需要、价值和兴趣而产生的关联（Zaichkowsky，1985）。一些消费者偏向于积极的服务角色，因为他们发现参与具有内在的吸引力（Larsson and Bowen，1989）。消费者愿意参与某些服务的生产或传递，能够获得服务过程的效率、服务结果的有效性以及情绪或精神上的愉悦感三种好处（Firat et al.，1995）。采用"关键事件分析法"发现消费者参与的四种形式：事前准备、建立关系、信息交换行为与干涉行为（Kellogg et al.，1997）。

在关于传统环境下参与行为（线下参与）的研究中，将消费者参与水平划分为低水平参与（消费者到场）、中水平参与（消费者投入）和高水平参与（消费者共创）三个维度（Bitner et al.，1997）。强调了消费者参与的四个关键因子：有形性、出席率、移情性和有意义的互动（File et al.，1992）。消费者参与由精神上、智力上、实体上和情感上的努力与投入四个部分构成（Silpakit and

Fisk，1985）。

基于前述文献可知，关于消费者参与行为的影响因素研究虽然已经比较普遍，但随着消费环境的改变及移动网络的飞速发展，消费者的参与行为模式呈现多元化的发展趋势，它给用户带来更多线上与线下渠道和参与策略的选择，尤其是现阶段各种产业线上发展的冲击，产生了强大的信息量。在移动网络圈子中，消费者没有时间和空间条件的限制，消费者可以随时参与到企业举办的各种营销活动中，并自由互动、交流信息，形成数据。在这个框架中，消费者不仅是信息的使用者，也是信息的生产者、传播者与评价者。在这种情景模式下，消费者参与行为的核心内容与研究内容已经发生了深刻的变化。企业通过引导消费者持续量化自我的习惯，促进消费者在信息之间的分享与人际之间的互动，以收集消费者量化数据对其设计出更加人性化的产品，对实施更加精准的营销策略、提高企业绩效具有重要意义。

对现有消费者量化自我展开的研究中一般从个体层面开展，重点关注量化自我的动机、量化自我的过程及其所带来行为优化与自我掌控效用（李东进和张宇东，2018c），还未有研究探讨关于量化自我意识对消费者参与行为的影响，包含但不限于信息共享、责任行为和人际互动，并且对移动互联网和社会化媒体等新兴网络环境下的消费者参与行为的深度研究，网络技术与环境处在一个不断发展的过程中，移动社会化网络消费者参与行为在新的网络框架下得到了进一步完善。根据借鉴自我概念理论，通过分析消费者在这种情况下现实自我到理想自我的过程，从而产生量化自我意识并进而提高对自我量化及其他营销活动的参与度。

第二节　理论贡献与管理启示

通过自我概念理论的分析以及研究移动社会网络中的消费者量化自我意识和参与行为模式，研究移动社会化网络中的圈子特征和人格特质的影响作用，来帮助企业更好地认识人们自我量化意识的内涵与内在机制，从而科学合理地引导消费者通过量化自我达成理想中的自己，并成功推广社交网络营销活动，从而吸引更多消费者参与其中。同时使企业深刻理解移动社会化网络环境下的量化自我意识到参与行为模式的整个过程，为企业管理及使用消费者的相应数据信息提供理论和实证基础。从研究角度和研究内容来看，本书具有一定的创新性与开拓性，其理论价值和现实意义是明显的。

（1）量化自我意识在消费者行为领域的研究处于初始阶段，尚未有学者探究消费者量化自我与社交网络参与行为之间的关系。以往对量化自我的研究，大多从教育、医学健康、日常生活领域探讨量化自我的特点，但也仅限于理论层面，实证性研究极为匮乏。国内仅有个别学者探究了个体消费层面的量化自我，而从社交网络圈子的群体层面开展的量化自我意识研究则极为匮乏。本书在自我概念理论背景下，深入探讨了消费者量化自我意识的内涵、属性与测量，并结合移动社交网络圈子的特征和人格特质，实证研究移动社会网络环境下，消费者量化自我意识对其网络参与行为整个过程所产生的影响机制，这将会丰富自我概念理论及量化自我意识在消费者行为领域方面的文献。

（2）以往消费者参与行为方面的研究主要集中于生产与服务行业、新产品开发等领域，而对社交网络情境下的消费者参与行为研究较少。当下，社交网络已然成为企业开展营销活动的必争之地，越来越多的企业开始在社交网络上发布内容，进行营销活动，如何有效地引导消费者积极参与社交网络营销活动是企业面临的核心问题所在。近年来关于消费者参与的研究也逐渐从传统环境向虚拟环境递增，但是不同的环境背景，消费者参与动机和程度均有所不同，对于移动社会网络环境下多维度消费者参与，却鲜有研究对其进行深入探索与实证检验，特别是尚未有结合移动社交网络圈子特征、人格特质的调节效应的研究。同时，随着消费环境的改变，消费者参与行为也会呈现出一些新的特征，因此，消费者参与的影响因素还有待进一步挖掘，如目前可穿戴技术引发的量化自我意识、液态消费的渗入等，都是需要进一步探讨的问题。本书的研究将有可能丰富移动社会化网络环境中消费者参与行为研究方面的文献。

（3）目前关于圈子的研究国内外学者主要是从社会学、传播学和公共管理学角度来探讨现实生活中的圈子（罗家德等，2014；周南和曾宪聚，2012；徐钝，2014；曾一果，2017；吕力，2015），且以往研究通常关注的是在单一的现实社会网络中消费者是如何通过社会关系强弱的调节而受到影响的（Brown and Reingen，1987；Reingen and Kernan，1986）。在移动社会网络环境下，社会信息的传播从传统的"单向渗透"向"双向互动"的方式转变，消费者面临的是一个个多方位、多元化的圈子链接，消费者可以随时随地根据自己的兴趣爱好选择参加不同的网络圈子，由于这些网络圈子内部成员数量、关系强弱、信任程度等特征各不相同，量化自我意识可能会产生不同效果，有待得到科学合理的解释。并且从移动网络视角检验圈子特征在消费者量化自我意识转化为其社交网络参与行为过程中的影响作用问题，尚无理论与实证研究，本书的研究将有可能拓展网络圈子研究方面的文献。

（4）现有人格特质研究的相关文献主要集中在心理学领域（Soubelet and Salthouse，2011；Givens et al.，2009；Boelen and Reijntjes，2009），以及工作绩效方面的研究（Tett et al.，1991；Barrick and Mount，1991；Salgado，1997），消费者的人格特质往往会影响其行为倾向，量化自我意识对消费者参与社交网络行为的影响极有可能会受到其自身人格特质的影响。而到目前为止还没有涉及移动社会化网络中消费者个体的人格特质影响量化自我意识与参与行为的实证研究，本书的研究将有可能拓展人格特质研究方面的文献。

（5）通过使用量化自我设备可以测量、追踪、收集数据，并对数据进行反思，以了解和认识自我（Almalki et al.，2016；Crawford et al.，2015）。本书充分探究消费者量化自我意识对其社交网络参与行为的影响，深度挖掘其影响机理，使企业有效引导消费者量化自我意识，成功推广社交网络营销活动。同时研究将充分考虑圈子特征与人格特质在量化自我意识对消费者社交网络参与行为的影响中所发挥的作用，这对企业合理制定营销方案、实施精准营销具有重要意义，这不仅是对相关文献研究的有益补充，也为企业进一步深入了解消费者并制定相应策略提供了理论与实证基础。

同时，已有关于消费者参与行为的调节因素研究仅关注企业与消费者间的信任、互动等分析，本书提出圈子特征与人格特质效应，试图将群体层面的移动社交网络圈子特征与个体层面的人格特质系统地联系起来，从双层次视角进行分析检验与比较考量，这也是非常具有创新意义的。

第三节　研究局限与未来展望

（1）本书力图在借鉴已有的社会网络研究基础上，根据移动社交网络环境中圈子的不同特征探讨并分析其可能调节消费者量化自我意识对消费者参与行为的影响机制这一"黑箱"。本书将会继续补充圈子相关方面的文献。

（2）已有研究成果对于互联网移动端以及社会化媒体等新兴网络环境下的消费者人格特质的研究还不够深入。目前，还没有涉及移动社会化网络中消费者个人的人格特质对量化自我意识与参与行为的影响机制的理论与实证研究，这是有待于进一步深入挖掘的。

（3）样本数量和质量的局限性。本研究主要使用问卷星平台进行在线调查，共发放 536 份问卷，其中 420 份为有效问卷。相较于庞大的直播市场，这一样本数量及其涵盖范围显得较为有限。除此之外，本研究在 QQ 群和微信群中散发问卷时，主要采用红包作为激励方式。这样的方式不排除部分参与者为了获得红包奖励而未能认真填写问卷的可能性，从而影响到数据的准确性。

针对这些问题，未来研究应考虑进一步扩大样本规模，特别是需要注意各个地理区域和不同年龄段、行业的样本覆盖程度。此外，问卷调查可以通过线上与线下相结合的收集方式进行，提高问卷调查的有效性。针对应答者不认真的情况，应实施更严格的质量控制措施，确保应答者认真填写问卷，从而提高收集数据的可靠性和客观性。

（4）样本内容的局限性。本书的理论模型和研究假设是通过综合查阅相关文献构建的，但是，研究仅聚焦于量化自我、社交圈子、人格特质这三类主要前因变量。显然，在量化自我这一领域中，还存在其他未被本书提及的潜在影响因素，如风险意识、品牌效应、产品质量等。由于篇幅限制和研究方向与重点不同，无法面面俱到地考虑所有可能的影响因素。因此，未来研究应在保持研究聚焦的同时，考虑扩展理论模型和假设，包括发掘更多维度的影响因素，以进一步提高研究的全面性和深度。

（5）研究内容需进一步丰富。本书验证了"消费者量化自我意识与参与行为"中前因变量（信息共享的游戏、责任意识的影响、人际互动的影响）、圈子中介变量（关系强弱、成员数量和圈子信任度）和人格特质变量（神经质、外倾性、开放性、宜人性和责任性）的关系，但是在量化自我领域影响消费者购买意愿的因素还有很多，在后续的研究中应当从不同的角度继续深入挖掘"量化自我"情景中影响消费者购买意愿的其他因素，不断丰富和完善"量化自我"情景中影响消费者购买和分享等意愿的理论知识。

（6）将来还可以根据以下对其他人格特质的假设进行进一步研究。

开放性人格特质将会调节消费者量化自我意识与消费者参与行为之间的关系。与低开放性人格相比，高开放性个体的量化自我意识对消费者参与行为的促进作用更大。开放性反映了个体的求知欲、创造力、好奇心和对多样性的偏好程度。好奇心在社会化情境下对消费者的情感和认知过程会产生积极影响，驱动消费者购买决策的制定及购买意向的产生（高琳等，2017）。而量化自我作为互联网技术下的一种新型运动方式，为个体认知自我、探索自我提供了全新的方式。对于新事物充满好奇和敢于冒险挑战的开放性个体尝试量化自我的意识更强，并会更愿意参与企业的量化活动；相反，低开放性个体更倾向于保守、内向，不会主动积极地参加各种活动（Costa and McCrae，1992b）。

宜人性人格特质将会调节消费者量化自我意识与消费者参与行为之间的关系。与低宜人性人格相比，高宜人性个体的量化自我意识对消费者参与行为的促进作用更大。宜人性（Agreeableness）是衡量个体是否值得信任或者乐于助人的指标。目前已有数百万用户正在使用社交媒体、移动技术和可穿戴设备对他们日常生活的各个方面进行跟踪、检测，量化自我已经成为当下的一种趋势（李东进，2016）。在这种情境下，高宜人性个体在与他人交往过程中能够更真实地表达自我（McCrae and Costa，1987），也更愿意向他人分享自身知识（Jadin et al.，2013），从而促使其愿意更多地参与企业量化活动。

责任性人格特质将会调节消费者量化自我意识与消费者参与行为之间的关系。与低责任性人格相比，高责任性个体的量化自我意识对消费者参与行为的促进作用更大。责任性代表了个体自律、尽职尽责、追求成就的水平。量化自我作为一个探索自我的过程（Swan，2009），需要个体亲身进行体验才能获得对量化自我的认知。由于高责任性人格个体更加自律，他们更有可能通过参与量化自我从而帮助其重塑自我知识、改善自我行为（Crawford et al.，2015；Ruckenstein and Pantzar，2015）。另外，具有较强责任心和社会意识的高责任性个体会发挥其群体中的领导及组织者的角色作用，进而鼓励其他成员也积极参与到企业的量化活动与其他营销活动中。

（7）改进统计方法、扩展统计深度。本书使用 SPSS 软件对收集到的有效数据进行了分析，虽然方法得当，获得的结果也较好，但整个统计分析过程相对简单，有可能会导致最终结果与实际情况有偏差。由于本书只是使用了 SPSS 软件对收集到的有效数据进行分析，且分析过程相对比较简单，所以在后续的研究中，应当加强对 SPSS 软件及其他分析软件的学习力度，提高数据分析的能力，加强对数据分析的宽度和深度，使研究成果能够更为准确地反映现实情况。

参考文献

［1］ Adam M. Perkins, Danilo Arnone, Jonathan Smallwood, Dean Mobbs. Thinking too much: Self-generated thought as the engine of neuroticism ［J］. Trends in Cognitive Sciences, 2015, 19 (9): 492-498.

［2］ Adrienne Hall-Phillips, Joohyung Park, Te-Lin Chung, Nwamaka A. Anaza, Sandra R. Rathod. I (heart) social ventures: Identification and social media engagement ［J］. Journal of Business Research, 2016, 69 (2): 484-491.

［3］ Ajzen I. The theory of planned behavior ［J］. Organizational Behavior & Human Decision Processes, 1991, 50 (2): 179-211.

［4］ Alexander S., Christian K., Michael F. Quantified vehicles ［J］. Business & Information Systems Engineering, 2017 (59): 125-130.

［5］ Algesheimer R., Dholakia U. M., Herrmann A. The social influence of brand community: Evidence from european car clubs ［J］. Journal of Marketing, 2005, 69 (3), 19-34.

［6］ Almalki M., Gray K., Martinsanchez F. Activity theory as a theoretical framework for health self-quantification: A systematic review of empirical studies ［J］. Journal of Medical Internet Research, 2016, 18 (5): 131.

［7］ Anna Mattila, Jochen Wirtz. The role of preconsumption affect in postpurchase evaluation of services ［J］. Psychology & Marketing, 2000, 17 (7): 587-605.

［8］ Armenta C. N., Fritz M. M., Lyubomirsky S. Functions of positive emotions: Gratitude as a motivator of self-improvement and positive change ［J］. Emotion Review, 2017 (3): 183-190.

［9］ Azar B. QnAs with Davis Masten and Peter Zandan ［J］. Proceedings of the National Academy of Sciences of the United States of America, 2014, 111 (5):

1662-1663.

[10] Bagozzi R. P. Principles of marketing management [M]. Chicago: Science Research Associates, 1986.

[11] Bandura A. , Freeman W. H. , Lightsey R. Self-efficacy: The exercise of control [J]. Journal of Cognitive Psychotherapy, 1999, 13 (2): 158-166.

[12] Bandura A. Self-efficacy: The exercise of control [M]. New York: Henry Holt & Company, 1997.

[13] Bandura A. Self-efficacy: Toward a unifying theory of behavioral change [J]. Advances in Behaviour Research & Therapy, 1977, 1 (4): 139-161.

[14] Barcena M. B. , Wueest C. , Lau H. How safe is your quantified self [M]. Mountain View: Symantech, 2014.

[15] Barfield W. , Zeltzer D. , Sheridan T. , et al. Presence and performance within virtual environments [M]//Vitual Environments and Advanced Interface Design. New York: Oxford Academic, 1995: 473-513.

[16] Barrick M. R. , Mount M. K. The big five personality dimensions and job performance: A meta analysis [J]. Personnel Psychology, 1991, 44 (1): 1-26.

[17] Barrick Murray R. , Stewart Greg L. , Piotrowski Mike. Personality and job performance: Test of the mediating effects of motivation among sales representatives [J]. The Journal of Applied Psychology, 2002, 87 (1): 43-51.

[18] Bateson, J. E. Self-service consumer: An exploratory study [J]. Journal of Retailing, 1985, 61 (3): 49-76.

[19] Bearden W. O. , Netemeler R. G. , Teel J. E. Measurement of consumer susceptibility to interpersonal influence [J]. Journal of Consumer Research, 1989, 15 (4): 473-481.

[20] Berger, Jonah. Word of mouth and interpersonal communication: A review and directions for future research [J]. Journal of Consumer Psychology, 2014, 24 (4): 586-607.

[21] Bettencourt A. L. Customer voluntary performance: Customers as partners in service delivery [J]. Journal of Retailing, 1997, 73 (3): 383-406.

[22] Bitner M. J. , Faranda W. T. , Hubbert A. R, Zeithaml V. A. Customer contributions and roles in service delivery [J]. International Journal of Service Industry Management, 1997, 8 (3): 193-205.

[23] Black I. , Veloutsou C. Working consumers: Co-creation of brand identity,

consumer identity and brand community identity [J]. Journal of Business Research, 2017 (70): 416-429.

[24] Boelen P. A., Reijntjes A. Intolerance of uncertainty and social anxiety [J]. Journal of Anxiety Disorders, 2009, 23 (1): 130-135.

[25] Braithwaite D. O., Waldron V. R., Finn J. Communication of social support in computer-mediated groups for people with disabilities [J]. Health Commun, 1999, 11 (2): 123-151.

[26] Brown J. J., Reingen, P. H. Social ties and word-of-mouth referral behavior [J]. Journal of Consumer Research, 1987, 14 (3): 350-362.

[27] Cai Y., Shi W. The influence of the community climate on users' knowledge-sharing intention: The social cognitive theory perspective [J]. Behaviour & Information Technology, 2020, 41 (2): 1-17.

[28] Cannon W. B. The emergency function of the adrenal medulla in pain and the major emotions [J]. American Journal of Physiology, 1914 (33): 356-393.

[29] Caprara G. V., Alessandri G., Eisenberg N. Prosociality. The contribution of traits, values, and self-efficacy beliefs [J]. Journal of Personality and Social Psychology, 2012, 102 (6): 1289-1303.

[30] Cermak D., S. P., File K. M., Prince R. S. Customer participation in service specification and delivery [J]. Journal of Applied Business Research, 1994 (2): 90-100.

[31] Chang Bo. Social networks in the learning community [J]. International Journal of Virtual and Personal Learning Environments, 2022, 12 (1): 1-16.

[32] Chang Y. P., Zhu D. H. The role of perceived social capital and flow experience in building users' continuance intention to social networking sites in China [J]. Computers in Human Behavior, 2012, 28 (3): 995-1001.

[33] Chen A., Jin Y., Xiang M., Yu L. Online value co-creation activities in three management domains: The role of climate and personal needs [J]. International Journal of Consumer Studies, 2021 (4): 1-26.

[34] Chen M. F., Huang C. H. The impacts of the food traceability system and consumer involvement on consumers' purchase intentions toward fast foods [J]. Food Control, 2013, 33 (2): 313-319.

[35] Chen Z. Social acceptance and word of mouth: How the motive to belong leads to divergent WOM with strangers and friends [J]. Journal of Consumer Research,

2017, 44 (3): 613-632.

[36] Cheung R. , Vogel D. Predicting user acceptance of collaborative technologies: An extension of the technology acceptance model for e-learning [J]. Computers & Education, 2013 (63): 160-175.

[37] Cialdini R. B. , Kallgren C. A. , Reno R. R. A focus theory of normative conduct: A theoretical refinement and reevaluation of the role of norms in human behavior [J]. Advances in Experimental Social Psychology, 1991, 24 (1): 201-234.

[38] Cialdini R. B. , Trost M. R. Social influence: Social norms, conformity and compliance [M]. New York: McGraw-Hill, 1998.

[39] Clay Shirky. Here comes everybody the power of organizing without organizations [J]. Harvard Business Review, 2008, 86 (3): 30.

[40] Claycomb C. , Lengnick-Hall C. A. , Inks L. W. The customer as a productive resource: A pilot study and strategic implications [J]. Journal of Business Strategies, 2001, 18 (1): 47-68.

[41] Cobb S. Social support as a moderator of life stress [J]. Psychosomatic Medicine, 1976, 38 (5): 300-314.

[42] Cohen S. , Hoberman H. M. Positive events and social supports as buffers of life change stress [J]. Journal of Applied Social Psychology, 1983, 13 (2): 99-125.

[43] Connor Wood. Ritual well-being: Toward a social signaling model of religion and mental health [J]. Religion, Brain & Behavior, 2017 (7): 223-243.

[44] Costa P. T. , McCrae R. R. Multiple uses for longitudinal personality data [J]. European Journal of Longitudinal Research and Personality, 1992a (6): 85-102.

[45] Costa P. T. , McCrae R. R. Revised NEO personality inventory and NEO five-factor inventory professional manual [M]. Odessa: Psychological Assessment Resources, 1992b.

[46] Coulson N. S. Receiving social support online: An analysis of a computer-mediated support group for individuals living with irritable bowel syndrome [J]. Cyber-Psychology & Behavior, 2005, 8 (6): 580-584.

[47] Cramphorn M. F. Gender effects in advertising [J]. International Journal of Marketing Research, 2011, 53 (2): 147-170.

[48] Crawford K. , Lingel J. , Karppi T. Our metrics, ourselves: A hundred years of self-tracking from the weight scale to the wrist wearable device [J]. European

Journal of Cultural Studies, 2015, 18 (4-5): 479-496.

[49] Cullen R., Morse S. Who's contributing: Do personality traits infuence the level and type of participation in online communites [C]. 2011 44th Hawaii International Conference, 2011: 1-11.

[50] Cutrona C. E., Suhr J. A. Controllability of stressful event and satisfaction with spouse support behaviors [J]. Communication Research, 1992 (19): 154-174.

[51] Cyr D., Hassanein K., Head M., et al. The role of social presence in establishing loyalty in e-service environments [J]. Interacting with Computers, 2007, 19 (1): 43-56.

[52] Dan W., Shaobo L., Wenting Y. Collaborative information searching as learning in academic group work [J]. Aslib Proceedings, 2018, 70 (1): 2-27.

[53] David J. Llewellyn, Kerry M. Wilson. The controversial role of personality traits in entrepreneurial psychology [J]. Education Training, 2003, 45 (6): 104-109.

[54] Deborah Lupton. Self-tracking modes: Reflexive self-monitoring and data practices [J]. SSRN Electronic Journal, 2014, 391 (1): 547-551.

[55] Deborah Lupton. The diverse domains of quantified selves: Self-tracking modes and dataveillance [J]. Economy and Society, 2016, 45 (1): 101-122.

[56] Deborah R. Compeau, Christopher A. Higgins. Application of social cognitive theory to training for computer skills [J]. Information Systems Research, 1995, 6 (2): 118-143.

[57] Deutsch M., Gerard H. B. A study of normative and informational social influences upon individual judgment [J]. Journal of Abnormal & Social Psychology, 1955, 51 (3): 629-636.

[58] Dijk K. V., Ijsselsteijn W. A. Design beyond the numbers: Sharing, comparing, storytelling and the need for a Quantified Us. [J]. Interaction Design and Architectures, 2016 (29): 121-135.

[59] Dong B., Sivakumar K. Customer participation in services: Domain, scope, and boundaries [J]. Journal of the Academy of Marketing Science, 2017 (1): 1-22.

[60] Drew Azzara. Value in the marketplace [J]. ASTM Standardization News, 1999, 27 (6): 32-34.

[61] Drew Hyman. The hierarchy of consumer participation: Knowledge and pro-

ficiency in telecommunications decision making [J]. The Journal of Consumer Affairs, 1990, 24 (1): 1-23.

[62] Duffy E. The psychological significance of the concept of arousal or activation [J]. Psychological Review, 1957, 64 (5): 265-275.

[63] Dutta C. B., Das D. K. What drives consumers' online information search behavior? Evidence from England [J]. Journal of Retailing & Consumer Services, 2017, 35 (Mar.): 36-45.

[64] Eastin M. S., Larose R. Alt. support: Modeling social support online [J]. Computers in Human Behavior, 2005, 21 (6): 977-992.

[65] Egliston B. Quantified play: Self-tracking in videogames [J]. Games and Culture, 2019, 15 (6): 707-729.

[66] El-Masri M., Tarhini A. Erratum to: Factors affecting the adoption of e-learning systems in qatar and USA: Extending the unified theory of acceptance and use of technology 2 (utaut2) [J]. Educational Technology Research and Development, 2017, 65 (3): 743-763.

[67] Ennew C. T., Binks M. The impact of participative service relationships on quality, satisfaction and retention: An exploratory study [J]. Smf Discussion Paper, 1999, 46 (2): 121-132.

[68] Etkin J. The hidden cost of personal quantification [J]. Journal of Consumer Research, 2016, 42 (6): 967-984.

[69] Fang E. Customer participation and the trade-off between new product innovativeness and speed to market [J]. Journal of Marketing, 2008, 72 (4): 90-104.

[70] Fang J., Zhao Z., Wen C., et al. Design and performance attributes driving mobile travel application engagement [J]. International Journal of Information Management, 2017, 37 (4): 269-283.

[71] Fang, Eric. Customer participation and the trade-off between new product innovativeness and speed to market [J]. Journal of Marketing, 2008, 72 (4): 90-104.

[72] Fawcett T. Mining the quantified self: Personal knowledge discovery as a challenge for data science [J]. Big Data, 2015, 3 (4): 249-266.

[73] Fernandez-Luque L., Singh M., Ofli F., et al. Implementing 360° quantified self for childhood obesity: Feasibility study and experiences from a weight loss camp in qatar [J]. Bmc Medical Informatics & Decision Making, 2017, 17 (1):37.

［74］ File K. M. , Judd B. B. , Prince R. A. Interactive marketing: The influence of participation positive word-of-mouth and referrals ［J］. Journal of Services Marketing, 1992, 6 (4): 5-14.

［75］ Firat F. A. , Dholakia N. , Venkatesh A. Marketing in a postmodern world ［J］. European Journal of Marketing, 1995, 29 (1): 40-56.

［76］ Flavián-Blanco C. , Gurrea-Sarasa R. , Orús-Sanclemente C. Analyzing the emotional outcomes of the online search behavior with search engines ［J］. Computers in Human Behavior, 2011, 27 (1): 540-551.

［77］ Fox S. , Duggan M. Tracking for health ［M］. Washington: Pew Research Center, 2013.

［78］ Gao L, Bai X. Online consumer behaviour and its relationship to website atmospheric induced flow: Insights into online travel agencies in China ［J］. Journal of Retailing and Consumer Services, 2014, 21 (4): 653-665.

［79］ Gary Wolf: The qualified self | TED Talk. ［EB/OL］. ［2010-09-27］. https://www. ted. com/talks/gary_ wolf_the_ quantified_ self/up-next#t-235161.

［80］ Geary D. C. An integrative model of human brain, cognitive, and behavioral evolution ［J］. Acta Psychologica Sinica, 2007 (3): 383-397.

［81］ Gibbs J. L. Self-presentation in online personals: The role of anticipated future interaction, self-disclosure, and perceived success in internet dating ［J］. Communication Research, 2006, 33 (2): 152-177.

［82］ Givens J. L. , Frederick M. , Silverman L. , et al. Personality traits of centenarians'offspring ［J］. Journal of the American Geriatrics Society, 2009, 57 (4): 683-685.

［83］ Glaser B. G. , Strauss A. L. The discovery of grounded theory: Strategies for qualitative research ［M］. Chicago: Aldine Publishing Company, 1967.

［84］ Godfrey J. M. , Mather P. R. , Ramsay A. L. Earnings and impression management in financial reports: The case of CEO changes ［J］. Abacus, 2014, 39 (1): 95-123.

［85］ Goffman E. The representation of self in everyday life ［M］. New York: Anchor Books, 1959.

［86］ Goncalves B. , Perra N. , Vespignani A. Modeling users' activity on twitter networks: Validation of dunbar's number ［J］. PLoS ONE, 2011, 6 (8): e22, 656.

［87］Gopal Das, Geetika Varshneya. Consumer emotions: Determinants and outcomes in a shopping mall ［J］. Journal of Retailing and Consumer Services, 2017 (38): 177-185.

［88］Granovetter M. S. The strength of weak ties ［J］. American Journal of Sociology, 1973, 78 (6): 1360-1380.

［89］Graziano W. G. , Eisenberg, N. Agreeableness: A dimension of personality ［M］//Handbook of personality psychology. San Diego, CA: Academic Press, 1997: 795-824.

［90］Groth M. Customers as good soldiers: Examining citizenship behaviors in internet service deliveries ［J］. Journal of Management, 2005, 31 (1): 7-27.

［91］Guo L. Quantified-self 2. 0: Using context-aware services for promoting gradual behaviour change ［J］. Working Papers of Computers and Society, 2016 (10): 1-18.

［92］Guzel M. , Sezen B. , Alniacik U. Drivers and consequences of customer participation into value co-creation: A field experiment ［J］. Journal of Product & Brand Management, 2020, 30 (7): 1047-1061.

［93］Gwendolyn Seidman. Self-presentation and belonging on Facebook: How personality influences social media use and motivations ［J］. Personality and Individual Differences, 2013, 54 (3): 402-407.

［94］Haddadi H. , Ofli F. , Mejova Y. , et al. 360-degree quantified self ［C］//Proceedings of the 2015 international conference on healthcare informatics. Texas: ACM, 2015: 587-592.

［95］Hamari et al. Gamification, quantified-self or social networking? Matching users' goals with motivational technology ［J］. User Modeling and User-adapted Interaction, 2018, 28 (1): 35-74.

［96］Hamburger Y. A. , Ben-Artzi E. The relationship between extraversion and neuroticism and the different uses of the Internet ［J］. Computers in Human Behaviour, 2000 (16): 441-449.

［97］Hargreaves S. , Bath P. A. Online health forums: The role of online support for people living with breast cancer ［J］. Breast Cancer Management, 2019, 8 (2): BMT26.

［98］Hassanein K. , Head M. Manipulating perceived social presence through the web interface and its impact on attitude towards online shopping ［J］. International Journal of Human-computer Studies, 2007, 65 (8): 689-708.

[99] Hepper E. G., Sedikides C., Cai H. Individual differences in self-enhancement and self-protection strategies: An integrative analysis [J]. Journal of Personality, 2010, 78 (2): 781-814.

[100] Herrero Á., Martín H. S., Salmones G. Explaining the adoption of social networks sites for sharing user-generated content: A revision of the UTAUT2 [J]. Computers in Human Behavior, 2017 (71): 209-217.

[101] Hill W. D., Weiss A., Liewald D. C., et al. Genetic contributions to two special factors of neuroticism are associated with affluence, higher intelligence, better health, and longer life [J]. Molecular Psychiatry, 2020, 25 (11): 3034-3052.

[102] Hong Zhang, Yaobin Lu, Sumeet Gupta, Ling Zhao. What motivates customers to participate in social commerce? The impact of technological environments and virtual customer experiences [J]. Information & Management, 2014, 51 (8): 1017-1030.

[103] House J. S. Work stress and social support [M]. New Jersey: Addison-Wesley, 1981.

[104] Hoy M. B. Personal activity trackers and the quantified self [J]. Medical Reference Services Quarterly, 2016, 35 (1): 94.

[105] Huang K. Y., Nambisan P., Uzuner Ö. Informational support or emotional support: preliminary study of an automated approach to analyze online support community contents [C] // In ICIS 2010 Proceedings-Thirty First International Conference on Information Systems, St. Louis, MO, December, 2010: 12-15.

[106] Hubbert, A. R. Customer co-creation of service outcomes: Effects of locus of causality attributions 1-318 [D]. Arizona: Arizona State University, 1995.

[107] Im Jinyoung, Qu Hailin, Beck Jeffrey A. Antecedents and the underlying mechanism of customer intention of co-creating a dining experience [J]. International Journal of Hospitality Management, 2021 (92): 102715.

[108] Jach Hayley K., DeYoung Colin G., Smillie Luke D. Why do people seek information? The role of personality traits and situation perception [J]. Journal of Experimental Psychology, doi: 10. 31234losf. iol. tcqe8.

[109] Jadin T., Gnambs T., Batinic B. Personality traits and knowledge sharing in online communities [J]. Computers in Human Behavior, 2013, 29 (1): 210-216.

［110］James R. Larson, Caryn Christensen. Groups as problem – solving units: Toward a new meaning of social cognition ［J］. British Journal of Social Psychology, 1993, 32 (1): 5-30.

［111］James W. Principles of Psychology ［M］. New York: Holt, 1890.

［112］Jar-Der Luo, Meng-Yu Cheng. "Guanxi Circles" effect on organizational trust: Bringing power and vertical social exchanges into intraorganizational network analysis ［J］. American Behavioral Scientist, 2015, 59 (8): 1024-1037.

［113］Jay Kandampully, Dwi Suhartanto. Customer loyalty in the hotel industry: The role of customer satisfaction and image ［J］. International Journal of Contemporary Hospitality Management, 2000, 12 (6): 346-351.

［114］Jesús Gutiérrez-Cillán, Carmen Camarero-Izquierdo, Rebeca San José-Cabezudo. How brand post content contributes to user's Facebook brand-page engagement. The experiential route of active participation ［J］. Business Research Quarterly, 2017, 20 (4): 258-274.

［115］Jin H., Peng Y., Chen J., Park S. T. Research on the connotation and dimension of consumers' quantified-self consciousness ［J］. Sustainability, 2022, 14 (3): 1504-1518.

［116］Jin Hong, Park Seong-taek, Li Guozhong. Factors Influencing Customer Participation in Mobile SNS: Focusing on Wechat in China ［J］. Indian Journal of Science and Technology, 2015, 10 (8): 1-8.

［117］John M. Govern, Lisa A. Marsch. Development and validation of the situational self-awareness scale ［J］. Consciousness and Cognition, 2001, 10 (3): 366-378.

［118］José Manuel Otero-López, Estíbaliz Villardefrancos Pol. Compulsive buying and the five factor model of personality: A facet analysis ［J］. Personality and Individual Differences, 2013, 55 (5): 585-590.

［119］Jun S. P., Park D. H. Consumer information search behavior and purchasing decisions: Empirical evidence from Korea ［J］. Technological Forecasting & Social Change, 2016, 107 (6): 97-111.

［120］Kai K., Iwamura M., Kise K., Uchida S., Omachi S. Activity recognition for the mind: Toward a cognitive ［J］. Quantified Self, Computer, 2013, 46 (10): 105-108.

［121］Katz M. L., Shapiro C. Network externalities, competition, and compatibility [J]. American Economic Review, 1985, 75 (3): 424-440.

[122] Kellogg D. L. , Youngdahl W. E. , Bowen D. E. On the relationship between customer participation and satisfaction: Two frameworks [J]. International Journal of Service, 1997 (3): 206-219.

[123] Kersten D. , Dijk E. T. , IJsselsteijn W. A. Design beyond the numbers: Sharing, comparing, storytelling and the need for a quantified us [J]. Interaction Design and Architecture, 2016 (29): 121-135.

[124] Keshavarz H. Personality factors and knowledge sharing behavior in information services: The mediating role of information literacy competencies [J]. VINE Journal of Information and Knowledge Management Systems, 2021, 52 (2): 186-204.

[125] Kim J. W. , Choi J. , Qualls W. , et al. It takes a marketplace community to raise brand commitment: The role of online communities [J]. Journal of Marketing Management, 2008, 24 (3-4): 409-431.

[126] Kim J. , Lee J. The facebook paths to happiness: Effects of the number of facebook friends and self-presentation on subjective weil-being [J]. Cyberpsychology, Behavior and Social Networking, 2011, 14 (6): 359-364.

[127] Kim Yoonkyung, Baek Young Min. When is selective self-presentation effective? An investigation of the moderation effects of "self-esteem" and "social trust" [J]. Cyberpsychology, Behavior and Social Networking, 2014, 17 (11): 697-701.

[128] Koufaris M. Applying the technology acceptance model and flow theory to online consumer behavior [J]. Information Systems Research, 2002, 13 (2): 205-223.

[129] Krackhardt D. The strength of strong ties: The importance of philos in organizations [M]. Boston: Harvard Business School Press, 1992.

[130] Kraus N. , Markides K. Measuring social support among older adults [J]. International Journal of Aging & Human Development, 1990, 30 (1): 37-53.

[131] Kristen Barta, Gina Neff. Technologies for sharing: Lessons from quantified self about the political economy of platforms [J]. Information, Communication & Society, 2016, 19 (4): 518-531.

[132] Kumar P. K. , Venkateshwarlu V. Consumer perception and purchase intention towards smartwatches [J]. Journal of Business and Management, 2017, 19 (1): 26-28.

［133］ Kurt Matzler et al. Personality traits and knowledge sharing ［J］. Journal of Economic Psychology, 2008, 29 （3）: 301-313.

［134］ LA Jensen Campbell, Graziano W. G. Agreeableness as a moderator of interpersonal conflict ［J］. Journal of personality, 2001, 69 （2）: 323-362.

［135］ Lanamäki A. , Thapa D. , Stendal K. When is an affordance? Outlining four stances ［C］//Working Conference on Information Systems and Organizations. Springer, Cham, 2016: 125-139.

［136］ Lane Peterson, Martin Mende, Maura Scott, Gergana Nenkov. Friend or foe? Can anthropomorphizing self-tracking devices backfire on marketers and consumers? ［J/OL］. ［2022-12-04］. https: //doi. org/10. 1007/s11747-022-00915-1.

［137］ Larsson R. , Bowen D. E. Organization and customer: Managing design and coordination of services ［J］. Academy of Management Review, 1989, 14 （2）: 213-233.

［138］ Lee Y. H. , Chan H. , Hadi S. Enhancing e-learning acceptance: An empirical examination on individual and system characteristics ［J］. Academy of Management Annual Meeting Proceedings, 2014, 30 （5）: 562-579.

［139］ Li I. , Dey A. , Forlizzi J. A stage-based model of personal informatics systems ［J］. Conference on Human Factors in Computing Systems, 2010 （4）: 557-566.

［140］ Liang T. P. , Ho Y. T. , Li Y. W. , Turban E. What drives social commerce: The role of social support and relationship quality ［J］. International Journal of Electronic Commerce, 2011 （16）: 2+69-90.

［141］ Lin M. , Hung S. W. , Chen C. J. Fostering the determinants of knowledge sharing in professional virtual communities ［J］. Computers in Human Behavior, 2009, 25 （4）: 929-939.

［142］ Linda S. L. Lai, Efraim Turban. Groups formation and operations in the Web 2. 0 environment and social networks ［J］. Group Decision and Negotiation, 2008, 17 （5）: 387-402.

［143］ Linqing Liu, Shiye Mei. How can an indigenous concept enter the international academic circle: The case of guanxi ［J］. Scientometrics, 2015, 105 （1）: 645-663.

［144］ Liou D. K. , Chih W. H. , Hsu L. C. , Huang C. Y. Investigating information sharing behavior: The mediating roles of the desire to share information in virtual

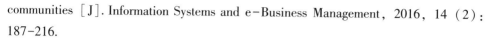
communities [J]. Information Systems and e-Business Management, 2016, 14 (2): 187-216.

[145] Lisa Feldman Barrett, James Russell A. The structure of current affect: Controversies and emerging consensus [J]. Current Directions in Psychological Science, 1999, 8 (1): 10-14.

[146] Litwin G H, Stringer R A. Motivation and organizational climate [J]. American Journal of Pagchology, 1969, 82 (4): 554.

[147] Liu L., Preotiucpietro D., Samani Z. R., Moghaddam M. E., Ungar L. Analyzing personality through social media profile picture choice [C]. Proceedings of the 10th International AAAI Conference on Web and Social Media (Menlo Park, CA: AAAI), 2016: 1-10.

[148] Lloyd C. Harris. The consequences of dysfunctional customer behavior [J]. Journal of Service Research, 2003, 6 (2): 144-161.

[149] Lovelock C. H., Young R. F. Look to consumers to increase productivity [J]. Harvard Business Review, 1979, 57 (5/6): 168-178.

[150] Lupton D. Quantifying the body: Monitoring and measuring health in the age of health technologies [J]. Critical Public Health, 2013, 23 (4): 393-403.

[151] Lysenko V. G. Mind and consciousness in Indian philosophy [J]. Russian Studies in Philosophy, 2018, 56 (3): 214-231.

[152] Madjar N. Emotional and informational support from different sources and employee creativity [J]. Journal of Occupational and Organizational Psychology, 2008, 81 (1): 83-100.

[153] Major D. A., Turner J. E., Fletcher T. D. Linking proactive personality and the big five to motivation to learn and development activity [J]. Journal of Applied Psychology, 2006, 91 (4): 927-935.

[154] Malhotra N. K. Self-concept and product choice: An integrated perspective [J]. Journal of Economic Psychology, 1988, 9 (1): 1-28.

[155] Mansukhani Meghna P., Kolla Bhanu Prakash. Apps and fitness trackers that measure sleep: Are they useful? [J]. Cleveland Clinic Journal of Medicine, 2017, 84 (6): 451-456.

[156] Marbach, Lages, Nunan. Who are you and what do you value? Investigating the role of personality traits and customer-perceived value in online customer engagement [J]. Journal of Marketing Management, 2016, 32 (5-6): 502-525.

[157] Marcengo A. , Rapp A. Visualization of human behavior data: The quantified self [M]. Pennsylvania: IGI Global, 2014.

　　[158] Maslow A. H. Motivation and personality [M]. New York: Harper & Row Publishers, 1954.

　　[159] Mather M. , Shafir E. , Johnson M. K. Misrememberance of options past: Source monitoring and choice [J]. Psychological Science, 2000 (11): 132-138.

　　[160] McCabe K. O. , Fleeson W. What is extraversion for? Integrating trait and motivational perspectives and identifying the purpose of extraversion [J]. Psychological Science, 2012, 23 (12): 1498-1505.

　　[161] McCrae R. R. , Costa P. T. Personality in adulthood: A five-factor theory perspective [M]. New York: Guildford Press, 2003.

　　[162] McCrae R. R. , Costa P. T. Personality trait structure as a human universal [J]. American Psychologist, 1997 (52): 509-516.

　　[163] McCrae R. R, Costa P. T. Validation of the five factor model of personality across instruments and observers [J]. Journal of Personality and Social Psychology, 1987, 52 (1): 81-90.

　　[164] McKnight D. H. , Choudhury V. , Kacmar C. Developing and validating trust measures for e-commerce: An integrative typology [J]. Information systems research, 2002, 13 (3): 334-359.

　　[165] Melanie S. Emerging patient-driven health care models: An examination of health social networks, consumer personalized medicine and quantified self-tracking [J]. International Journal of Environmental Research and Public Health, 2009, 6 (2): 492-525.

　　[166] Melanie S. The quantified self: Fundamental disruption in big data science and biological discovery [J]. Big Data, 2013, 1 (2): 85-99.

　　[167] Mencl J. , Tay L. , Catherine E. , Schwoerer C. E. , Drasgow F. Evaluating quantitative and qualitative types of change: An analysis of the malleability of general and specific self-efficacy constructs and measures [J]. Journal of Leadership and Organizational Studies, 2012, 19 (3): 378-391.

　　[168] Meyers-Levy J. , Maheswaran D. Exploring differences in Males' and Females' processing strategies [J]. Journal of Consumer Research, 1991, 18 (1): 63-70.

　　[169] Miao Y. M. , Du R. , Ou C. X. Guanxi circles and light entrepreneurship

in social commerce: The roles of mass entrepreneurship climate and technology affordances [J]. Information & Managment, 2021, 59 (1): 103558.

[170] Mika Pantzar, Minna Ruckenstein. The heart of everyday analytics: Emotional, material and practical extensions in self - tracking market [J]. Consumption Markets & Culture, 2015, 18 (1): 92-109.

[171] Minas Michikyan, Kaveri Subrahmanyam, Jessica Dennis. Can you tell who I am? Neuroticism, extraversion, and online self-presentation among young adults [J]. Computers in Human Behavior, 2014 (33): 179-183.

[172] Minna Ruckenstein. Visualized and interacted life: Personal analytics and engagements with data doubles [J]. Societies, 2014, 4 (1): 68-84.

[173] Mischel W. Toward a cognitive social learning reconceptualization of personality [J]. Psychological Review, 1973, 80 (4): 252-283.

[174] Mooradian T. A, Olver J. M. Shopping motives and the five factor model: Anintegration and preliminary study [J]. Psychological Reports, 1996, 78 (2), 579-592.

[175] Mooradian T. A, Swan K. S. Personality-and-culture: The case of nationalextraversion and word-of-mouth [J]. Journal of Business Research, 59 (6): 778-785.

[176] Mount M. K, Barrick M. R. Five reasons why the "Big Five" article has been frequently cited [J]. Personnel Psychology, 1998, 51 (4): 849-857.

[177] Mpinganjira M. Precursors of trust in virtual health communities: A hierarchical investigation [J]. Information & Management, 2018 (55): 686-694.

[178] Myers S., Sen S., Alexandrov A. The moderating effect of personality traits on attitudes toward advertisements: A contingency framework [J]. Management & Marketing, 2010, 5 (3): 3-20.

[179] Nambisan P., Watt J. H. Managing customer experiences in online product communities [J]. Journal of Business Research, 2011, 64 (8): 889-895.

[180] Neal Krause, Kyriakos Markides. Measuring social support among older adults [J]. The International Journal of Aging and Human Development, 1990, 30 (1): 37-53.

[181] Nunnally J. C. Psycometric theory (2nd Ed.) [M]. New York: McGraw-Hill, 1978.

[182] Obst P., Stafurik J. Online we are all able bodied: Online psychological

sense of community and social support found through membership of disability-specific websites promotes well-being for people living with a physical disability [J]. Journal of Community & Applied Social Psychology, 2010, 20 (6): 525-531.

[183] Olga Kvasova. The Big Five personality traits as antecedents of eco-friendly tourist behavior [J]. Personality and Individual Differences, 2015 (83): 111-116.

[184] Omar S. Itani, Rania El Haddad, Ashish Kalra. Exploring the role of extrovert-introvert customers' personality prototype as a driver of customer engagement: Does relationship duration matter? [J]. Journal of Retailing and Consumer Services 2020 (53): 101980.

[185] Pabitra Chatterjee, Barthélemy Chollet, Olivier Trendel. From conformity to reactance: contingent role of network centrality in consumer-to-consumer influence [J]. Journal of Business Research, 2017 (75): 86-94.

[186] Park H. S., Klein K. A., Smith S., Martell D. Separating subjective norms, university descriptive and injunctive norms, and U.S. descriptive and injunctive norms for drinking behavior intentions [J]. Health Communication, 2009, 24 (8): 746-751.

[187] Park N., Jin B., Jin S. A. A. Effects of self disclosure on relational intimacy in Facebook [J]. Computers in Human Behavior, 2011, 27 (5): 1974-1983.

[188] Paton C., Hansen M., Fernandez-Luque L., Lau A., Y. Self-tracking, social media and personal health records for patient empowered self-care, contribution of the IMIA social media working group [J]. Yearbook Medical Inform, 2012, 21 (1): 16-24.

[189] Pavlou P. A., Dimoka A. The nature and role of feedback text comments in online marketplaces: Implications for trust building, price premiums, and seller differentiation [J]. Information Systems Research, 2006, 17 (4): 392-414.

[190] Peeters M. A. G, Rutte C. G., Tuijl H. F. J. M., Reymen I. M. M. J. The Big-Five personality traits and individual satisfaction with the team [J]. Small Group Research, 2006, 2 (37): 187-211.

[191] Perkins Adam M, Corr Philip J. Reactions to threat and personality: Psychometric differentiation of intensity and direction dimensions of human defensive behaviour [J]. Behavioural Brain Research, 2006, 169 (1): 21-28.

[192] Peter H. Reingen, Brian L. Foster, Johnson Brown, Stephen B. Seidman. Brand congruence in interpersonal relations: A social network analysis [J]. Journal of

Consumer Research, 1984, 11 (3): 771-783.

[193] Peter K. Mills, James H. Morris. Clients as "Partial" employees of service organizations: Role development in client participation [J]. The Academy of Management Review, 1986, 11 (4): 726-735.

[194] Petty Richard E. , Cacioppo John T. Personal involvement as a determinant of argument – based persuasion [J]. Journal of Personality and Social Psychology, 1981, 41 (5): 847-855.

[195] Pivecka Niklas, Ratzinger Roja, Florack Arnd. Emotions and virality: Social transmission of political messages on Twitter [J]. Frontiers in Psychology, 2022, 13: 921-931.

[196] Reis H. T. , Collins W. A. , Berscheid E. The relationship context of human behavior and development [J]. Psychological Bulletin, 2000, 126 (6): 844- 872.

[197] Ridings C. M. , Gefen D. , Arinze B. Some antecedents and effects of trust in virtual communities [J]. Journal of Strategic Information Systems, 2002 (11): 271-295.

[198] Rioux K. Information acguiring and sharing in internet based envirouments: An exploratory study of individual user behaviors [D]. Texas: The University of Texas at Austin, 2004.

[199] Robert R. , McCrae Paul T. , Costa Jr. Conceptions and correlates of openness to experience [M] //Handbook of Personality Psychology, New York: Academz Press, 1997: 825-847.

[200] Roberts B. W. , Lejuez C. , Krueger R. F. , et al. What is conscientiousness and how can it be assessed [J]. Dev Psychol, 2014, 50 (5): 1315-1330.

[201] Robertsson L. Quantified self: An overview & the development of a universal tracking application [D]. Sweden: Umea University, 2014.

[202] Rooksby J. , Rot M. , Morison A. , et al. Personal tracking as lived informatics [C] //Proceedings of the SIGCHl conference on human factors in computing systems Toronto: ACM, 2014: 1163-1172.

[203] Rosenbaum M. S. , Massiah C. A. When customers receive support from other customers: Exploring the influence of intercustomer social support on customer voluntary performance [J]. Journal of Service Research, 2007, 9 (3): 257-270.

[204] Ross C. , Orr E. S. , Sisic M, et al. Personality and motivations associat-

ed with Facebook use, Computers in Human Behavior, 2009, 2 (25): 578-586.

［205］Ruckenstein M, Pantzar M. Beyond the quantified self: Thematic exploration of a dataistic paradigm ［J］. New Media & Society, 2017, 19 (3): 401-418.

［206］Russell, James A. A circumplex model of affect ［J］. Journal of Personality and Social Psychology, 1980, 39 (6) : 1161-1178.

［207］Ruth Maria Stock, Eric von Hippel, Nils Lennart Gillert. Impacts of personality traits on consumer innovation success ［J］. Research Policy, 2016, 45 (4): 757-769.

［208］Sarv Devaraj, Robert F. Easley, J. Michael Crant. How Does Personality Matter ［J］. Relating the Five-Factor Model to Technology Acceptance and Use ［J］. Information Systems Research, 2008, 19 (1): 93-105.

［209］Saucier G. Mini-markers: A brief version of goldberg's unipolar big-five markers ［J］. Journal of Personality Assessment, 1994, 63 (3): 506-516.

［210］Schaefer C., Lazarus C. The health-related functions of social support ［J］. Journal of Behavioral Medicine, 1981, 4 (4): 381-406.

［211］Schiffman L. G., Kanuk L. L. Consumer behavior ［M］. New Jersey: Prentice Hall, 2009.

［212］Schubert T. W. A new conception of spatial presence: Once again, with feeling ［J］. Communication Theory, 2009, 19 (2): 161-187.

［213］Schwarzer R., Jerusalem M. Generalized self-efficacy scale ［C］ //In Weinman J., Wright S., Johnston M. Measures in health psychology: A user's portfolio. Causal and control beliefs ［M］. Windsor: NFER-NELSON, 1995: 35-37.

［214］Sedikides C., Strube M. J. Self-evaluation: To thine own self be good, to thine own self be sure, to thine own self be true, and to thine own self be better ［J］. Advances in Experimental Social Psychology, 1997, 29 (8): 209-269.

［215］Segrin C., Domschke T. Social support, loneliness, recuperative processes, and their direct and indirect effects on health ［J］. Health Communication, 2011, 26 (3): 221-232.

［216］Sergio Picazo-Vela, et al. Why provide an online review? An extended theory of planned behavior and the role of Big-Five personality traits ［J］. Computers in Human Behavior, 2010, 26 (4): 685-696.

［217］Sharon T., Zandbergen D. From data fetishism to quantifying selves: Self-tracking practices and the other values of data ［J］. New Media & Society, 2017,

19 (11): 1695-1709.

[218] Sharratt M., Usoro A. Understanding knowledge sharing in online communities of practice [J]. Electronic Journal on Knowledge Management, 2003, 1 (2): 187-196.

[219] Shaw L. H., Gant L. M. Indefense of the internet: The relationship between Internet communication and depression, loneliness, self-esteem, and perceived social support [J]. Cyber Psychology & Behavior, 2002, 5 (2): 157-171.

[220] Shin D. H., Biocca F. Health experience model of personal informatics: The case of a quantified self [J]. Computers in Human Behavior, 2017, 69 (4): 62-74.

[221] Shoda Y., Leetiernan S., Mischel W. Personality as a dynamical system emergence of stability and distinctileness from intra and interpersonal interaetions [J]. Personality & Social Psychology Review, 2002, 6 (4): 316-325.

[222] Shoda Y., Smith R. E. Conceptualizing personality as a cognitive-affective processing system: A framework for models of maladaptive behavior patterns and change [J]. Behavior Therapy, 2004, 35 (1): 147-165.

[223] Shull P. B., Jirattigalachote W., Hunt M. A., Cutkosky M. R., Delp S. L. Quantified self and human movement: A review on the clinical impact of wearable sensing and feedback for gait analysis and intervention [J]. Gait Posture, 2014, 40 (1): 11-19.

[224] Silpakit P., Fisk R. P. Participatizing the service encounter: A theoretical framework [C]//Block T. M., Upah G. D., Zeithaml V. A. (Eds.), Service Marketing in a Changing Environment. American Marketing Association, Chicago, 1985: 117-121.

[225] Sirgy J. Self-concept in consumer behavior: A critical review [J]. Journal of Consumer Research, 1982, 9 (3): 287-300.

[226] Sirgy M. J. Using self-congruity and ideal congruity to predict purchase motivation [J]. Journal of Business Research, 1985, 13 (3): 195-206.

[227] Sirgy J. M., Grewal D., Mangleburg T. Retail Environment, Self-Congruity, and Retail Patronage: An Integrative Model and a Research Agenda [J]. Journal of Business Research, 2004, 49 (2): 127-138.

[228] Skadberg Y. X., Kimmel J. R. Visitors' flow experience while browsing a web site: Its measurement, contributing factors and consequences [J]. Computers in

Human Behavior, 2004, 20 (3): 403-422.

[229] Song M. Lee, Chen L. The impact of flow on online consumer behavior [J]. Journal of Computer Information Systems, 2010, 50 (4): 1-10.

[230] Soubelet A., Salthouse T. A. Personality - cognition relations across adulthood [J]. Developmental Psychology, 2011, 47 (2): 303-310.

[231] Staccini P., Fernandez-Luque L. Secondary use of recorded or self-expressed personal data: Consumer health informatics and education in the era of social media and health apps [J]. Yearbook of Medical Informatics, 2017, 26 (1): 172-177.

[232] Stocker Alexander, Kaiser Christian, Fellmann Michael. Quantified vehicles [J]. Business & Information Systems Engineering, 2017, 59 (2): 125-130.

[233] Swan M. Emerging patient-driven health care models: An examination of health social networks, consumer personalized medicine and quantified self-tracking [J]. International Journal of Environmental Research and Public Health, 2009, 6 (2): 492-525.

[234] Swan M. Health 2050: The realization of personalized medicine through crowdsourcing, the quantified self, and the participatory biocitizen [J]. Journal of Personalized Medicine, 2012, 2 (3): 93-118.

[235] Swan M. The quantified self: Fundamental disruption in big data science and biological discovery [J]. Big Data, 2013, 1 (2): 85.

[236] Taylor S. E., Sherman D. K., Kim H. S., et al. Culture and social support: Who seeks it and why? [J]. Journal of Personality and Social Psychology, 2004, 87 (3): 354-362.

[237] Tett R. P., Jackson D. N., Rothstein M. Personality measures as predictors of job performance: A meta-analytic review [J]. Personnel Psychology, 1991 (44): 703-742.

[238] Thibaut J. W., Kelley H. H. The social psychology of groups [M]. Oxford: Wiley, 1959.

[239] Thompson R. L., Higgins C. A., Howell H. Personal computing: Toward a conceptual model of utilization [J]. MIS Quarterly, 1991, 15 (1): 125-143.

[240] Thrash Todd M., Elliot Andrew J. Inspiration: Core characteristics, component processes, antecedents, and function [J]. Journal of Personality and Social Psychology, 2004, 87 (6): 957-973.

［241］Tierney P. , Farmer S. M. Creative self-efficacy: Its potential antecedents and relationship to creative performance ［J］. Academy of Management Journal, 2002, 45 (6): 1137-1148.

［242］Tracey Terence J. G. , Rohlfing Jessica E. Variations in the understanding of interpersonal behavior: Adherence to the interpersonal circle as a moderator of the rigidity-psychological well-being relation ［J］. Journal of Personality, 2010, 78 (2): 711-746.

［243］Tuten T. , Bosnjak M. Understanding differences in web usage: The role of need for cognition and the five factor model of personality ［J］. Social Behavior and Personality, 2001, 29 (4): 391-398.

［244］Ulmer G. , Pallud J. Understanding usages and affordances of enterprise social networks: A sociomaterial perspective ［J］. 18th Americas Conferenee on Intormation Systems, 2012, 28 (3): 201-234.

［245］Van Doorn J. , Lemon K. N. , Mittal V. , et al. Customer engagement behaviour: Theoretical foundations and research directions ［J］. Journal of Service Research, 2010, 13 (3): 253-266.

［246］Van, Anne, Catherine, et al. An observational study to quantify manual adjustments of the inspired oxygen fraction in extremely low birth weight infants ［J］. Acta Paediatrica, 2012, 101 (3): 97-104.

［247］Vecchione M. , Alessandri G. , Barbaranelli C. , Caprara G. A longitudinal investigation of egoistic and moralistic self-enhancement ［J］. Journal of Personality Assessment, 2013, 95 (5): 506-512.

［248］Venkatesh V. , Morris M. G. , Davis G. B. , et al. User acceptance of information technology: Toward a unified view ［J］. MIS quarterly, 2003, 27 (3): 425-478.

［249］Venkatesh V. , Thong J. Y. L. , Xu X. Consumer acceptance and use of information technology: Extending the unified theory of acceptance and use of technology ［J］. MIS Quarterly, 2012, 36 (1): 157-178.

［250］Verhagen T. , Swen E. , Feldberg F. , Merikivi J. Benefitting from virtual customer environments: An empirical study of customer engagement ［J］. Computers in Human Behavior, 2015, 48 (7): 340-357.

［251］Vivek S. D. , Beatty S. E. , Morgan R. M. Customer engagement: Exploring customer relationships beyond purchase ［J］. Journal of Marketing Theory and

Practice, 2012, 20 (2): 127-145.

[252] Volkoff O. , Strong D. M. Affordance theory and how to use it in IS research [M] //The Routledge Companion to Management Information Systems, Abingdon: Routledge, 2017: 232-245.

[253] Wang S. S. , Stefanone M. A. Showing off? Human mobility and the interplay of traits, self-disclosure, and facebook check-ins [J]. Social Science Computer Review, 2013, 31 (4): 437-457.

[254] Wasko M. , Faraj S. , Teigland R. Collective action and knowledge contribution in electronic networks of practice [J]. Journal of the Association for Information Systems, 2004, 5 (11-12): 493-513.

[255] Wei R. , Liu X. , Liu X. C. Examining the perceptual and behavioral effects of mobile internet fraud: A social network approach [J]. Telematics and Informatics, 2019 (41): 103-113.

[256] Xiang Z. , Fesenmaier D. R. The quantified traveler: Implications for smart tourism development [M]. Berlin: Springer International Publishing, 2017.

[257] Xie B. Multimodal computer-mediated communication and social support among older Chinese Internet users [J]. Journal of Computer-Mediated Communication, 2010, 13 (3): 728-750.

[258] Yan Z. , Wang T. , Chen Y. , Zhang H. Knowledge sharing in online health communities: A social exchange theory perspective [J]. Information & Management, 2016 (53): 643-653.

[259] Yan Z. The effects of preference for information on consumers' online health information search behavior [J]. Journal of Medical Internet Research, 2013, 15 (11): 234.

[260] Yang N. , Hout G. V. , Feijs L. , et al. Facilitating physical activity through on-site quantified-self data sharing [J]. Sustainability, 2020, 12 (12): 4904.

[261] Yi Wu, Liwei Xin, Dahui Li, et al. How does scarcity promotion lead to impulse purchase in the online market? A field experiment [J]. Information & Management, 2021, 58 (1): 103823.

[262] Zaichkowsky J. L. The personal involvement inventory: Reduction, revision, and application to advertising [J]. Journal of Advertising, 1994, 23 (4): 59-70.

［263］ Zaichkowsky J. L. Measuring the involvement construct ［J］. Journal of Consumer Research, 1985, 12 (3): 341-352.

［264］ Zeithaml Valarie A. , Berry Leonard L. , Parasuraman A. The behavioral consequences of service quality ［J］. Journal of Marketing, 1996, 60 (2): 31-46.

［265］ Zhang M. , Hu M. , Guo L. , Liu W. H. Understanding relationships a-mong customer experience, engagement, and word-of-mouth intention on online brand communities ［J］. Internet Research, 2017, 27 (3) .

［266］ Zhang N. , Zhou Z. , Zhan G. , Zhou N. How does online brand commu-nity climate influence community identification? The mediation of social capital ［J］. Journal of Theoretical and Applied Electronic Commerce Research, 2021, 16 (4): 922-936.

［267］ Zhang Y. , Feick L, Mittal V. How males and females differ in their like-lihood of transmitting negative word of mouth ［J］. Social Science Electronic Publish-ing, 2014, 40 (6): 1097-1108.

［268］ Zhao S. , Grasmuck S. , Martin J. Identity construction on Facebook: Digital empowerment in anchored relationships ［J］. Computers in Human Behavior, 2008, 24 (5): 1816-1836.

［269］ Zhao Z. , Haikel-Elsabeh M. , Baudier P. , et al. Need for uniqueness and word of mouth in disruptive innovation adoption: The context of self-quantification ［J］. IEEE Transactions on Engineering Management, 2023, 70 (6): 2006-2016.

［270］ Zhao D. , Shi X. F. , Wei S. , Ren J. S. Comparing antecedents of Chi-nese consumers' trust and distrust ［J］. Frontiers in Psychology, 2021 (12): 648883.

［271］ Zhou T. , Li H. . Understanding mobile SNS continuance usage in China from the perspectives of social influence and privacy concern ［J］. Computers in Human Behavior, 2014 (37): 283-289.

［272］ Zhou, Junjie, et al. How fundamental and supplemental interactions affect users' knowledge sharing in virtual communities? A social cognitive perspective ［J］. In-ternet Research, 2014, 24 (5): 586-566.

［273］ Zimmerman B. J. , Martinez-Pons M. Student differences in self-regulated learning: Relating grade, sex, and giftedness to self-efficacy and strategy use ［J］. Journal of Educational Psychology, 1990, 82 (1): 51-59.

［274］ Ángel Cabrera, William C. Collins, Jesús F. Salgado. Determinants of individual engagement in knowledge sharing ［J］. The International Journal of Human Resource Management，2006，17（2）：245-264.

［275］艾媒咨询. 2017 年 3 月份中国 APP 活跃用户排行榜（TOP450）［EB/OL］.［2017-04-13］. https：//www. iimedia. cn/c900/50864. html.

［276］蔡小筱，张敏. 虚拟社区中基于熟人关系的知识共享研究综述［J］. 图书馆学研究，2015（2）：2-10+53.

［277］柴成. 虚拟品牌社群互动、品牌涉入度与消费者购买意愿关系分析［J］. 商业经济研究，2020（12）：74-77.

［278］常亚平，陆志愿，朱东红. 在线社会支持对顾客公民行为的影响研究——基于品牌社区的实证分析［J］. 管理学报，2015，12（10）：1536-1543.

［279］陈美，梁乙凯. 面向用户的开放政府数据采纳模型研究——基于 UTAUT 理论［J］. 现代情报，2021，41（8）：160-168.

［280］陈向明. 质的研究方法与社会科学研究［M］. 北京：教育科学出版社，2000.

［281］单志艳. 613 名小学生自我效能感状况及其与自主学习策略的关系研究［J］. 中国特殊教育，2007（7）：78-82.

［282］邓士昌，高隽. 大五人格对冲动消费的影响：一个中介模型［J］. 中国临床心理学杂志，2015，23（6）：4.

［283］董学兵，常亚平，肖灵. 虚拟品牌社群氛围对品牌忠诚的影响［J］. 管理学报，2018，15（11）：1697-1704.

［284］董雪艳，王铁男. 技术特征、关系结构与社会化购买行为［J］. 管理科学学报，2020，23（10）：94-115.

［285］范钧，付沙沙，葛米娜. 顾客参与、心理授权和顾客公民行为的关系研究［J］. 经济经纬，2015，32（6）：89-94.

［286］范钧，吴丽萍. 在线社会支持对慢性病患者量化自我持续参与意愿的影响研究［J］. 管理学报，2021，18（4）：597-603.

［287］费孝通. 乡土中国［M］. 北京：北京大学出版社，1998.

［288］费孝通. 乡土中国［M］. 北京：生活·读书·新知三联书店，1985.

［289］冯晨，严永红，徐华伟.“休闲涉入”与“社会支持”——基于积极心理干预的大学校园健康支持性环境实现途径研究［J］. 中国园林，2018，34（9）：33-38.

［290］冯俊，路梅. 移动互联时代直播营销冲动性购买意愿实证研究［J］. 软科学，2020，34（12）：128-133+144.

[291] 弗思，费孝通．人文类型：乡土中国 ［M］．沈阳：辽宁人民出版社，2012．

[292] 傅亚平，赵晓飞．基于网络效应的 SNS 网站用户参与动机和参与强度研究 ［J］．财贸研究，2011，22（6）：107-116．

[293] 高莉，魏俊彪，李妍妍．儿童自我意识影响因素的研究述评 ［J］．中国健康心理学杂志，2010，18（8）：1017-1018．

[294] 高琳，李文立，柯育龙．社会化商务中网络口碑对消费者购买意向的影响：情感反应的中介作用和好奇心的调节作用 ［J］．管理工程学报，2017，31（4）：15-25．

[295] 高伟，刘益，李雪．网络购物中临场感与买家忠诚——基于社会资本理论的研究 ［J］．华东经济管理，2019，33（3）：127-135．

[296] 高翔，罗家德，郑孟育．企业内部圈子对组织承诺的影响 ［J］．经济与管理研究，2014（7）：115-122．

[297] 耿先锋．顾客参与测量维度、驱动因素及其对顾客满意的影响机理研究 ［D］．杭州：浙江大学，2008．

[298] 龚潇潇，叶作亮，吴玉萍，等．直播场景氛围线索对消费者冲动消费意愿的影响机制研究 ［J］．管理学报，2019，16（6）：875-882．

[299] 何佳讯．中国文化背景下品牌情感的结构及对中外品牌资产的影响效用 ［J］．管理世界，2008（6）：95-108+188．

[300] 何云峰，胡建．自我评价的功能和作用 ［J］．湖南师范大学社会科学学报，2007（5）：16-20+32．

[301] 侯琬娇，杨子刚．我国城市居民健康信息搜寻行为影响因素分析 ［J］．现代情报，2019，39（7）：77-85．

[302] 胡德华，张彦斐．量化自我研究 ［J］．图书馆论坛，2018（2）：1-6．

[303] 胡桂英，许百华．中学生学习自我效能感、学习策略与学业成就的关系 ［J］．浙江大学学报（理学版），2003（4）：477-480．

[304] 胡孝平，李玺．顾客心理授权对顾客公民行为的影响研究——基于顾客参与的中介作用 ［J］．商业经济研究，2017（23）：49-52．

[305] 黄嘉涛．移动互联网环境下跨界营销对价值创造的影响 ［J］．管理学报，2017，14（7）：1052-1061．

[306] 黄静，刘洪亮，郭昱琅．在线促销限制对消费者购买决策的影响研究——基于精细加工可能性视角 ［J］．商业经济与管理，2016（5）：76-85．

［307］黄敏学，廖俊云，周南．社区体验能提升消费者的品牌忠诚吗——不同体验成分的作用与影响机制研究［J］．南开管理评论，2015，18（3）：151-160．

［308］黄敏学，王殿文．从客户关系管理到客户圈子管理［J］．企业管理，2010（6）：98-100．

［309］黄新萍，杨池，肖石英，李梅芳．组织支持感对员工知识共享行为的影响：自我效能的中介效应［J］．财经理论与实践，2015，36（4）：114-120．

［310］贾薇，张明立，李东．顾客参与的心理契约对顾客价值创造的影响［J］．管理工程学报，2010（4）：10．

［311］蒋知义，曹丹，谢伟亚．信息生态视角下在线健康社区用户信息共享行为影响因素研究［J］．图书馆学研究，2020（21）：32-44．

［312］焦勇兵，高静．社会化媒体品牌社区中关系强度和群体认同的前置因素研究［J］．企业经济，2018，37（7）：26-35．

［313］金虹，Seong，Taek，等．基于移动社交网络营销的顾客参与行为及其对口碑传播的影响：以微信为例［J］．宏观经济研究，2016（8）：63-73+96．

［314］金华送．社会化电商中社交媒体在线评论对消费者信息采纳的影响研究［D］．合肥：安徽大学，2020．

［315］金盛华．自我概念及其发展［J］．北京师范大学学报（社会科学版），1996（1）：30-36．

［316］金帅岐，李贺，沈旺，代旺．用户健康信息搜寻行为的影响因素研究——基于社会认知理论三元交互模型［J］．情报科学，2020，38（6）：53-61+75．

［317］乐承毅，李佩佩，岳芳．企业虚拟社区用户知识共享对产品创新的影响——基于不同类型用户的分析与比较［J］．情报探索，2022（2）：18-27．

［318］雷世文．中国现代报纸副刊的文人圈子［J］．新闻知识，2012（3）：77-79．

［319］李东进，张宇东．量化自我的效应及其对消费者参与行为的影响机制［J］．管理科学，2018a，31（3）：112-124．

［320］李东进，张宇东．消费领域的量化自我：研究述评与展望［J］．外国经济与管理，2018b，40（1）：3-17．

［321］李东进，张宇东．消费者为何放弃：量化自我持续参与意愿形成的内在机制［J］．南开管理评论，2018c，21（1）：118-131．

［322］李东进．中国步入量化消费时代［EB/OL］．［2016-12-12］．http：//

capital. people. com. cn/n1/2016/1212/04/05954-28942422. html.

［323］李芬女．农村寄宿制学校高中生学校归属感及其与校园人际关系、自我效能感的关系研究［D］．桂林：广西师范大学，2020.

［324］李华锋，张瑞琦，段加乐．基于元分析的在线持续知识共享意愿影响因素研究［J］．情报科学，2023，4（11）：49-60.

［325］李亮，宋璐．性别、性别意识与环境关心——基于大学生环境意识调查的分析［J］．妇女研究论丛，2013（1）：18-24.

［326］李燕，朱春奎．政府网站公众使用行为研究——基于技术接受与使用整合理论的拓展分析［J］．数字治理评论，2017（1）：1-25.

［327］李悦．社会支持如何影响心理健康？［D］．兰州：西北师范大学，2022.

［328］李智超，罗家德．中国人的社会行为与关系网络特质——一个社会网的观点［J］．社会科学战线，2012（1）：159-164.

［329］梁钧平．企业组织中的"圈子文化"——关于组织文化的一种假说［J］．经济科学，1998（5）：13-18.

［330］梁晓燕．网络社会支持对青少年心理健康的影响机制研究［D］．武汉：华中师范大学，2008.

［331］刘冰，鲁庆碧．网络学术信息搜索中科研用户信息选判影响因素实证研究——基于复杂任务情境［J］．情报理论与实践，2018，41（4）：50-55.

［332］刘国平，伍洁．意识——人类特有的作用方式［J］．南京农业大学学报（社会科学版），2010，10（2）：85-89.

［333］刘海．基于顾客认知价值理论的中国电子政务建设研究［J］．理论导刊，2010（1）：57-59.

［334］刘三女牙，李卿，孙建文，刘智．量化学习：数字化学习发展前瞻［J］．教育研究，2016，37（7）：119-126.

［335］刘阳．生成的空间——论互联网私人信息的传播系统［J］．现代传播（中国传媒大学学报），2015，37（3）：131-134.

［336］卢欣欣，刘晓晴，陈坚．自我感量表在中国大学生中的信效度检验［J］．中国临床心理学杂志，2021，29（6）：1213-1216.

［337］鲁成，汪泓，陈振塑．社会化媒体营销中关系强度对消费者影响的机理研究［J］．现代管理科学，2016（8）：30-32.

［338］吕力．泛家族式组织的身份行为和身份结构［J］．科技创业月刊，2015，28（19）：51-52.

［339］罗家德，秦朗，周伶．中国风险投资产业的圈子现象［J］．管理学报，2014，11（4）：469.

［340］罗家德，周超文，郑孟育．组织中的圈子分析——组织内部关系结构比较研究［J］．现代财经（天津财经大学学报），2013，33（10）：4-16.

［341］罗家德．关系与圈子——中国人工作场域中的圈子现象［J］．管理学报，2012，9（2）：165-178.

［342］骆紫薇，陈斯允．营销领域的社会支持研究述评与展望［J］．外国经济与管理，2018，40（1）：18-32.

［343］马克斯·韦伯．经济与社会［M］．林荣远，译．北京：商务印书馆，2004.

［344］马向阳，王宇龙，汪波，杨颂．虚拟品牌社区成员的感知、态度和参与行为研究［J］．管理评论，2017，29（7）：70-81.

［345］毛华兵，夏卓然．高校文化中工具理性与价值理性的冲突与融合［J］．学校党建与思想教育，2021（17）：91-93.

［346］孟陆，刘凤军，陈斯允，段珅．我可以唤起你吗——不同类型直播网红信息源特性对消费者购买意愿的影响机制研究［J］．南开管理评论，2020，23（1）：131-143.

［347］孟伟．新媒体语境下广播传受互动理念的建构［J］．现代传播：中国传媒大学学报，2012，34（7）：5.

［348］孟宪斌．融合工具理性与价值理性：对地方政府绩效管理运行逻辑的反思［J］．中国矿业大学学报（社会科学版），2020，22（4）：77-89.

［349］明均仁，郭财强，王鑫鑫．基于UTAUT的移动图书馆用户使用意愿实证研究［J］．图书馆学研究，2018（22）：81-90.

［350］聂衍刚，丁莉．青少年的自我意识及其与社会适应行为的关系［J］．心理发展与教育，2009，25（2）：47-54.

［351］庞立君，杨洲．虚拟品牌社区中信息交互对用户参与行为的影响研究［J］．情报科学，2021，39（7）：108-115.

［352］裴玲玲．中学生一般自我效能感、身体自我概念及体育锻炼行为的相关研究［D］．苏州：苏州大学，2015.

［353］裴孟东．跳出地勘单位圈子谋发展［J］．中国国土资源经济，2003，016（8）：38-40.

［354］彭兰．网络的圈子化：关系、文化、技术维度下的类聚与群分［J］．编辑之友，2019（11）：5-12

［355］彭茂莹，姜珂，沈洋，等．外貌/品质自我评价对自尊预测作用的性别差异［J］．应用心理学，2018，24（4）：238-247.

［356］彭心安．打掉腐败分子的"圈子安全感"［J］．党建研究，2002（4）：45.

［357］彭艳君．顾客参与量表的构建和研究［J］．管理评论，2010，22（3）：78-85.

［358］钱元，马庆玲．圈子与话题的"聚变"效能——校园社交媒体融入学风建设的思考［J］．安徽理工大学学报（社会科学版），2015，17（2）：102-104.

［359］秦敏，李若男．在线用户社区用户贡献行为形成机制研究：在线社会支持和自我决定理论视角［J］．管理评论，2020，32（9）：168-181.

［360］尚永辉，艾时钟，王凤艳．基于社会认知理论的虚拟社区成员知识共享行为实证研究［J］．科技进步与对策，2012，29（7）：127-132.

［361］申云，贾晋．香烟社交、圈子文化与居民社会阶层认同［J］．经济学动态，2017（4）：53-63.

［362］时蓉华．现代社会心理学［M］．上海：华东师范大学出版社，2007.

［363］舒雅聪，杨佳，杨少云，等．COVID-19控制期间社会支持对大学生焦虑的影响：自尊和心理弹性的链式中介作用［J］．中国临床心理学杂志，2021，29（6）：1333-1336+1342.

［364］帅庆，平欲晓．基于性别差异的生态文明意识培育［J］．江西社会科学，2014，34（7）：206-211.

［365］宋灵青，刘儒德，李玉环，等．社会支持、学习观和自我效能感对学习主观幸福感的影响［J］．心理发展与教育，2010，26（3）：282-287.

［366］孙乃娟，郭国庆．顾客承诺、自我提升与顾客公民行为：社会交换理论视角下的驱动机制与调节作用［J］．管理评论，2016，28（12）：187-197.

［367］孙乃娟，李辉．群发性产品危机后消费者宽恕形成机理研究：顾客参与的动态驱动效应［J］．中央财经大学学报，2017（2）：101-109.

［368］孙圣涛，卢家楣．自我意识及其研究概述［J］．心理学探新，2000（1）：17-22.

［369］孙晓玲，李晓文．自我提高还是自我增强？解释水平理论的观点［J］．心理科学，2012，35（2）：264-269.

［370］谭春辉，任季寒．虚拟学术社区中用户信息搜寻行为的影响因素组合研究——基于模糊集定性比较分析方法［J］．现代情报，2022，42（4）：13.

［371］汪涛，崔楠，杨奎．顾客参与对顾客感知价值的影响：基于心理账户

理论［J］.商业经济与管理，2009（11）：81-88.

［372］王才康，胡中锋，刘勇.一般自我效能感量表的信度和效度研究［J］.应用心理学，2001（1）：37-40.

［373］王刚.基于虚拟社区的国内网络信息行为研究综述［J］.图书馆，2017（5）：47-53.

［374］王佳.在线品牌社群社会资本的生成及作用机制：一个多案例的探索性研［J］.当代财经，2017（2）：74-86.

［375］王启康.论自我意识及其与自我之关系［J］.华中师范大学学报（人文社会科学版），2007（1）：124-133.

［376］王如鹏.简论圈子文化［J］.学术交流，2009（11）：128-132.

［377］王维奎.透视现代行政组织中的圈子现象［J］.云南行政学院学报，2003（5）：15-17.

［378］王盈颖.在线健康社区用户参与行为实证研究［D］.杭州：杭州电子科技大学，2020.

［379］王永贵，马双.虚拟品牌社区顾客互动的驱动因素及对顾客满意影响的实证研究［J］.管理学报，2013，10（9）：1375-1383.

［380］王玉琦，任祖欣，王子清."圈子"传播对交往关系的重构与弥合［J］.青年记者，2022（4）：54-55.

［381］威廉·詹姆斯.心理学原理［M］.唐钺，译.北京：北京大学出版社，2013.

［382］韦雨欣.化干戈为玉帛——新时期劳动关系协调师角色定位浅析［J］.经营管理者，2015（33）：165-166.

［383］吴剑琳，代祺，古继宝.产品涉入度、消费者从众与品牌承诺：品牌敏感的中介作用——以轿车消费市场为例［J］.管理评论，2011，23（9）：68-75.

［384］肖灵.虚拟品牌社群氛围对顾客忠诚的影响机制研究［D］.武汉：武汉纺织大学，2012.

［385］谢莹，李纯青，高鹏，刘艺.直播营销中社会临场感对线上从众消费的影响及作用机理研究——行为与神经生理视角［J］.心理科学展，2019，27（6）：990-1004.

［386］辛本禄，刘莉莉，王学娟.顾客参与对员工服务创新行为的影响研究——信息共享的中介作用和吸收能力的调节作用［J］.软科学，2021，35（2）：109-115.

［387］熊茵，赵振宇．微信舆情的传播特征及风险探析［J］．现代传播（中国传媒大学学报），2016，38（2）：79-82.

［388］徐钝．论法制难行的"圈子文化"之源［J］．内蒙古社会科学，2014，35（1）：70-75

［389］徐菲菲，黄磊．景区智慧旅游系统使用意愿研究——基于整合 TAM 及 TTF 模型［J］．旅游学刊，2018，33（8）：108-117.

［390］徐若然．UGC 类智慧旅游服务平台用户使用行为探究——基于 UTA-UT 模型［J］．经济与管理研究，2021，42（6）：93-105.

［391］许鸿艳，金毅．互联网：技术赋权与景观控制［J］．华南师范大学学报（社会科学版），2021（5）：165-176+208.

［392］许惠龙，梁钧平．探析组织内的"圈子"现象［J］．中国人力资源开发，2007（12）：36-39.

［393］许惠龙．领导—部属交换与上下属信任交互发展模型［J］．中国行政管理，2006（8）：104-107.

［394］许烺光．美国人与中国人：两种生活方式比较［M］．北京：华夏出版社，1989.

［395］薛杨，许正良．微信营销环境下用户信息行为影响因素分析与模型构建——基于沉浸理论的视角［J］．情报理论与实践，2016，39（6）：104-109.

［396］闫薇．"互联网+"思维下的传媒机制分工［J］．西部广播电视，2015（9）：3.

［397］阎云翔．差序格局与中国文化的等级观［J］．社会学研究，2006（4）：201-213+245-246.

［398］杨晶，李先国，陈宁颉．在线品牌社区情境下顾客参与对顾客购买意愿的影响机制研究［J］．中国软科学，2017（12）：116-126.

［399］杨小娇，汪凤兰，张小丽，邢凤梅．家庭关怀度和社会支持对老年人健康促进行为影响［J］．中国公共卫生，2018，34（9）：1266-1269.

［400］杨新敏．中国圈子文化与社交网站传播［J］．苏州大学学报（哲学社会科学版），2010，31（5）：148-152.

［401］杨子云，郭永玉．人格分析的单元——特质、动机及其整合［J］．华中师范大学学报（人文社会科学版），2004（6）：131-135.

［402］叶生洪，谷穗子，谢仕展．社会圈子、面子意识对自我—品牌联结的调节作用［J］．中南财经政法大学学报，2015（3）：139-147.

［403］殷猛．消费者网上购药意愿及其影响因素研究——基于整合信任和风

险的 UTAUT 模型 [J]. 中国卫生事业管理, 2020, 37 (1): 38-42.

[404] 曾穗媛. 在线品牌社群氛围对顾客参与的影响机制研究 [D]. 广州: 华南理工大学, 2017.

[405] 曾一果. 由陌生社会回归熟人社会: 微信中的新圈子文化 [J]. 探索与争鸣, 2017 (7): 49-52.

[406] 张迪, 董大海, 宋晓兵. 圈子消费过程探析 [J]. 当代经济管理, 2015, 37 (12): 19-22.

[407] 张福德. 环境治理的社会规范路径 [J]. 中国人口·资源与环境, 2016, 26 (11): 10-18.

[408] 张静, 马跃如, 黄尧. 社会化商务中顾客间互动对顾客品牌契合的影响 [J]. 财经理论与实践, 2022, 43 (5): 138-145.

[409] 张凯亮, 臧国全, 路杭霖, 等. 社交网络用户自我披露水平与其人格特质之间的关联研究 [J]. 现代情报, 2022, 42 (6): 49-56.

[410] 张敏, 向阳, 陆宇洋. 社会关系强度对大学生微信知识共享行为的影响分析 [J]. 图书情报工作, 2015, 59 (23): 64-71+50.

[411] 张帅, 王文韬, 谢阳群. 在线健康社区用户持续参与行为的演化规律及动力机制 [J]. 现代情报, 2021, 41 (5): 59-66.

[412] 张田, 罗家德. 圈子中的组织公民行为 [J]. 管理学报, 2015, 12 (10): 1442-1449.

[413] 张薇薇, 朱杰, 蒋雪. 社会学习对专业虚拟社区不同类型用户知识贡献行为的影响研究 [J]. 情报资料工作, 2021, 42 (5): 94-103.

[414] 张宇东, 李东进. 消费者参与量化自我的障碍因素及其影响机制研究 [J]. 管理学报, 2018, 15 (1): 74-83.

[415] 张昱. 消费者的意识与消费类型 [J]. 中南财经大学学报, 1993 (3): 134-139.

[416] 张云秋, 张悦. 人格特质对网络健康信息搜索行为影响的实验研究 [J]. 情报理论与实践, 2019, 42 (6): 88-93.

[417] 章隐玉, 李武. 大学生微信分享行为的影响因素研究 [J]. 东南传播, 2015 (9): 79-81.

[418] 赵宏霞, 王新海, 周宝刚. B2C 网络购物中在线互动及临场感与消费者信任研究 [J]. 管理评论, 2015 (2): 43-54.

[419] 赵建彬, 景奉杰. 在线品牌社群氛围对顾客创新行为的影响研究 [J]. 管理科学, 2016, 29 (4): 125-138.

［420］赵建彬．在线品牌社群互动信息对潜水顾客购买意愿的影响［J］．中国流通经济，2018，32（6）：71-82

［421］赵君．人格特质对知识共享的影响：以组织信任为中介变量［J］．情报理论与实践，2013，36（5）：34-38+44.

［422］赵立兵，杨宝珠．传播学视域下的"圈子"——基于"差序格局"理论的思考［J］．重庆文理学院学报，2013，32（4）：107-110.

［423］赵晓煜，孙福权．网络创新社区中顾客参与创新行为的影响因素［J］．技术经济，2013，32（11）：14-20+49.

［424］赵烨，陈辉，邹聪，等．成年网络用户电子健康素养与健康信息搜寻行为的关系研究［J］．中国健康教育，2018，34（9）：812-816.

［425］赵宇晗，余林．人格特质与认知能力的关系及其年龄差异［J］．心理科学进展，2014（12）：1924-1934.

［426］赵宇翔，朱庆华．感知示能性在社会化媒体后续采纳阶段的调节效应初探［J］．情报学报，2013，32（10）：1099-1111.

［427］赵宇翔．社会化媒体交互设计中感知示能性研究初探［C］．2011全国情报学博士生学术论坛论文采，2011.

［428］赵战花，李永凤．利器还是钝器："圈子"视域下的微信营销［J］．科学·经济·社会，2014，32（2）：155-159.

［429］郑伯埙．差序格局与华人组织行为［J］．中国社会心理学评论，2006（2）：1-52.

［430］郑继兴，申晶，王维，李爱萍．基于整合型科技接受模型的农户采纳农业新技术行为研究——采纳意愿的中介效应［J］．科技管理研究，2021，41（18）：175-181.

［431］郑晓飞，陈超．新零售环境下虚拟品牌社区感知对顾客参与行为的影响［J］．商业经济研究，2022（11）：74-77.

［432］中国网信网．第41次《中国互联网络发展状况统计报告》［EB/OL］．［2018-01-31］．中共中央网络安全和信息化委员会办公室，https：//www.cac.gov.cn/2018-01/31/c_1122347026.htm.

［433］中国网信网．第43次《中国互联网络发展状况统计报告》［EB/OL］．［2019-02-28］．中共中央网络安全和信息化委员会办公室，https：//www.cac.gov.cn/2019-02/28/c_1124175677.htm.

［434］周国韬，张平．小学生学习策略、自我效能感和学业成绩关系的研究［C］．全国第七届心理学学术会议文摘选集，1993.

［435］周晶，张闯，李振月，沈璐．多层次信任、角色冲突与 C2C 微商买方购买决策："差序格局"视角的研究［J/OL］．［2022-11-26］．http：//kns. cnki. net/kcms/detail/31. 1977. N. 20221027. 1051. 002. html.

［436］周南，曾宪聚．"情理营销"与"法理营销"：中国营销理论发展过程中若干问题思考［J］．管理学报，2012，9（4）：481-491.

［437］周勇，董奇．学习动机、归因、自我效能感与学生自我监控学习行为的关系研究［J］．心理发展与教育，1994（3）：15+30-33.

［438］周志民，张江乐，熊义萍．内外倾人格特质如何影响在线品牌社群中的知识分享行为——网络中心性与互惠规范的中介作用［J］．南开管理评论，2014，17（3）：19-29.

［439］朱玲梅，钱晴晴．虚拟社区中成员参与的影响机制研究［J］．科技管理研究，2015，35（6）：107-111.

［440］朱启贞，胡德华，张彦斐．量化自我理论在健康领域的应用［J］．图书馆论坛，2018，38（2）：17-21.

［441］朱天，张诚．概念、形态、影响：当下中国互联网媒介平台上的圈子传播现象解析［J］．四川大学学报（哲学社会科学版），2014（6）：10.

［442］朱振中，刘福，卫海英，吴俊宝．产品设计对消费者口碑传播的影响机制研究——情绪与感知质量的中介效应［J］．大连理工大学学报（社会科学版），2022，43（4）：55-62.

［443］邹迪，李红，王福顺．唤醒定义探析及其认知神经生理基础［J］．心理科学进展，2022，30（9）：2020-2033.

［444］邹庆国．探析党内关系异化的圈子文化之源［J］．北京行政学院学报，2015（5）：51-57.